普通高等学校公共体育新形态教材

新编 大学体育与健康教程

卢晓文　卢文杰　苑立军　主编

中国教育出版传媒集团
高等教育出版社·北京

内容提要

本书为普通高等学校公共体育新形态教材。本书从大学生体育锻炼的现状及现实需求出发，牢固树立健康第一的理念，以培养学生兴趣、养成锻炼习惯、掌握运动技能、增强学生体质为目的，贯彻落实教会、勤练、常赛的要求，对教材内容进行了系统、全面的梳理，既包括足球、篮球、排球、乒乓球、羽毛球、网球等传统体育项目，也包括大学生喜爱的健身健美、啦啦操、攀岩等新兴体育项目。全书图文并茂，通俗易懂，配有丰富的教学资源，以二维码关联拓展内容和视频资源，突出教材的科学性、实用性和可读性。

图书在版编目（CIP）数据

新编大学体育与健康教程 / 卢晓文，卢文杰，苑立军主编. -- 北京 ：高等教育出版社，2023.4（2024.7重印）
ISBN 978-7-04-059880-3

Ⅰ. ①新… Ⅱ. ①卢… ②卢… ③苑… Ⅲ. ①体育-高等学校-教材②健康教育-高等学校-教材 Ⅳ. ①G807.4

中国国家版本馆 CIP 数据核字（2023）第 023619 号

新编大学体育与健康教程

Xinbian Daxue Tiyu yu Jiankang Jiaocheng

策划编辑 廖倩雯　责任编辑 范 峰 李 淼　封面设计 王 琰　版式设计 于 婕
责任绘图 于 博　责任校对 商红彦 刘娟娟　责任印制 沈心怡

出版发行 高等教育出版社
社　　址 北京市西城区德外大街4号
邮政编码 100120
印　　刷 北京印刷集团有限责任公司
开　　本 787mm×1092mm 1/16
印　　张 19
字　　数 450 千字
购书热线 010-58581118
咨询电话 400-810-0598
网　　址 http://www.hep.edu.cn
　　　　 http://www.hep.com.cn
网上订购 http://www.hepmall.com.cn
　　　　 http://www.hepmall.com
　　　　 http://www.hepmall.cn
版　　次 2023 年 4 月第 1 版
印　　次 2024 年 7 月第 3 次印刷
定　　价 38.00 元

物 料 号 59880-00

编 委 会

主　编： 卢晓文　卢文杰　苑立军

副主编： 陈　功　张作舟　吴海良

编　委： 范冬香　毛圣力　徐盛城

编写说明

学校体育是实现立德树人根本任务、提升学生综合素质的基础性工程，是加快推进教育现代化、建设教育强国和体育强国的重要工作，对于弘扬社会主义核心价值观，培养学生爱国主义、集体主义、社会主义精神和奋发向上、顽强拼搏的意志品质，实现“以体育智、以体育心”具有独特功能。

2009 年 10 月，《大学体育与健康教程》获批浙江省重点教材建设立项。经过十多年的实践探索与总结，为进一步适应新时代大学公共体育课程改革发展的新形势、新要求，我们在第一版教材的基础上，结合当前大学体育教学改革发展、课堂教学反馈及学生学习需求，对原教材陈旧的知识和内容进行了更新和完善，从而使新版教材内容更加科学、实用、与时俱进，更具针对性。

此次修订，以习近平新时代中国特色社会主义思想为指导，坚持“健康第一”的教育理念，以服务学生全面发展、增强综合素质为目标，根据大学生年龄特点和身心发展规律，突出“教、学、练、赛”一体化的要求，围绕课程目标和运动项目特点，精选教学素材，丰富教学资源，强化教学适用，力争使教材成为价值引领、科学健身、强健体魄的锻炼指导书。具体来说有以下特点：

1. 体现价值引领。本教材落实立德树人的根本任务，深入挖掘体育课程中蕴含的真善美的教育资源，将近年来的体育发展与成就等元素有机融入各章内容，凸显了教材的思想性。

2. 体现民族特色。为传承弘扬中华优秀传统文化，本教材特别设置了民族传统体育专章的内容，重点介绍武术、太极拳、五禽戏、八段锦、柔力球等民族传统体育项目，对每个项目的起源发展、基本技术、练习方法等进行介绍，融传统文化、规则教育、技能学习、运动鉴赏于一体，将体育与德育、智育、美育有机结合，进一步彰显了体育的全面育人功能。

3. 注重学练一体。教材中设置了大量操作性较强的课堂练习方法、课外锻炼方式、专项训练方法和体育游戏方案，将体育、健康、娱乐有机地融为一体，既能有效激发学生对体育锻炼的兴趣和热情，提升运动技能、培养体育锻炼习惯，更能强健体魄、锤炼意志。

4. 配备丰富资源。本书配备了种类丰富的教学资源，包括精美的图片、视频等，帮助学生更好地理解和掌握知识点、更快进入锻炼环节。本书还通过二维码链接了大量拓展内容及动作示范微视频，有助于学生对照练习，提升学习效果。

本书由卢晓文、卢文杰、苑立军主编，参与本书编写的人员有陈功、范冬香、卢文杰、卢晓文、毛圣力、吴海良、徐盛城、苑立军、张作舟，全书最后由卢晓文统稿。

本书的修订出版得到了许多专家、同仁和朋友的关心和鼓励，得到了高等教育出版社体育分社的大力支持和帮助，衢州学院陈贻洲、徐耀军、徐鹏老师和丁敬双、廖珂铭、柳佳宝、汪思羽、陈秀忠、傅晨轩、郑锦添、刘洋波、李海超同学参与了教学视频的拍摄工作。在此，对所有关心、支持、帮助本书出版的单位与个人致以诚挚的谢意！在本书的修订过程中，我们参考和引用了众多书籍、资料，从中吸取了大量有益的思想、理论与方法，在此向有关作者表示感谢。

由于水平有限，书中不足之处在所难免，恳请广大读者和同仁批评指正！

编　者

2022 年 11 月

目录

第一章 体育与健康概述

本章导言

本章主要包括体育概述、健康概述、现代体育与人的发展、大学体育目标与实施四大部分内容。通过本章学习，使学生对体育的核心内容、健康的核心要素有清晰的了解，让学生意识到体育锻炼与健康生活的关联性，理解体育锻炼对个体发展的重要性，从而促进终身体育锻炼意识的形成。

第一节　体育概述

体育是人类社会所特有的一种社会文化现象，是随着人类社会的产生和发展而出现和不断演进的。原始人类在为生存而同自然界进行的斗争中，发展了走、跑、跳、投掷、攀登、游泳以及其他各种技能。这些原始人类的生产和生活技能与现代人的体育活动，都是身体的活动，其区别在于前者主要用以谋生，后者主要用以锻炼身体。体育作为一个专门的科学领域，是在人类社会长期的实践中，随着社会生活和生产的不断发展而逐步建立和发展起来的，它受一定的社会政治、经济的影响与制约，也为一定的社会政治、经济服务。

一、体育的概念

体育虽然有悠久的历史，然而“体育”一词却出现得较晚。在“体育”一词出现前，不同国家对“体育”这一活动过程的称谓各不相同。“体育”的英文是 physical education，指的是以身体活动为手段的教育，直译为“身体的教育”，简称为“体育”。在古希腊，游戏、角力、体操等曾被列为教育内容。17—18 世纪，在西方的教育中加进了打猎、游泳、爬山、赛跑、跳跃等项活动，只是尚无统一的名称。

1762 年，法国启蒙思想家、哲学家、教育家让 – 雅克 · 卢梭出版了《爱弥儿》一书。书中，他最早使用“体育”一词来描述对爱弥儿进行身体的养护、培养和训练等教育过程。“体育”一词也由此在世界各国流传开来。到 19 世纪，世界上许多教育发达国家都普遍使用了“体育”一词。

（一）我国对体育的认知

我国体育发展历史悠久，自古便有体系完备的民族体育，但“体育”这个词却是译介、借用西方“体育”概念的结果。“体育”一词在我国的使用有一个演变过程，在古代，我国使用“养生”“导引”“武术”等名词。近代中国人最早接触并能理解的西方体育运动是体操。1894年前后，德国和瑞典的体操开始传入我国，当时我国采用“体操”这一术语来表示广义的体育含义。此后，在清政府兴办的“洋学堂”中设置了“体操科”。后随着西方文化大量涌入中国，学校体育的内容也从单一的体操向多元化发展，出现了篮球、田径、足球等项目。20世纪初，我国有大批留学生东渡去日本求学，他们回国后将“体育”一词引入我国。1904年，《湖北幼稚园开办章程》在提到对幼儿进行全面教育时谈道：“保全身体之健旺，体育发达基地。”1905年，《湖南蒙养院教课说略》中也提道：“体育功夫，体操发达其表，乐歌发达其里。”我国最早创办的体育团体是1906年在上海成立的“沪西士商体育会”。1907年，我国著名女民主革命家秋瑾在绍兴也创办了体育会。同年，清朝学部的奏折中也开始出现“体育”这个词。辛亥革命后，“体育”一词被逐渐运用。1923年，在我国《中小学课程纲要草案》中，正式把“体操科”改为“体育课”。从此“体育”一词成了标记学校中身体教育的专门术语。

“体育”一词在含义上也有一个演化过程。它刚传入我国时，是指身体的教育，是作为教育的一部分出现的，是一种与维持和发展身体的各种活动有关联的教育过程，与国际上理解的“体育”（physical education）是一致的。随着社会的进步和体育事业的不断发展，其目的和内容都大大超出了原来的范畴，体育的概念也出现了“广义”与“狭义”解释。广义的体育一般是指体育运动，包括体育教育、竞技运动和身体锻炼三个方面；狭义的体育一般是指体育教育。被人们普遍接受的体育的概念是：“体育是以身体活动为媒介，以谋求个体身心健康、全面发展为直接目的，以培养完善的社会公民为终极目标的一种社会文化现象或教育过程。”这个概念既说明了体育的本质属性，又指出了归属范畴，同时也把体育从与其邻近或相似的社会现象中区别出来。但是，体育的概念并不是一成不变的，随着社会的发展和进步，人们对体育的认识也有变化。

（二）国外对体育的理解

国外对“体育”的理解可以从几个方面进行概括：首先，体育是培养和完善人的一种有意识的活动或过程；其次，体育所借助的手段一般被称为身体活动或过程；最后，体育不仅是通过身体，而且必须是针对身体所进行的教育。

美国的布切尔教授在其1979年所著的《体育基本理论》中认为：“体育是整个教育过程中一个不可缺少的部分，是一种通过身体活动，提高人体机能的方式”；德意志联邦共和国的《体育百科全书》中谈道：“体育是教育和教育学的一个组成部分，其任务是通过运动和游戏激励人们去提高运动成绩和从事有意义的业余活动，体育是全面教育的一个组成部分。”

在不同时期、不同发展阶段、不同国家，人们对体育的理解和描述存在一定的差异性。在原始社会早期的人类生活中，便已经出现以争取胜利为特点的原始、古朴的体育比赛形式。此后，这种活动形式经过长期发展，内容更加丰富多彩，发展至近代，比赛活动获得了越来越大的独立性，并被称为“竞技运动”。现如今，竞技运动不断发展和演进，不仅在理论知识和实践方法上日臻成熟，而且影响也不断扩大，成为一个遍及社会各阶层、遍布全球的特殊文化现象。

本书认为，体育是以身体与智力活动为基本手段，根据人体生长发育、技能形成和机能提高等规律，达到促进个体全面发育、提高身体素质与全面教育水平、增强体质与提高运动能力、改善生活方式与提高生活质量、实现社会公民全面发展目标的一种社会文化现象或者教育过程。

二、我国体育的构成

我国体育由三个方面组成，分别是学校体育、群众体育、竞技体育。这三者既不能互相代替，也不能互相混淆。

（一）学校体育

学校体育是指以在校学生为参与主体的体育活动，通过培养学生的体育兴趣、态度、习惯、知识和能力来增强学生的身体素质，培养学生的道德和意志品质，促进学生的身心健康。学校体育是教育的重要组成部分，是计划性、目的性、组织性较强的一种体育教育活动过程。

我国提出素质教育、全面发展的教育思想，根本目的在于注重学生的个性发展和能力培养，重视人的思想道德素质、身心健康教育等。在素质教育的基础上，学校体育还提出“健康第一”、终身体育、快乐体育等思想，目的在于促进人的身心健康，增强体质。

（二）群众体育

群众体育也称为社会体育或大众体育，是为了娱乐身心、增强体质、预防疾病和培养体育后备人才而在社会上广泛开展的体育活动的总称，包括职工体育、农民体育、社区体育、老年人体育、妇女体育、残疾人体育等。其主要形式有锻炼小组、运动队、辅导站、体育之家、体育活动中心、体育俱乐部以及个人自由体育锻炼等。开展群众体育活动应遵循因人、因地、因时制宜和业余、自愿、小型、多样、文明的原则。广泛开展群众性体育活动，是发挥体育的社会功能、提高民族素质和完成体育任务的重要途径。为便于与国际接轨，现在也较多使用大众体育（sport for all）这一概念。

（三）竞技体育

竞技体育是指在全面发展身体，最大限度地挖掘和发挥人在体能、心理、智力等方面潜力的基础上，以攀登运动技术高峰和创造优异运动成绩为主要目的的一种运动过程。以奥林匹克运动为核心的世界竞技体育的发展促进了人类和社会的和平与进步。但是竞技体育在发展过程中也出现了很多异化现象，如球场暴力、服用兴奋剂、黑哨等，给社会和体育自身的发展带来很多障碍，必须坚决制止。

三、体育的功能

体育的功能主要是指体育对个体本身及社会发挥的作用和效能。体育的功能主要取决于体育自身的属性、个体或者社会的需要，包括个体功能和社会功能两大类。

（一）个体功能

1. 强身健体功能

体育是通过身体活动方式进行的，这是体育最本质的特点之一，这也决定了体育所特有的强身健体功能。通过身体活动，可以促进人体运动系统、神经系统、脉管系统、呼吸系统、消化系统、内分泌系统、感觉器官、生殖系统及泌尿系统的健康发展，促进个体的健康。

2. 健康心理功能

参与体育运动可以发展人的认知能力，完善人的性格与气质，增强人的意志品质，发挥促进人心理健康的作用。研究表明，大脑的右半球对形象知觉、空间知觉、音乐知觉起主要作用。体育锻炼是发掘大脑右半球功能的重要手段，可以通过运动刺激使右脑相应部位兴奋，从而使右脑得到充分锻炼。个体通过体育锻炼，人格也会随之发生改变。此外，坚持体育锻炼需要不断地克服各种主、客观困难，这个过程是锻炼身体的过程，也是培养良好意志品质的有效途径。

3. 人际交往功能

参加体育活动，特别是参与合作性、集体性体育活动，能够增进人与人之间的交流，使人获得自信，改变参与者个性和行为方式。体育活动对参与者的群体观念、责任意识、助人为乐等精神品质能起到培养作用，使人们养成尊重裁判、尊重对手、遵纪守法、文明礼貌、公平竞争的良好品德行为，有利于塑造参与者积极进取、奋发向上、持之以恒的精神风貌。体育活动在人际关系方面具有促进人际交往、培养合作精神、形成竞争意识的作用。人们在体育活动中形成的合作、竞争、遵守规则的意识和行为，通常会潜移默化地迁移到日常社会生活、学习和工作中，有利于人们理解遵守社会规范的意义及重要性，有利于形成尊重他人的行为习惯，从而促进人际关系的和谐发展。

4. 休闲娱乐功能

随着物质生活水平的不断提高，人们对精神文化的需要日益增加。休闲娱乐是人们在闲暇时间进行的自由、自愿、愉悦身心的活动。体育在休闲娱乐中所发挥的个体和社会功能，是其他休闲娱乐活动所不可取代的，人们在直接或间接地参加休闲体育活动时，可以充分享受体育运动的乐趣，在表现自身能力、施展个人才能的同时，获得身心的满足和愉悦。体育休闲娱乐功能的实现主要有两种基本途径：一是亲身参与体育活动，二是欣赏体育比赛。

5. 美学功能

美有多种形式的表达和展现，对人类个体来说，美是人类生命活力的表现。体育对人的生命之美有极大的激发和促成作用。“生命美”的核心是重视自我，重视处理自我与他人的关系以及重视身体体验。体育通过各种运动形式，对人的身体和精神进行激发和磨炼，增强人的生命力。

（二）社会功能

1. 教育功能

体育作为一种特殊的社会现象，不仅本身是学校教育不可或缺的组成部分，而且会对整个社会产生深刻影响。体育具有群众性、活动性、竞争性、国际性和礼仪性等特点，在激发人们爱国热情、振奋民族精神和培养优良品德等方面具有重要作用，有助于推动人的全面发展和社会化进程。

2. 政治功能

体育作为一项在全世界具有广泛影响的社会文化和教育活动，与政治有着密切的关系，在处理国际关系和民族关系等方面具有独特的功能。体育对提高国家和民族的国际地位与影响力、展示大国形象、增进民族团结等发挥着重要作用。

3. 经济功能

体育对于经济发展具有促进作用。体育可以提高劳动者素质，促进生产力的发展；体育可以促进消费，拓展经济增长点；体育产业发展与体育消费升级也会不断创造出更多经济价值。

4. 文化功能

体育的文化功能主要体现为获取和创造功能，体育制度文化的主要功能是整合功能，体育精神文化的主要功能是认知和价值定向的功能。同时，一个文化结构功能又不是各个系统和特质的简单相加。因此，调整体育文化结构内部各个子系统和特质的地位与组合，使之大于各部分效益之和，具有十分积极的意义。以奥运会为代表的体育运动作为一种实践活动的文化价值，在于对人自身价值的挖掘，即人的全面、自由、和谐的发展，是个体人格和社会人格的和谐统一。

第二节 健康概述

健康是人类永恒的主题。健康是促进人的全面发展的必然要求，是经济社会发展的基础条件，是民族昌盛和国家富强的重要标志，也是广大人民群众的共同追求。健康已成为新时代人们生活的基本目标。健康对人类的生存与繁衍、社会的繁荣与发展、科技的进步与创新、精神文明的建设、生活方式的更新起着决定性的作用。

一、健康的概念

随着社会的不断发展，人们对健康的理解出现差异。长期以来，“无病就是健康”的传统健康观在社会中普遍存在。1948 年，世界卫生组织（WHO）在其宪章中明确提出：“健康不仅仅是免于疾病或虚弱，而是保持身体、心理和社会适应的完好状态。”这一概念将人的健康与生物、心理、社会等因素密切联系起来。身体健康即身体强壮，没有伤病。心理健康，即保持良好的心理状态、和谐的人际关系、积极乐观的人生态度，从而更好地适应社会生活。社会健康有三个层次：一是个人对社会环境适应良好；二是要为家庭、社区和全社会的健康作出积极贡献；三是要尽个人最大努力实现生命存在的社会价值。因此，从积极的健康观出发，健康是生命存在的最佳状态，每一个人都应积极地追求健康，为个人、家庭、社区乃至全民的健康承担责任。这种新的健康观念使单一的生物医学模式演变为“生物—心理—社会”医学模式。这一现代健康概念中的心理健康和社会健康是对生物医学模式下健康定义的补充和发展，既考虑到人的自然属性，又考虑到人的社会属性，从而摆脱了人们对健康的片面认识。

1989 年，世界卫生组织又一次对健康的定义作了补充，认为“健康不仅是没有疾病，而是包括躯体健康、心理健康、社会适应良好和道德健康”。由此可知，健康不仅仅是指躯体健康，还包括心理、社会适应、道德品质的相互依存、相互促进、有机结合。当人体在这几个方面同时健全，才算得上真正的健康。

二、健康的组成

健康由身体健康、心理健康、社会适应良好、道德健康等方面组成，它们之间相互联系，相互影响，是一个有机的统一体。

（一）身体健康

身体健康是指个体除了没有严重的身体疾病外，还应有余力应付意外的挑战，并有足够的能力满足日常生活的需要。另外，生理健康主要还体现在形体匀称、眼睛明亮、头发有光泽、无龋齿、睡眠良好等方面。衡量身体健康的标准有以下几个方面：① 没有疾病；② 身体发育正常；③ 有良好的生活规律，食欲好、睡眠好；④ 体态好、脸色好、精神好；⑤ 能很好地进行日常活动，较快地消除疲劳。

（二）心理健康

心理健康不仅是指人的精神、情绪和意识方面的良好状态，还必须具有情感认识、接受、表达、独立行为以及应付日常各种应激挑战的能力等。心理健康包括情绪健康和思维健康。情绪健康是指情绪稳定乐观、意志坚强、行为规范协调、精力充沛。思维健康是指人们能根据实际情况，客观地认识世界，乐于承担责任，能对未来充满信心。第三届国际心理卫生大会认为，心理健康的标志是：① 身体、情绪十分协调；② 适应环境，人际关系中能彼此谦让；③ 有幸福感；④ 在职业工作中，能充分发挥自己的能力。

（三）社会适应良好

社会适应良好是指个体能与自然环境、社会环境保持良好接触，并对周围环境有良好的适应能力，具有一定的人际交往能力，能有效应对日常生活、工作中的压力，与周围环境保持协调与平衡，使思想、意识、情感、行为能与客观环境相适应，经常进行自我调整，紧跟时代步伐，顺应时势，变被动适应为主动适应，更好地生存与发展。

（四）道德健康

人有百行，道德为首。“道”既是指人在自然界及社会生活中待人处世应当遵循的一定规律、规则、规范等，也指社会政治生活和做人的最高准则。“德”是指个人的品德和思想情操。道德健康是指参与社会活动，为社会作贡献，能与他人保持和谐人际关系的能力，尤其重要的是能够按照社会道德行为规范准则约束自身并支配自己的思想和行为，有辨别真、善、美、荣、辱的是非观念和能力。这种能力可使人更有自信心和安全感，在日常生活中始终保持一个良好的心情，有益于身心健康。

三、影响健康的因素

健康是许多因素相互制约、相互作用的结果，一个健康人的机体机能与其生活、工作环境处于相对稳定的平衡状态密不可分，这种平衡一旦被破坏，就会影响人的健康。现代医学将影响健康的因素归为四大类，即生物学因素、环境因素、卫生服务因素、行为与生活方式因素。

（一）生物学因素

从古至今，人类死亡的重要原因是病原微生物引起的传染病、感染性内分泌失调和免疫功能失常等。这些致病微生物和遗传因素是影响健康的生物学因素。在社区中，特定的人群特征，如年龄、性别，对某些疾病的易感染性、遗传危险性等，也是影响该社区健康水平的生物学因素。

（二）环境因素

人类健康问题与环境有关。良好的社会环境是人民健康的根本保证。自然环境恶劣、营养匮乏、卫生条件差等将会导致传染病、寄生虫病和地方病的流行。社会环境涉及政治制度、经济水平、文化教育、人口状况、科技发展等诸多因素。

（三）卫生服务因素

卫生服务是卫生医疗机构和专业人员为了达到防治疾病、促进健康的目的，运用卫生资源和医疗保健手段向个人、群体和社会提供必要服务的过程。卫生服务的提供与利用对人的健康至关重要。卫生服务的范围、内容与质量直接关系到人的生、老、病、死以及由此产生的一系列健康问题。

（四）行为与生活方式因素

行为与生活方式是指在一定环境条件下所形成的生活意识和生活行为习惯。在现代社会，不良生活方式已经成为危害人们健康、导致疾病的主要原因。例如，酗酒、吸烟、缺乏锻炼、不良饮食习惯等是高血压、冠心病、糖尿病等“现代生活方式病”患病率不断增高的重要因素。

四、亚健康

随着社会的发展，医学家把健康称为人体的“第一状态”，把身患疾病称为“第二状态”，但现代社会却出现了一种无躯体形态上病变的证据，却有软弱无力、精疲力竭等症状的状态，即亚健康。近年来，亚健康已成为社会广泛关注的话题。

（一）亚健康的概念

世界卫生组织关于亚健康的一项调查结果显示：健康人群约占全球人口总数的5%，患有明确疾病的人群约占20%，亚健康的人群约占75%。据近几年我国国家卫生健康委员会对各大城市上班族的调查显示，亚健康的人群比例占总人口的48%，其中沿海城市高于内地城市，脑力劳动者高于体力劳动者，中年人高于青年人，而高级知识分子、企业家亚健康者高达70%。

亚健康是指无器质性病变的一些功能性改变，又称“第三状态”或“灰色状态”。因其症状多种多样，又不固定，也被称为“不定陈述综合征”。它是人体处于健康和疾病之间的过渡阶段，在身体上、心理上没有疾病，但主观上却有许多不适的症状表现和心理体验。“第三状态”处理得当，则身体可向健康状态转化；反之，则容易患病。因此，对亚健康状态的研究，是当代生命科学研究的重要组成部分。

（二）引发亚健康的主要原因

引发亚健康的原因是多方面的，归结起来，亚健康是身体、心理和社会三个方面的不良因素共同作用的结果。具体到个人，亚健康的诱因又具有明显的个体差异，但不良的生活习惯是首要的诱因。现代医学研究发现，大多数疾病和人们的日常饮食有着极大的关系，而饮食对亚健康的影响则更为直接和广泛。例如，不吃早餐容易引起血糖降低和胆汁分泌减少，导致心慌、头晕和胆石症；午餐营养不足会引起血压降低、脑部供血不足，致使胸闷、气短、晕眩；晚餐吃得过好过饱，会使血液中氨基酸和脂肪沉积于血管壁，造成动脉硬化。还有长期“三高”（高盐、高糖、高脂肪）饮食，会导致一系列疾病产生等，亚健康就是其发生的前兆。

心理失衡是亚健康的重要表现，二者有着密切的联系，最主要的因素是现代社会巨大的压力，超出人的心理承受能力。现代人都处在一张复杂的社会关系网中，和周围事物有着千丝万缕的联系，生存和竞争所带来的巨大压力，必然使心理相对脆弱的人产生一系列心理不适症状，如健忘、失眠、烦躁等。社会因素是指现代生活环境对人产生的各种物理、化学影响，这些危害包括室内装修、汽车尾气、烹调油烟等带来的空气污染，塑料制品在生产、生活领域的广泛使用，以及人为的噪声污染、光污染等。

（三）亚健康的表现

科学界目前对亚健康的主要表现归结为疲劳以及同疲劳伴生或因疲劳引发的一系列症状。疲劳包括生理疲劳和心理疲劳，即躯体和精神的双重疲劳，亚健康集中表现为生理和心理双重的症状。生理方面包括困倦易睡、浑身乏力、失眠、休息质量不高、面容憔悴、腰酸背痛、易疲劳、胸闷气短、皮肤干燥、四肢麻木、面部浮肿、脱发、多汗、性功能减退、心律不齐等。心理方面包括记忆力减退、注意力分散、精神萎靡、反应迟钝、烦躁不安、多梦易惊等。一个人只要出现以上症状中的几项，就可被视为亚健康。

五、现代健康教育的发展

2016 年 8 月 20 日，习近平总书记在出席全国卫生与健康大会时指出："要倡导健康文明的生活方式，树立大卫生、大健康的观念，把以治病为中心转变为以人民健康为中心，建立健全健康教育体系，提升全民健康素养，推动全民健身和全民健康深度融合。"同年 10 月，中共中央、国务院印发了《"健康中国 2030"规划纲要》，纲要指出，广泛开展全民健身运动，继续制定实施全民健身计划，普及科学健身知识和健身方法，推动全民健身生活化。近年来，全民健身国家战略正在得到有力践行。

（一）21 世纪健康新理念

21 世纪是大健康时代，原来人们认为健康就是身体好、没有疾病，但随着生产的发展，医学模式的转变，健康的观念在深化、在扩展。身体健康是健康的基础，心理健康是健康的核心。身体健康的具体标志是能够做到"五快"，即"吃得快、便得快、睡得快、说得快、走得快"。心理健康最重要的标志概括为"五有"，即有正常的智力、良好的社会适应能力、和谐的人际关系、稳定的情绪、健全的人格。健康是人的基本权利，健康是人生的第一财富，健康是一种心态。

世界卫生组织提出了健康的十项标准：精力充沛，能从容不迫地应付日常生活和工作；处事乐观，态度积极，乐于承担责任，事无巨细不挑剔；善于休息，睡眠良好；应变能力强，能适应环境的各种变化；能抵抗一般感冒和传染病；体重适中，身体匀称，身体各部位比例协调；眼睛明亮，反应敏捷，眼睑不发炎；牙齿洁白，无龋齿，无疼痛感，牙龈正常，无蛀牙；头发有光泽，无头屑；肌肉丰满，皮肤有弹性，走路轻松，有活力。

（二）健康的四大基石

1. 合理膳食

饮食营养要全面均衡。每餐以八分饱为宜，主食细粮、杂粮搭配，减少动物性脂肪和甜食的摄入，多吃新鲜蔬菜、水果、豆制品和牛奶，限制食盐用量，每人每天摄盐量不超过 6 克。

2. 适量运动

运动贵在坚持，重在适度。项目可因人而异，每人每周可做轻中度运动 5 次，每次半小时左右。中青年人可进行打球、游泳、长跑等运动，老年人可进行快步行走、慢跑、骑自行车、爬山、跳健身舞等活动，此外也可练气功、打太极拳或散步等。适量运动是预防和消除疲劳，保证健康长寿的一个要素。

3. 戒烟限酒

吸烟酗酒是健康的大敌。吸烟是导致高血压、冠心病、肺癌、支气管炎、肺气肿等多种疾病的重要危险因素。酒应少饮，不喝高度烈性酒，经常或过量饮酒会影响健康。

4. 心理平衡

在健康的四大基石中，心理平衡最重要。保持心理平衡要做到：

（1）三个快乐。助人为乐、知足常乐、自得其乐。

（2）三个正确。正确对待自己、正确对待他人、正确对待社会。

（3）三个既要。既要尽心尽力奉献社会，又要尽情品味美好人生；既要在事业上有进取心，又要在生活中有颗平常心；既要在本职工作尽职尽责，又要有多姿多彩的业余生活。

（三）体育锻炼与健康促进

生命在于运动，这句话深刻地体现了体育锻炼在促进人体健康发展和增强体质方面的重要作用。

1. 体育锻炼能增强体质，促进身体健康

（1）体育锻炼能使人体中枢神经系统及大脑皮质的兴奋增强，从而改善神经系统的均衡性和灵活性，提高大脑皮质的分析能力，以保证机体对外界不断变化的环境有更强的适应能力。

（2）体育活动能促进机体的生长发育，提高运动系统的机能，提高神经系统对肌肉的控制能力。

（3）体育锻炼能促进人体器官机能的提高，促使心肌发达，心脏功能增强。

（4）体育锻炼能提高人体呼吸系统的机能，使肺活量增大，氧交换能力增强，呼吸效能提高。

（5）体育锻炼还能增强人体自身的免疫系统，提高对一般性感冒和传染病的免疫力。

2. 体育锻炼能改善情绪，促使心理健康

（1）体育锻炼有助于预防和治疗病态心理。病态心理指诸如猜疑、嫉妒、以自我为中心等消极心理现象。经常参加体育活动，不仅能锻炼身体，而且能陶冶情操，培养学生积极的情感和良好的竞争意识，有助于学生形成稳定、积极的心态。现代体育运动要求参加者对运动过程能作出准确判断，因此，经常参加体育锻炼可使头脑灵活，反应敏捷，提高人的思维和应变能力。在体育活动中，通过对技战术的分解与组合，有助于提高人们的分类、综合、比较和判断能力。

（2）体育锻炼有助于稳定心理平衡。体育锻炼可以调节人的情感，消除不良情绪，稳定心理平衡，减少疾病发生。有关研究认为，紧张、恐惧、焦虑、忧伤、沮丧、悲观、嫉妒、暴怒等消极情绪对人的健康不利；通过体育锻炼所产生的快乐、愉悦、成就感等积极情绪，则是抗疲劳、抗衰老、抗疾病及抵抗不良情绪的“良方”。

（3）体育锻炼有助于培养良好的个性心理特征。研究表明，各种压力和挫折，是引起心理障碍的主要原因。体育锻炼能提高人的心理承受能力和应变能力，有利于应付各种精神压力，减少心理障碍的发生。

（四）体育卫生与健康

体育卫生与健康是指体育锻炼过程中应采取的卫生措施，为了促进健康，增强体质，树立积极健康的心态，达到生理与心理的和谐发展。体育锻炼必须遵循人体生理活动规律和运动的卫生要求，如不注意运动卫生，盲目地进行锻炼，可能会导致各种运动疾病和损伤，对身体造成伤害。

1. 运动与环境卫生

在体育锻炼过程中，环境卫生对锻炼者的运动情绪和锻炼效率有相当的影响，好的环境可激发锻炼者的情绪；反之，则会抑制锻炼者的情绪。

（1）体育锻炼与空气。空气是人类赖以生存的重要外界环境因素之一，氧气是人体生命活动中的重要物质。新鲜空气能调节大脑中枢神经系统的功能，增强心肺功能，促进血液循环，提高机体的免疫力，提高基础代谢，增强人体抵抗力。体育锻炼时，由于人体的气体交换充分，耗氧量增加，因此，要注意在空气新鲜的环境下进行锻炼。

（2）体育锻炼与气温。在天气极热或极冷时，不宜运动到精疲力竭的程度，锻炼的理想气温是 1 ℃~30 ℃，湿度在 60% 以下。

（3）体育锻炼与噪声。噪声是一种环境污染的因素。噪声对人体健康十分有害，它会干扰人体中枢神经系统的正常功能，使人头痛、失眠、恶心、呕吐、脾气暴躁、心跳加快、肌肉紧张等。因此，为了使体育锻炼效果不受影响，应保持在相对安静的环境中锻炼。

2. 体育锻炼与卫生

（1）运动前的卫生。

准备活动。准备活动是指人在体育锻炼前进行的有目的和指向性的身体练习，它包括一般性准备活动和专项性准备活动。运动前做好充分的准备活动，可使人体从相对静止的状态过渡到紧张活动的状态，可预防心血管意外的发生，减少肌肉、关节和韧带的损伤。

选择好运动着装。运动时衣着以轻、松为好，大小适宜，有一定的透气性和吸水性，不佩戴尖锐物件。鞋子大小要合适，尽可能穿运动鞋。夏季以浅色薄款运动衣裤为好，冬季应注意保暖。

选择良好的运动环境。选择在空气清新、流通性较好、温度适宜、场地整洁的运动场所进行锻炼，这样有利于体育活动的开展，也有利于锻炼者的身体健康。

（2）运动中的卫生。

合理安排运动量。合理安排运动量是指在进行体育锻炼时应根据年龄、性别、体质、健康水平和技术的熟练程度合理安排练习的强度、密度、时间和数量。一般学生运动时平均心率在 130~170 次 / 分为宜。运动量适宜时睡眠良好、食欲增加、精力充沛。如果超过了锻炼者的生理负荷量，反而会损害身体健康，影响正常的学习生活。

运动中饮水。运动中应少量、多次地饮水。一是为了加强肌肉组织的血液供应，以保证肌肉中物质代谢过程的进行；二是运动中人体易产生大量的热量，需要血液将其带到体表，以维持正常体温。

（3）运动后的卫生。

整理活动。整理活动是指在运动结束后，人体由紧张激烈的肌肉运动阶段逐渐过渡到相对安静的阶段。较轻松的身体练习，是消除疲劳、促进人体体力恢复的良好措施。

注意保暖。由于运动后全身的毛细血管都是张开的，热量大量散发，如用冷水刺激，容易引起感冒。经常受冷刺激，会导致关节炎的发生。

不宜立即洗热水澡。运动结束后，不宜立即洗热水澡。由于运动时流向肌肉的血液增加，心率加快，此时立刻洗热水澡，会促使血液大量流向肌肉和皮肤，可能使心脏和脑部等器官供血不足，突发晕厥。

3. 女性运动卫生

由于女性的身体形态、生理特点以及心脏、呼吸、骨骼和肌肉与男性有显著差别，因此在进行体育锻炼时，必须遵循女性的生理特点，选择适宜的运动项目，安排适当的运动量，并且注意相应的卫生要求，尤其要注意女性月经期间的运动卫生。

（1）女性运动的一般卫生要求。① 女性进入青春期以后，身体形态、机能、素质和心理等方面均发生了变化，尤其是生殖系统变化更大。② 由于女性运动器官、心血管系统和呼吸系统的机能一般不及男性，因此，体育锻炼手段与方法的选择，一定要符合女性的特点。③ 女性的胸廓、肩带较窄，肌肉力量差、重心低，不宜做单臂支撑、悬垂摆动等练习。④ 女性的有氧与无氧代谢功能较差，进行速度和耐力练习时，应掌握适宜的运动强度和持续时间。⑤ 注意发展女性的肩带肌背肌、盆底肌和骨盆后肌。

（2）女性经期的运动卫生。一般情况下，女性在月经期间的身体反应能力、适应能力、肌肉力量、神经调节的准确性等都有可能下降。因此，女性在月经期间，运动量要适量减少，运动时间不宜过长，应避免做剧烈运动。

女性在月经期的体育活动应注意四个方面：

① 避免进行剧烈的跑、跳动作和静力性力量练习，以免造成子宫移位和经血过多。

② 凡有痛经、腰背酸痛、下腹痛、经血过多或过少、经期不正常、盆腔炎症者，均应暂停体育活动。

③ 月经期间一般不宜游泳，以免引起细菌侵入而发生炎症病变或因冷水刺激引起子宫痉挛、收缩而不能顺利行经的现象。

④ 月经期参加体育活动，应特别加强医务监督，随时注意经期身体的反应，以便及时发现问题并解决。

（五）体育锻炼与生活卫生

体育锻炼是促进健康最有效、最积极的手段，在实施体育锻炼的过程中，必须遵循人体生理机能活动变化规律，此外还要讲究卫生。

1. 生活作息

人每天的睡眠时间应占一天的 1/3 左右。一般来说，青少年应睡 8~9 小时，成年人每天一般应保持约 8 小时的睡眠。因此，必须有足够的睡眠时间来解除一天的疲劳。保证充足的睡眠时间，不仅有利于工作与学习，而且还会使身体保持健康。

为了保证良好的睡眠，睡前 1 小时不宜进行剧烈运动，以免引起神经过度兴奋，但是睡前适量进行运动，能对人体起到良好的调节作用，有助于睡眠。睡前不宜吃得过饱，也不宜过多喝水。睡前宜用温水洗脚、漱口、刷牙，并保持室内通风和卧具的清洁卫生。

2. 饮食卫生

（1）合理营养。大学生脑力活动强度较大，参与体育锻炼、文化娱乐、社交活动较多，能量消耗较大，需要及时补充营养。同时为有助于人体的消化吸收和利用，还要注意保持各种营养之间的平衡。

（2）合理饮食。合理饮食包括每日进餐时间和食物量的分配等内容。一般认为，早餐热量占全天热量的 30%、午餐占 40%、晚餐占 30% 左右较为适宜。每日三餐的时间应基本稳定，力求做到与体育锻炼有一定的时间间隔。

运动后不宜立即进餐，建议半小时以后再进食，可以吃些低热量食品，以不感到饱胀为原则。这样，既能补充运动中人体消耗的能量，又不会增加过多脂肪，有助于保持身材。

饭后不宜立即进行剧烈运动。建议在运动前 1 小时进食，同时要避免食用难以消化的食物，如油炸食品等，这些食品可引起腹痛、恶心等症状，也可导致胃下垂。

（3）戒除不良嗜好。世界卫生组织把每年 5 月 31 日确定为“世界无烟日”，呼吁全世界人民行动起来，减少烟草对健康的危害。长期吸烟引发的常见疾病有肺癌等呼吸系统疾病、心血管疾病、中枢神经系统病症、消化系统病症等，同时吸烟也污染环境，会使被动吸烟者致病。长期大量饮酒，也会损害人体健康。吸烟、酗酒等不良嗜好，对人体健康危害很大，也会影响体育锻炼的正常进行。如果已经养成这些不良嗜好，要努力戒除。

2017 年教育部印发的《普通高等学校健康教育指导纲要》指出，健康是青少年全面发展的基础，加强高校健康教育、提升学生健康素养，是贯彻落实党的教育方针，全面实施素质教育、促进学生全面发展、加快推进教育现代化的必然要求，是贯彻落实《“健康中国 2030”规划纲要》，建设健康中国、全面提升中华民族健康素质的重要内容。

第三节 现代体育与人的发展

一、新时代对人才的要求

人才是实现民族振兴、赢得国际竞争主动的战略资源，是衡量一个国家综合国力的重要指标。新时代对人才提出了新要求。现代社会对人才的要求可以归纳为健壮的体魄、高超的智能、良好的心理素质以及高尚的道德情操。

（一）健壮的体魄

健壮的体魄是人才的物质基础，包括两个基本条件：

1. 体质良好

体质良好包括健壮的体格、良好的体能和较强的社会适应能力。具体来说，体质良好指人体的形态结构良好，生长发育正常，身体整体指数与比例合适，身体姿势端正。

2. 体能全面

体能全面是指走、跑、跳、攀、爬等身体基本活动能力及力量、速度、灵敏、耐力和柔韧等身体素质得到全面发展，神经系统、呼吸系统、心血管系统、消化系统、泌尿系统和生殖系统等机能协调发展。

（二）高超的智能

随着信息时代的到来，现代社会对人才的要求除了应具备扎实的基础知识和精深的专业知识之外，还要具备较强的学习能力、创新能力、观察能力、动手能力。1996 年，联合国教科文组织在《学习：内在的财富》的报告中提出了未来教育的四大支柱，即学会认知、学会做事、学会共处、学会生存，这对学习的内涵作了新的界定。

（三）良好的心理素质

现代社会对人的心理素质提出了更高的要求，这是因为随着社会的高速发展，人与人之间的交往越来越密切。农业经济时代人们日出而作，日落而息，可以鸡犬之声相闻，老死不相往来。而随着现代社会的发展，社会分工向更加深化、精细化发展，人与人之间的往来更加密切和频繁，人们在工作生活中，除了精力充沛、奋发向上、思维敏捷、情绪良好，还要有追求之志、好奇之心、探险之勇、专注之境，以及百折不挠的精神，有经得起失败和挫折的心理承受能力。

（四）高尚的道德情操

道德情操内涵十分丰富，作为一个社会人，人生态度、社会公德、职业道德和协作精神是最基本的素质。其中，职业道德和协作精神尤其重要，这是取得成功必备的品质。一个道德高尚的人，应该敬业乐群，诚实谦虚，敢于担当，勇敢顽强，果断坚毅，坚韧不拔，敬老扶弱。

二、体育在现代社会中的地位和作用

体育具有强身健体、调节情感、娱乐身心的特殊作用，它是调节现代社会生活的有效工具，也是现代人生活方式中不可或缺的重要内容。实践证明，在现代社会中，体育运动已经不仅是个体的需要，而且是整个社会的需要；不仅是提高社会生产力的需要，而且是保障人们身心健康发展和正常生活的需要。

现代社会一方面提出了加速发展体育运动的必要性和迫切性，另一方面也为其发展提供了可能性。社会生产和科学技术的发展，人们生活水平的提高，为发展体育运动提供了较好的物质基础；工作时间和工作周期的缩短，假期的增加，人类寿命的延长，使人们的闲暇时间大大增加，这为体育运动的发展提供了必要条件。这些都为加快体育运动的发展提供了非常有利的条件。

此外，随着现代社会的发展，人们对体育的认识越来越深刻，体育事业越来越受到各国的重视。各国政府都把体育作为教育的一个重要组成部分在学校中广泛开展，不少国家还在政府法令中把体育锻炼列为公民的一项基本权利。

在人们的日常生活中，体育也逐渐成为不可缺少的重要组成部分。人们参加体育锻炼有的为了预防疾病，强身健体；有的为了放松精神，舒缓身心；有的为了领略风光，探险挑战。人们通过体育运动不仅直接满足了自身的某种需要，而且还从体育运动中汲取了能量，树立了信心，赢得了尊重，获得了相互理解。

近年来，竞技体育也日益成为人们感兴趣的社会活动之一，特别是对重大国际比赛所表现出的观赛热情，达到了狂热的程度。如 2018 年俄罗斯世界杯足球比赛，电视观众数量高达 35.72 亿人次。在中国，就有 6.5 亿人次观看了 2018 年世界杯。苏联学者 H.H. 维兹金在他的《现代竞技运动的社会性质》一书中指出，地球上有一半的人是竞技体育的捧场者。在当代社会活动中，很难有其他活动像体育这样有如此众多的人为之着迷与狂热。

社会学家在对体育进行研究时，反复强调体育是社会的缩影，体育和家庭、宗教、政治、经济这些传统的研究领域一样，也是社会生活中普遍的文化生活方式和基本的社会性制度，是工业社会中最广泛的文化领域之一。

2020 年 9 月 22 日，习近平总书记在教育文化卫生体育领域专家代表座谈会上的讲话中指出："体育是提高人民健康水平的重要途径，是满足人民群众对美好生活向往、促进人的全面发展的重要手段，是促进经济社会发展的重要动力，是展示国家文化软实力的重要平台。”在全面建成社会主义现代化强国、实现第二个百年奋斗目标的新征程中，体育所起到的作用越来越受人们关注，体育既是社会的组成部分，也承载着国家强盛、民族振兴的梦想，是社会走向现代化的重要推动力。

三、体育运动参与构建人们的现代生活方式

（一）体育运动可以缓解、转移现代生活方式所造成的疲劳

随着科学技术的飞速发展和生产力水平的不断提高，体力劳动者数量相对减少，脑力劳动者数量不断增加，并且脑力劳动的时间不断延长。因劳动而产生的疲劳从以全身性的肌肉疲劳为主，转向以大脑局部高级神经系统的疲劳为主。现代生活方式所造成的疲劳主要是神经系统的疲劳。长时间进行脑力劳动，由于血液中的葡萄糖、多种氨基酸消耗过多，会引起脑的血流和氧供应不足，脑细胞的兴奋、抑制失去平衡，导致生理功能低下，产生疲劳感，表现为头昏、目眩、头痛、记忆力下降、思维混乱和注意力不集中等。体力劳动只能在一定程度上提高身体灵活性及平衡能力，增加肌肉弹性及肌肉力量，但这些并不能有效改善人体机能。适当的有氧运动可以提高机体氧的利用能力，有效改善心血管机能，提高机体免疫力，防止各种生理和心理疾病的发生与发展。

睡眠是消除神经疲劳的最佳方式，除此之外，食疗、推拿按摩、听音乐、静坐等都可以达到消除神经疲劳的效果，但这些方法大多是身体的被动休息。体育运动因具有实践锻炼特性，肢体的运动使高度疲劳的神经系统得到休息，使疲劳发生转移，也可以缓解神经紧张，调节全身的平衡能力，弥补其他消除疲劳方法的不足。例如，在长时间脑力劳动后，进行瑜伽、有氧舞蹈、慢跑等运动不仅可以消除疲劳，还可以提高身体机能。

（二）体育运动可以提高人们对现代生活节奏的适应性

随着社会的发展，人们的生活节奏越来越快。生活节奏加快的积极意义在于提高了生命的效率，可以使尽可能多的社会成员经过高速的协调配合，为社会创造出更多的物质财富和精神财富。人们生活在快节奏的环境里会精神振奋、生活充实、朝气蓬勃。然而，生活节奏的加快，也会给人带来许多健康方面的问题，如高脂血症、动脉硬化、高血压、冠心病、糖尿病、亚健康、心理浮躁、感情淡漠等，严重困扰着人们的日常工作和生活。如何有效地预防与治疗这些疾病和心理问题成为现代人不断追寻和探索的主题，合理的体育运动是预防这些疾病和心理问题的有效途径。

体育运动和娱乐活动是人们调整、适应新的生活节奏的重要辅助手段。运动员和经常参加运动者，对生活节奏的改变具有较强的适应能力。这是因为在体育运动中，人们所掌握的多种运动技能和快速活动的方式，有利于其在完成各种活动时做到准确、协调、敏捷，避免多余动作的出现。参加体育运动可以强化人体各个系统尤其是神经系统和心血管系统的功能，可以提高人体对快节奏生活的应变能力和耐受能力。同时，也可以帮助人们克服对快节奏生活的抵触、恐惧、厌烦和焦虑等心理，缓解身心紧张。

（三）体育运动可以丰富闲暇时间的活动内容

闲暇时间在人类创造精神文明方面起着重要的作用。闲暇时间的长短和支配闲暇时间的质量直接影响人们的生活方式。现代社会经济快速发展，人们的物质生活空前丰富，社会文明程度不断提高，高科技的工作手段把人们从单调、紧张、高强度的肢体活动中解放出来，从而使得工作效率成倍提高，工作时间不断缩短。

积极引导人们用科学、文明、健康的方式度过闲暇时间是一项重要的社会任务。而

把闲暇时间用于体育运动和娱乐活动，也是一项重要的任务。今天，人们支配闲暇时间的方式发生了巨大的变化，旅游、远足、登山、泛舟、探险和漂流等活动方式日益成为社会时尚。这些活动不仅可以消除大脑和肢体的疲劳，使疲惫的身体得到积极休息，使人们精力充沛地投入工作，又可以增强个体体质、健壮体格、提高社会适应能力。随着人们健康观念的增强，越来越多的人在闲暇时间进行体育运动。

（四）体育运动可以拓展人们的生活空间

在现实生活中，每个人、每个家庭都有属于自己的生活空间。生活空间是我们日常生活中不可忽视的一个要素，也是提高生活质量的重要前提。

适度的生活空间有利于人们的身心健康。生活空间过大，人们难以适应，会感到空旷、孤独、漫无目的、过度自由。然而，生活空间狭小，则会产生惩罚感、封闭感，也会影响人们的身心健康。因此，在闲暇时间，暂时离开自己生活的空间，在参与户外运动的过程中体验新鲜事物带来的快乐与刺激是一种很好的拓展生活空间的方式。户外运动鼓励人们回到大自然的怀抱中去，人们可以在森林、山麓、雪原、河川和海洋等大自然的环境中尽情地参与登山、攀岩、探险、横渡、漂流等各类户外活动。

随着社会的进步，人们对于精神世界的需求不断提高，体育运动为满足人们社会交往和参与等较高层次的追求提供了有效的途径。人们可以通过体育运动展示自我，结交新的朋友，提高生活质量，增添生活情趣。经常参与体育运动，人们不但可以增强体质，提高身体的免疫力，减缓生活和工作的压力，而且可以促进人与人之间的交流，避免各种心理疾病的发生与发展。体育运动日益成为现代人生活中不可缺少的有机组成部分。

第四节 大学体育目标与实施

体育课程是大学生以身体练习为主要手段，通过合理的体育教育和科学的体育锻炼过程，以增强体质、增进健康和提高体育素养为主要目标的公共必修课程，是学校课程体系的重要组成部分。

一、大学体育的目标

大学体育是指各类以增强体质、促进身心健康、丰富生活、调整心态、愉悦身心为主要目的的体育活动方式，包括体育教学、在课余体育活动中进行的实际体育锻炼，是进行身体运动最直接、最普遍的形式，充分反映了体育的本质特点与价值。

进入 21 世纪，我国大学体育的目标、内容和形式发生了深刻的变化。大学体育的目标出现了多元化的倾向：从以往片面关注体质的生理机能改善，发展为全面关注大学生身体健康、心理健康和社会适应能力的协调发展；从以往仅仅关注大学阶段的短期效益，发展为兼顾终身体育能力培养的长远效益；大学体育的内容呈现出个性化和多样化的倾向，大学体育的内容选择，比以往更加强调大学生的主体地位；大学体育的形式比以往更加灵活多样。

大学体育是培养全面发展人才的重要方式，是培养和造就具有竞争力、创造力、高素质人才的有效渠道，是提高当代大学生身心素质、“为祖国健康工作五十年”奠定坚实身心基础的有效载体，塑造健康之体魄、陶冶健全之精神、提高社会适应能力、养成体育锻炼习惯是大学体育的最终目标。

大学体育是学生日常生活的一个重要组成部分。通过参加体育活动，学生可以拓宽生活的时间与空间，不断提高身体素质。在增进健康的同时，不断提升自己的精神境界，追求卓越、展示才华、挖掘潜能、实现理想。通过体育锻炼，还能调节自身的心理状态，陶冶性情、磨炼意志，满足不断增长的身心发展的需要，增强自信心、自尊心，进而丰富生活内容，提高生活质量。大学体育对大学生身体、心理的教育培养以及人格、品质的陶冶塑造有着积极、独特的作用。

二、大学体育的实施

对大学生来说，体育锻炼的内容主要就是大学体育课程结合自我身体锻炼。自我身体锻炼的主观能动性，自我身体锻炼的知识获得，自我身体锻炼的客观持久性，自我身体锻炼的身心收益共同构成了大学生体育锻炼的基本内涵。与中小学生相比，大学生自我身体锻炼的最大特点在于有计划性和有目的性，以自我身体健康和运动能力为起点，结合所学专业及未来职业选择的特殊需要，利用现有的客观物质条件，制订短期与长期的自我锻炼计划。大学生自我身体锻炼有效性的根本保证在于既要用规范去约束主体行为，又要在实践中调整和充实锻炼计划。

大学体育课程的内容和方式是复杂多样的，可以将其概括为以下几个方面：

（一）体育课

体育课是大学课程体系的重要组成部分，是实现大学体育目的与目标的重要组织形式，是保证全体学生学习和掌握体育与健康的知识技能，达到增进健康、增强体质和提高体育素养目标的中心环节；体育教学是寓促进身心和谐发展、个性培养、科学知识教育、生活与体育技能教育于一体的教育过程。课程形式主要有体育选项课、体育选修课、体育保健康复课等类型。

（二）课外体育锻炼

课外体育锻炼是指除体育课以外，为了达到锻炼身心、休闲娱乐、丰富课余文化生活的目的，在课前、课间、课后进行的，学生个人、自发小群体、学生体协、学校组织和俱乐部等开展的内容丰富、形式多样、组织灵活、面向全体学生的体育活动。

（三）课余体育竞赛

课余体育竞赛是在课余时间进行的，由两个或两个以上的个人或团体，依据一定的规则和比赛规程进行的竞赛活动。课余体育竞赛是推动大学群体活动开展、丰富课余文化生活、提高运动训练水平的重要杠杆。课余体育竞赛包括：① 校内体育竞赛，即校内各系科、各年级、各班级等之间进行的各种小型多样、丰富多彩，并有广泛群众性的竞赛活动，以及全校性的综合性的或单项竞赛活动。② 校际体育运动竞赛，即学校组织少数运动员代表学校参加的学校与学校之间的竞赛，或学校以上组织的各级各类体育运动竞赛。

（四）课余运动训练

课余运动训练是指在课余时间对部分体育基础较好，有一定体育运动天赋的学生进行系统的训练。大学的课余运动训练具有两重性：一是作为竞技体育的组成部分，培养竞技体育人才，为提高我国的竞技体育运动水平作出贡献；二是学校群众性体育的组成部分，培养群众性体育骨干人才，推动校园群体活动的开展。

思考题

1. 简述体育的社会功能。
2. 简述影响健康的因素，并与自己的生活习惯进行对照。
3. 谈谈你对“体育不仅仅是运动，更是一种生活方式”的理解。

第二章 体育文化与体育欣赏

本章导言

本章主要学习体育文化与体育欣赏两个方面的内容，在体育文化方面，理解体育文化的概念，了解体育文化特征，即体育文化的继承性、民族性、时代性、竞争性、动态性；同时也要理解体育文化的功能，学习校园体育文化，并明晰东西方体育文化的差异，重点了解奥林匹克文化的精神、思想。在体育欣赏方面，学习体育欣赏的概念与特点，掌握体育欣赏的教育作用，了解各个项目“美”的特点，例如田径比赛中短跑项目的速度之美、投掷项目的力量之美，武术项目中套路比赛的“劲力”之美、散打比赛的“时机”之美，球类项目中美妙绝伦的配合之美，体育舞蹈的音乐、服饰、人体之美等。

第一节　体育文化概述

一、体育文化的概念

文化是一个国家、一个民族的灵魂。文化是人类社会特有的现象，是人类在社会实践过程中所创造的物质财富和精神财富的总和。体育文化是具有独特性质与功能的一种文化。在人类摆脱野蛮步入文明的进程中，体育文化的作用举足轻重。当我们说体育是人类进步、社会发展的产物时，体育文化就是指人们在从事体育、鉴赏体育活动过程中所创造的物质文明与精神文明的总和，或者说是关于人类体育运动的物质、制度、精神文化的总和。

体育文化大体包括体育认识、体育情感、体育价值、体育理想、体育道德、体育制度和体育的物质条件等。可以说，人们的体育价值观念、运动技能、体育活动的组织管理方法，有关体育报刊、书籍、音像制品的出版发行，广播电视中的体育节目，体育题材的文艺作品，体育奖品、宣传品、纪念品以及体育文物等影响到人们精神生活的方方面面，均可视为体育文化范畴。

二、体育文化的特征和功能

（一）体育文化的特征

1. 体育文化的继承性

体育文化的继承性是指体育文化经过不同时代仍然保留原有某些特质的属性。文化的继承是有选择、具有批判性的，在继承过程中，人们有选择性地进行继承。我国的体育文化具有悠久的历史，各种养生导引术、武术技击、民间游戏娱乐等，经历了几千年的发展、演变，成为当今世界体育文化中的瑰宝，这充分证明了体育文化的继承性。

2. 体育文化的民族性

体育文化的民族性是指特定民族在历史上由于生存区域、生存环境、生产和生活方式、文化积累和传播等的不同而产生不同于其他民族的体育文化。体育运动的民族性十分强烈，世界上任何一种民族体育都独具特色，带有强烈的民族文化气息，内含强劲的民族意识。例如，中国的武术、围棋，巴西的足球，日本的柔道等，组成了蔚为壮观的体育文化世界。

3. 体育文化的时代性

体育文化的时代性是指体育文化的内容和形式随时代变化而发生变化的特征。任何文化的发展都不是一成不变的，都具有一定的时代特点和差异，经济和政治环境变动得越激烈，这种特点和差异就越明显。古希腊时期的竞技运动主要是祭典、健身、强身的活动，而我国封建时代的竞技运动却是统治阶级教化民心、闲暇消遣的手段。现代奥林匹克运动会是在资本主义由自由资本主义走向垄断资本主义时期诞生的，竞技运动的拼搏、对抗、竞争精神，正是时代精神的充分体现，体育文化观念和时代思想意识融合，相辅相成，互相促进发展。

4. 体育文化的竞争性

体育运动比赛实质上包含三种不同层次的竞争，首先是对自我的超越，其次是对对手的超越，最后是对体育运动规律的超越。这些超越的本质是竞争。现代体育运动正越来越复杂地体现出运动形式的多样性，日渐融合现代科技等因素，但竞争的本质依然未变，有人甚至把竞争称为体育运动的灵魂。体育竞争讲究“fair play”精神，强调机会均等、公平对抗，这正是现代社会所需要的。

5. 高校体育文化的动态性

高校体育文化的主体是大学生。大学生与高中生不同，他们已经不习惯长期静坐和默读，长时间“三点一线”的学习生活使多数好动的学生感到枯燥乏味。在紧张的学习之余进行体育活动不仅为校园带来了活力与生机，也为体育文化带来了新的动力。另外，社会流行的体育运动项目也为校园体育文化注入新的力量，使其处于不断变化和发展之中。

6. 体育文化的身体表征性

体育是用身体来表现的文化，高校体育文化是一种非语言文字的文化，用运动者的身体来表征和传承这种独特的文化形式。身体动作的节奏犹如语音，动作、技巧、姿态等犹如语汇，衔接规律与组合方法犹如语法，三者的有机结合组成体育文化的语言交际功能。大学生在进行体育锻炼的同时，也进行着人际关系的交流。

（二）体育文化的功能

1. 教育熏陶，促进全面发展

通过体育教学不仅可以强身健体，还可以发展学生的思维能力，并可以对学生进行爱国主义、集体主义等思想品德教育，培养学生不怕苦、不怕累、勇于拼搏、锐意创新的优良品质。通过体育理论课教学，可使学生学会运动创伤的简易处理，懂得营养保健知识，掌握科学锻炼身体的方法，培养良好的生活卫生习惯，从而达到丰富知识结构、提高体育文化修养的目的。通过运动技能课教学，可使学生感受动作美，体验心灵美和行为美，有利于培养学生正确的审美情趣。充分发挥体育文化所蕴含的功能，全面提高学生的知识、能力和素质，这是高校体育文化建设的一项重要内容。

2. 强身怡情，增进身心健康

高校体育文化是存在于学校这一特定环境中的体育文化形态，体育教师是传播校园体育文化的使者。教师要根据学生的身体素质、接受能力、个性差异，采用适当的分层教学法，做到因人而异、因材施教。在完成练习的数量、质量、空间和时间上，对不同层次学生提出不同的要求，各个层次的目标应该是相应层次的学生通过努力可以达到的，使各类学生都能体验到成功的喜悦，满足不同层次学生生理、心理的需要，激发学生体育学习的乐趣，真正使全体学生都学有所得、学有所长。

3. 娱乐与审美，丰富课余生活

体育竞赛具有娱乐性和趣味性，它不仅可以满足学生展现自己体育才能方面的需要，也为他们创造了一种气氛和谐、心情舒畅的环境。兴趣是最好的老师，学生对感兴趣的活动，往往心驰神往，如有趣的体育游戏、激烈的体育比赛、有优美音乐伴奏的艺术体操等，会让学生在愉悦的气氛中，获取知识，提高技能，调节情绪，并使他们以旺盛的精力、饱满的精神投入紧张的学习。这是高校体育文化的一大功能。

4. 创造与超越，培养拼搏意识

创造与超越是体育文化最具有文化学意义的功能。二者合二为一，创造的过程就是超越的过程。在学校运动会中，学生运动员打破一项校纪录，既是对原有纪录的超越，又是一次新纪录的创造。体育运动是一个拼搏、竞争的过程，不仅要求体育技术动作的创新，还要根据不同个体在体育方面的素质和优势，从事不同项目的竞争。这种创造与超越的精神、顽强的拼搏意识，可使学生在学习上得到很大的收益。

5. 突出个性，发挥主体功能

高校体育文化内容丰富，形式多样，可以使学生得到充分的发展，是学生的主体性从潜能到现实的快捷途径。丰富的体育项目为学生的个性发展和潜能发挥提供了广阔的空间：性格豪爽、反应灵敏、力量大、速度快的学生，可以在足球场上挥洒激情；性格稳重、刚毅强健、动作舒展的学生，可以在武术项目中一展雄姿；性格温柔、身材苗条、韵律感强的女生可以在艺术体操、体育舞蹈、健美操等项目中展示风采。

体育教育具有鲜明的个性化特点，它可以有效地引导学生发展自己的个性、特长。例如在教学中，让学生参与体育课的设计和评价，自由组合小群体进行练习，自由选择运动项目进行练习，可以有效培养学生的自主性、独立性和创造性。

三、校园体育文化

校园体育文化是指人们在学校体育教育过程中所创造和拥有的精神财富和物质财富的总和，主要涵盖校园体育意识文化、行为文化和物质文化三大类。校园是学生学习和生活的主要空间，校园体育文化是校园文化的重要组成部分。校园体育文化建设，会直接影响到学校体育活动的开展，与学生的身心健康有很大关系。良好的校园体育文化环境可以陶冶学生的情操，纠正学生的不良行为，是学生身心发展的必要条件。

（一）校园体育文化的内容

校园体育文化是一种特别的文化现象，既是校园文化的一部分，又是体育文化的一部分，它是由校园文化和体育文化两者相互影响、相互渗透、相互促进而发展起来的。

校园体育文化是以学生为主体、以课外体育活动为主要内容、以校园为主要空间、以校园精神为特征的一种群体文化。它通过多种形式来体现，其主要形式有早操、课间操、课外体育活动、运动队训练、小型运动竞赛、体育讲座、专题报告会、体育技能表演、学校体育节等。

（二）校园体育文化的特点

1. 导向性

学校体育文化这种特定的文化氛围是和学校培养目标、校风校纪、管理制度等内容相联系的。它既充分体现了一所学校的教学秩序，也反映了学校管理工作的系统性，同时还可以约束各种不文明行为的发生。

2. 教育性

开展学校体育文化活动是实现学校体育教育目标的重要途径，是培养学生“终身体育”和“健康第一”思想的重要环节。因此，应把有目的、有计划、有组织的课外体育锻炼、校外活动和运动训练等纳入大学体育课程，形成课内外相结合的课程结构。通过课外体育活动与课堂互补，从而实现课内外一体化，达到健康育人的目的。

3. 开放性

体育文化的传递应该是多渠道的，仅局限在校园内的文化活动，无法满足大学生的文化需求，必须从封闭式的校园走向社会，结合素质教育参加各种体育活动。譬如，组织观看或参加校外各类组织形式的体育竞赛；开展户外活动，如野外生存、定向运动、爬山、骑自行车等；通过校际、学校与社会之间的交流与接触，增进学生对社会的了解，开阔视野；提高学生在不同的社会环境中的适应能力和交往能力，从而弥补校园文化活动的不足。

4. 竞争性

竞争观念是现代人应具备的价值观念。竞争是现代体育的灵魂，竞技活动的社会教育作用是其他文化活动难以比拟的。体育中所蕴含的竞争观念不仅有振奋民族精神的现实意义，更有着培育新一代民族个性的深远价值。

5. 参与性和健身性

现代体育高度重视个体参与的积极性、主动性和创造性。体育的参与过程是人自我完善的过程。在体育竞赛中，人的技术水平可以得到提升，身体可以得到锻炼，心理可以得到磨炼，自由和个性可以得到充分释放，价值和尊严可以得到充分体现。体育特有的健身功能是其他文化活动所不能替代的。

四、东西方体育文化

（一）东西方体育文化的发展

1. 东方体育文化

在以小农经济为基础的社会环境中，人们习惯了和谐、宁静及相对稳定的生活方式。在东方体育的发展过程中，养生保健术占有重要地位，并以个人的修身养性为主，如中国的气功、印度的瑜伽等。

我国的体育文化具有较强的仿生性，体育动作多采用简练准确、生动鲜明、便于理解和流传的仿生性命名，如五禽戏、蛇拳、猴拳等。自近代以来，东方体育文化由于社会发展迟缓，呈现相对停滞的状态，与西方体育文化相比，处于次要的地位。

2. 西方体育文化

西方体育文化是源于古希腊、古罗马的西欧文化。它是经过文艺复兴和工业革命，在工业生产、市场竞争的社会条件下，以城市为中心发展起来的，是以竞技运动项目竞赛为特征的一种体育文化。到了近现代，由于资本主义的扩张和殖民主义的侵略，这种体育文化传播到世界各个角落，并随着奥林匹克运动的再度兴起，成为当代世界体育文化的主流。

（二）东西方体育文化的差异

1. 哲学观的差异

东方大多数民族的体育文化强调的是在运动中修身养性，把体育赋予的伦理道德视为重点，强调人文精神和人本思想，重文轻武，崇拜圣人。因而我国民族传统体育的价值表现也是通过锻炼身体培养道德以达到心灵的升华，他们的最终目的不仅仅是为了"健"，还为了"寿"和"道"。因此，可以说我国民族传统体育是一种"以心为本"的体育。

西方传统文化的总体特征，是建立在个人主义的文化基础之上的。这样的文化传统，倡导并赞许个人自由、个人竞争，支持、鼓励个人充分发挥自己的生命潜能和智慧。在体育上表现出"个体为本，优胜劣汰"的特征，因而他们要通过锻炼使自己身体强壮、能力突出，凭个人的超凡能力在竞争中取胜。可以说，西方传统文化、民族心态、社会运行方式所孕育的西方体育是一种"以身为本"的体育。

2. 价值观的差异

东方体育文化价值观的一个显著特点就是通过由外至内、由表及里的身体有形活动来促成无形而上的精神的升华，进而实现理想人格的塑造，其作用主要不在人体，对身体的发展并没有过高的要求，只以养护生命、祛病、防病和延年益寿为主，注重养生保健和养护生命。

同东方体育文化相比，西方体育文化更强调人体的"力"与"美"，他们心目中理想的人物并不是看不见、摸不着的某种内在精神和人格，而是血统好、体格发育好、身体比例匀称、身手矫健、擅长各种体育运动的人。他们更注重把体育文化的价值指向人体的塑造和培育方面，围绕培育理想人体这一目标。

3. 方法论的差异

东方的传统体育以养生为主，很少有像西方那样单纯讲究锻炼人体的方法，也很少有专门的比赛。体育活动大都从属于其他社会活动，各种体育活动之间缺乏内在的社会联系。因此，从未形成一个有机统一的理论和方法体系。

西方体育文化强调对人体力量、速度、耐力、柔韧性等身体素质的训练，从而促进人体各部分的协调发展，通过跑步、跳跃、投掷、摔跤和体操等方式锻炼人体的头颈、手臂、肩胸、腿部等，进而改善人体的机能水平，塑造人体的外形，获得精神的满足。

（三）东西方体育文化的融合

1. 东西方体育文化融合的可能性

（1）两者具有较强的互补性。从中国传统体育文化与西方体育文化的比较中可以看出，它们之间存在着一定的互补性。在我们对西方体育文化采取宽容接纳态度的同时，我国的武术、五禽戏、健身气功、经络学说等也为西方国家所津津乐道。

（2）融合是社会发展的需要。虽然东西方体育文化有许多差别，但是任何一种文化都是属于全人类、全世界的。体育文化不管如何发展和变化，在整体上仍是属于世界的。随着社会的发展，各个民族的体育文化相互影响、相互融合，并逐步形成各具特色的体育文化。

2. 东西方体育文化的认同与融合

（1）在体育文化思想方面的认同。孔子指出："己欲立而立人，己欲达而达人。"他认为教育要倡导平等相待和注重自身修炼的理念，这和现代体育思想提倡的体育道德、公平竞争、平等参与的精神是一致的。我国传统体育文化中具有的诚实无欺、修身养性和对理想社会的追求，深得体育界广泛认同。

美国前总统里根曾对孔子学说作了高度评价："孔子崇高的情谊与伟大的伦理思想不仅影响他的国人，也影响了全人类，孔子学说世代相传，提示了全人类丰富的做人处世原则。"可见，东方体育文化越来越被西方所关注。

（2）在体育文化内容方面的融合。对体育文化内容的认同，不仅表现在形式上，而且还表现在内涵方面。中国武术是在总结人类劳动、生活技术技能的过程中分解、综合、提炼出来的，它所蕴含的技击意识、健身、观赏价值不仅在我国长盛不衰，而且已经逐步被西方人所接受。同时，具有西方实用主义文化特征的拳击运动，也逐步在东方开展。

由此可见，随着社会的发展和体育的全球化，东西方体育文化必然会在互相认同中逐渐融合。

第二节　奥林匹克运动

翻开奥林匹克运动的篇章，无论是古代奥林匹克运动会，还是现代奥林匹克运动会，其历史之悠久，规模之宏大，影响之深远，是其他任何活动都无法比拟的。奥林匹克运动是人类的一项伟大创举，它创导和融合了多种运动项目的比赛和竞技运动模式，表达了人类寻求友谊、合作、公平与和谐的强烈愿望。奥林匹克运动所提倡的体育精神和所蕴含的文化内涵给世人留下了一笔丰富的文化遗产。

一、古代奥林匹克运动会的历史回顾

（一）古代奥林匹克运动会的起源

习惯上把公元前 776 年作为第一届古代奥林匹克运动会的举办时间，这也是奥林匹克运动会有文字记载的开始。但史学界普遍认为，在此之前奥林匹克运动会已经存在，只不过自公元前 776 年开始定期举办。古代奥林匹克运动会的产生与当时古希腊的政治、经济、文化和宗教有着密切的关联。当时社会矛盾加剧，战争频频，各个城邦为了取胜，都利用体育锻炼增强战士的体质，培养身强力壮的武士，尤其注重提高战士的赛跑、混斗、拳击等技能，以抵抗来犯的敌人。为此，他们经常组织各种体育竞赛，这为古代奥林匹克运动会的产生奠定了基础。此外，古希腊人特别信奉神灵，每逢重大祭祀活动，各城邦都会举行隆重的宗教集会，城邦首脑、军人、民众都纷纷参加欢庆，既有歌舞，以表达对"神"的敬意，又有竞技，以显示本城邦的威武勇猛。古代奥林匹克运动会就

是在这种战争背景和祭祀形式下逐渐形成的。

（二）古代奥林匹克运动会的兴盛

公元前5世纪，古希腊进入全盛时期。随着经济的繁荣和祭神活动的广泛展开，奥林匹克运动会也进入鼎盛时期，逐渐成为全希腊最大的节日。古代奥林匹克运动会初期，竞赛项目不多，前22届的比赛时间仅有一天。后来随着比赛项目的增加，比赛时间延长为两天。

公元前472年，奥林匹克运动会赛期被确定为5天。其中第一天是开幕式，举行献祭和宣誓仪式，第二、三、四天是正式比赛期，第五天是闭幕式，进行发奖和敬神活动。古代奥林匹克运动会通常在6月底或7月初举行。在古代奥林匹克运动会举办期间，各城邦之间的战争一律停止，如有违反，则对违反者处以罚款。对参与奥林匹克运动会的人，也都不可侵犯，否则要被罚款并遭诅咒。

（三）古代奥林匹克运动会的衰落

公元前431年至公元前404年，古希腊爆发了伯罗奔尼撒战争，战争最终以斯巴达战胜雅典而结束。古希腊经济在这次战争后由繁荣转向了衰败。各城邦没有力量、也没心情顾及奥林匹克运动会，古代奥林匹克运动会自此开始衰落。公元前146年，罗马彻底征服了希腊，奥林匹克运动会可悲地沦落到初始时期的地方性比赛。公元394年，东罗马皇帝狄奥多西认为奥林匹克是一种邪教，下令废止奥林匹克运动会。历时1 169年，共举办了293届的古代奥林匹克运动会至此结束。

（四）古代奥林匹克运动会的历史功绩

古代奥林匹克运动会虽然带有浓厚的宗教色彩，但充分彰显了人民追求和平、平等以及寄托生命与希望的人文精神，从而延续了1 000多年。

古代奥林匹克运动会开创了人类历史上竞技运动的模式，为现代奥林匹克运动会和世界竞技运动的模式奠定了基础。在古代奥林匹克运动会期间，要点燃寄托人类祈求和平的圣火，这象征着照耀人类前进的步伐和光明而崇高的目标。

二、现代奥林匹克运动会的光辉历程

（一）“圣火”传递的由来

现代奥运火炬传递是一个非比赛项目，形式与古希腊的火炬传递相同，它已经转变成为庆祝奥运会开幕的一项重要活动。在1912年6月27日举行的斯德哥尔摩奥运会上，现代奥林匹克运动的创始人皮埃尔·德·顾拜旦在其预言性的演讲中指出：“从现在起，火炬手接受了火炬，也接受了传递奥运火焰的神圣使命。让奥运圣火在青年一代的手中相互传递，让全世界的青年都时刻准备着，将奥运圣火传遍全球。”作为庆祝奥运会开幕仪式的一部分，现代奥运会火炬传递的复兴是从1936年的柏林奥运会开始的，自此以后，每届夏季奥运会都要举行火炬传递活动。奥林匹克火焰的神圣力量得到了世界的认同，奥运火炬的传递也成为奥运会开幕的前奏。

（二）奥林匹克运动的历程

自公元394年古代奥林匹克运动会被下令废止后，中世纪的欧洲进入了一段漫长的宗教黑暗统治时期。14—17世纪，欧洲进入文艺复兴、宗教改革时期，在新兴资产阶级宣扬自由、和平、博爱和个性解放的旗帜引领下，人们开始重新怀念和赞美古希腊奥林匹克运动会的理想和精神。1889年7月，在法国巴黎召开的国际田径代表大会上，后来被人们尊称为“奥林匹克之父”的法国教育家顾拜旦首次公开了他恢复奥运会的设想。1891 年 1 月，顾拜旦以法国田径协会联合会秘书长的身份向全世界几乎每个体育组织和俱乐部发出邀请——参加于 1894 年 6 月 16 日在法国巴黎索邦神学院召开的国际体育运动代表大会。此次大会为第一届奥林匹克代表大会。会议召开一个星期后，即 6 月 23 日，大会就通过了成立国际奥林匹克委员会的决议，而 6 月 23 日也就成了“国际奥林匹克日”（International Olympic Day），顾拜旦当选为首任秘书长。大会决定，在 1896 年召开首届现代奥林匹克运动会，希腊的历史名城雅典获得主办权。1896 年 4 月 6 日至 15 日，第一届现代奥林匹克运动会在希腊雅典举办。虽然组织不太完备，却成为现代奥林匹克运动正式诞生的标志，从而揭开了人类文明史上又一新的篇章。

在现代奥林匹克运动会初创时期，由于组织上尚不成熟，除体操、滑冰和赛艇项目外，其他运动项目尚无国际组织，项目设置不健全，比赛场地缺乏统一标准，裁判基本上是由举办国人员担任，因而难以保证比赛的公正性。后来，组织者强调了奥林匹克名言：“重要的不是取胜，而是参与”，并明确了相关组织、成员的职责与分工，从而确定了奥运会的基本框架。1908 年伦敦奥运会成为奥运史上的一个重要里程碑。

由于第二次世界大战的影响，1940 年和 1944 年两届奥运会被迫取消。第二次世界大战后，世界格局出现了新的变化，这也使得奥运会有了新的变化，如参赛国家和参赛运动员激增，1948 年伦敦奥运会有 59 个国家参赛，而 1972 年慕尼黑奥运会有 121 个国家参加。现代奥林匹克运动会在规模扩大的同时，运动水平也大幅度提高。

历史的发展为奥林匹克运动改革与创新带来了很多机遇。1980 年，西班牙人萨马兰奇出任国际奥委会主席。他以全新的思维对奥运会进行了全面的改革：第一，将商业运作机制引进奥运会，并肯定商业化的积极意义，从而摆脱了举办奥运会的沉重经济负担；第二，他宣布奥运会向世界最优秀的运动员开放，以提高奥运会的竞技水平和观赏价值，并增强了奥林匹克在政治上的独立性；第三，引进现代化管理手段对奥运会内部结构进行了一系列的革新，特别是使奥委会成为有法人资格的国际组织；第四，开设了一系列的体育文化教育，如举办“奥林匹克日”、赞助“世界体育大会”“奥林匹克大会”等，呈现体育与文化、教育、科技相结合的新态势。

三、奥林匹克文化

（一）奥林匹克主义

奥林匹克主义的核心思想：将体育运动与文化教育融合在一起，以促进人的和谐发展与全面发展。

奥林匹克的宗旨：通过没有任何歧视、具有奥林匹克精神——以友谊、团结和公平精神互相了解——的体育活动来教育青年，从而为建立一个和平的、更美好的世界作出贡献。

奥林匹克格言：更快、更高、更强——更团结。

奥林匹克运动的名言：参与比取胜更重要。

（二）奥林匹克礼仪

1. 奥林匹克圣火

在每届奥运会开幕前，都要在奥林匹克运动的发源地，由身着希腊传统服装的少女在奥林匹克希腊女神庙前用凹面镜聚焦太阳光点燃“圣火”。“圣火”点燃火炬后，将火炬接力传到东道国，并于开幕式时进入会场，一般由东道国著名运动员手持火炬点燃圣火，直到闭幕式时熄灭。圣火象征着光明、团结、友谊、和平和正义。

2. 奥林匹克会旗

奥林匹克会旗以白色为底，象征纯洁。蓝、黄、黑、绿、红五环，环环相扣，象征着五大洲的团结。其中，蓝色代表欧洲，黄色代表亚洲，黑色代表非洲，绿色代表大洋洲，红色代表美洲。五环相连代表五大洲的团结和全世界的运动员在奥林匹克运动会上相聚一堂。

3. 奥林匹克会歌

国际奥委会在1958年于东京举行的第55次全会上最后确定还是用《奥林匹克圣歌》（《撒马拉斯颂歌》）作为奥林匹克会歌，其乐谱现存放于国际奥委会总部。

4. 奥林匹克会徽

历届奥运会会徽的图案虽然千差万别，但都有一个共同的标志，即相互套连的奥林匹克五环标志，同时衬以表现奥运城市和东道国历史、地理、民族文化传统等特点的主体图案，使人一眼就可看出奥运会举办的时间和地点。

5. 奥林匹克精神

《奥林匹克宪章》指出，奥林匹克的精神是相互了解、友谊、团结和公平竞争的精神。奥林匹克精神强调对文化差异的容忍和理解，并强调竞技运动的公平与公正。

（三）奥林匹克运动会

1. 夏季奥林匹克运动会

夏季奥林匹克运动会（简称夏奥会），每4年举办一届。夏奥会沿袭古代奥林匹克运动会旧制，不管运动会举办与否，届次照算。截至2022年，已举办32届。

2. 冬季奥林匹克运动会

冬季奥林匹克运动会（简称冬奥会）最初规定每4年举行一届，与夏奥会在同年和同一国家举行。自第二届冬奥会（1928年圣莫里茨冬奥会）开始，冬奥会与夏奥会的举办地点改在不同的国家举行。自1994年起，冬奥会与夏奥会以两年为隔交叉举行。截至2022年，冬奥会已举办24届。第24届冬奥会于2022年2月4日至2月20日在中国北京和张家口举行。

3. 残疾人奥林匹克运动会

残疾人奥林匹克运动会（简称残奥会）始于1960年，是由国际奥委会和国际残疾人奥林匹克委员会主办，专为残疾人举行的世界大型综合性运动会，每4年于夏奥会后举办。截至2022年，残奥会已举办16届。

冬残奥会自1976年举行以来已经举办了13届。比赛项目有高山滑雪、越野滑雪、冰上雪橇球、轮椅体育舞蹈4个大项，每个大项中又包括若干小项。

4. 特殊奥林匹克运动会

特殊奥林匹克运动会（简称特奥会），是基于奥林匹克精神，专门针对智障人士开展的国际性运动训练和比赛。特殊奥林匹克运动会包括本地、国家、洲际和世界等不同级别。其中，世界特奥会每两年举办一届，夏季和冬季交替举行。1968—2022年，世界特奥会共举办了13届世界夏季特奥会，参赛运动员累计超过60 000人次；共举办了11届世界冬季特奥会，参赛运动员累计近万人次。

5. 青少年奥林匹克运动会

青少年奥林匹克运动会（简称青奥会）是一项专为年轻人设立的体育赛事，糅合了体育、教育和文化等领域的内容，并为推进这些领域与奥运会的共同发展扮演着催化剂的角色。国际奥委会在 2007 年 7 月 5 日于危地马拉城举行的第 119 次国际奥委会全会上同意创办青奥会，运动员的年龄需在 14~18 岁。首届青奥会在新加坡举行。中国南京于 2014 年 8 月 16 日至 28 日举办了第二届青奥会。

（四）中国与奥林匹克

1. 初识奥运

1922 年，中国外交家王正廷成为国际奥委会的第一位中国委员。从此，中国与国际奥委会建立了直接联系。1928 年，中国派观察员观摩了第 9 届阿姆斯特丹奥运会。

2. 首登赛场

1932 年，当时的中国政府派出代表团参加了第 10 届洛杉矶奥运会，代表团中只有刘长春一人。由于路途劳顿，体力不支，且第二天便仓促上阵，刘长春在 100 米和 200 米预赛中就被淘汰。在接下来的 400 米预赛中，刘长春因双腿肿胀，不得不放弃了 400 米比赛。这次参赛虽然成绩不佳，但刘长春却是第一个出现在奥运赛场的中国运动员，被称为“中国奥运第一人”。

3. 重返奥运

由于政治原因，直至 1979 年，中国在奥林匹克组织中的合法地位才得以恢复。1980 年，中国派出了 28 名运动员去美国普莱西德湖参加了第 13 届冬奥会。1984 年，中国派出 225 名运动员参加了第 23 届洛杉矶奥运会，并取得了 15 金、8 银、9 铜的战绩，震惊世界。

4. 零的突破

1984 年 7 月 29 日，在洛杉矶奥运会男子自选手枪慢射比赛中，中国选手许海峰获得冠军，这是中国奥运史上的第一枚金牌。2002 年 2 月，在盐湖城冬奥会短道速滑女子 500 米决赛中，中国选手杨扬获得冠军，这是中国冬奥会史上的第一枚金牌。

（五）2008 年北京奥运会

2001 年 7 月 13 日，在莫斯科举行的国际奥委会第 112 次全会上，国际奥委会投票选定北京获得 2008 年奥运会主办权。随后，国际奥委会主席萨马兰奇在莫斯科宣布，北京成为 2008 年奥运会主办城市。2008 年 8 月 8 日至 24 日，第 29 届夏季奥林匹克运动会在古老的中国大地成功举办。

1. 北京奥运会的三大理念

（1）绿色奥运。把环境保护作为奥运设施规划和建设的首要条件，制定严格的生态环境标准和系统的保障制度；广泛采用环保技术和手段，大规模多方位地推进环境治理、城乡绿化美化和环保产业发展；增强全社会的环保意识，鼓励公众自觉选择绿色消费，积极参与各项改善生态环境的活动，大幅度提高首都环境质量，建设宜居城市。

（2）科技奥运。紧密结合国内外科技最新进展，集成全国科技创新成果，举办一届高科技含量的体育盛会；提高北京科技创新能力，推进高新技术成果的产业化和在人民生活中的广泛应用，使北京奥运会成为展示新技术成果和创新实力的窗口。

（3）人文奥运。传播现代奥林匹克思想，展示中华民族的灿烂文化，展现北京历史文化名城风貌和市民的良好精神风貌，推动中外文化的交流，加深各国人民之间的了解与友谊；促进人与自然、人与社会、人的精神与体魄之间的和谐发展；突出“以人为本”的思想，以运动员为中心，提供优质服务，努力建设使奥运会参与者满意的自然和人文环境。

2. 北京奥运会口号

2005年6月26日，北京奥组委宣布“同一个世界、同一个梦想”（One World One Dream）成为北京2008年奥运会中英文主题口号。

“同一个世界、同一个梦想”（One World One Dream），集中体现了奥林匹克精神的实质和普遍价值观——团结、友谊、进步、和谐、参与和梦想，表达了全世界在奥林匹克精神的感召下，追求人类美好未来的共同愿望。

“同一个世界、同一个梦想”（One World One Dream），深刻反映了北京奥运会的核心理念，体现了“人文奥运”举办理念所蕴含的和谐的价值观。

3. 北京奥运会会徽

“中国印·舞动的北京”会徽将肖形印、中国字和五环徽有机地结合起来，充满了深沉的活力（图2-2-1）。尺幅之地，凝聚着东西方气韵；笔画之间，升华了奥运会精神。

（1）印章、红色与诚信。红色的东方之光将燃起所有人心中的圣火，篆刻书法象征文化中国。

（2）印信中的篆字又似一个“京”字。

（3）字形幻化为一个飞奔撞线、迎接胜利的运动人形。

（4）会徽下部是以中国书法写成的富于古意的英文Beijing和阿拉伯数字2008。

图2-2-1　北京奥运会会徽

北京奥运会会徽将中国汉字融入奥运会会徽当中，体现了中国独特的文化艺术特征——书法，整个会徽具有浓厚的中国文化气息。

4. 北京奥运会火炬

北京2008年奥运会火炬创意灵感来自“渊源共生，和谐共融”的“祥云”图案。祥云的文化概念在中国具有上千年的时间跨度，是具有代表性的中国文化符号。火炬造型的设计灵感来自中国传统的纸卷轴。纸是中国四大发明之一，通过丝绸之路传到西方。人类文明随着纸的出现得以传播。源于汉代的漆红色在火炬上的运用使之明显区别于往届奥运会火炬设计，红银对比的色彩产生醒目的视觉效果，有利于各种形式的媒体传播。火炬上下比例均匀分割，祥云图案和立体浮雕式的工艺设计使整个火炬高雅华丽、内涵厚重。

5. 北京奥运会吉祥物

“福娃”是5个拟人化的娃娃，其色彩与灵感来源于奥林匹克五环，来源于中国辽阔的山川大地、江河湖海和人们喜爱的动物形象。福娃向世界各地的人们传递着友谊、和平、积极进取的精神及人与自然和谐相处的美好愿望。福娃代表了梦想以及中国人民的渴望。它们的原型和头饰蕴含着其与海洋、森林、火、大地和天空的联系，其形象设计应用了中国传统艺术的表现方式，展现了中国的灿烂文化。每个福娃都代表着一个美好的祝愿：贝贝象征繁荣、晶晶象征欢乐、欢欢象征激情、迎迎象征健康、妮妮象征好运。福娃们带着北京的盛情，将祝福带往世界各个角落，邀请各国人民共聚北京，欢庆中国北京的2008奥运盛典。5个福娃分别叫“贝贝”“晶晶”“欢欢”“迎迎”“妮妮”，各取它们名字中的一个字，便有次序地组成了谐音“北京欢迎你”。

（六）2022年北京冬奥会

2015年7月31日，在马来西亚吉隆坡举行的国际奥委会第128次全会上，国际奥委会主席巴赫宣布：中国北京获得2022年第24届冬季奥林匹克运动会的主办权。北京创造历史，成为第一个既举办过夏奥会又举办冬奥会的城市。届时，北京将与张家口联合举办2022年冬奥会。北京冬奥会设7个大项，15个分项，109个小项。北京将承办所有冰上项目，延庆和张家口将承办所有的雪上项目。2017年12月15日，北京2022年冬奥会会徽"冬梦"和冬残奥会会徽"飞跃"正式亮相。2018年2月25日，在第23届冬季奥林匹克运动会闭幕式上，北京市市长陈吉宁接过奥运会会旗，这标志着冬奥会进入"北京周期"。2022年2月20日，北京冬奥会完美闭幕。中国体育代表团在奖牌榜上以9金4银2铜共计15枚奖牌的成绩，排在奖牌榜第三位，金牌数和奖牌数均创造了代表团参加冬奥会以来的最好成绩。

第三节 体育欣赏

体育欣赏是一种审美活动，是指人们通过对体育运动竞赛、体育艺术作品的欣赏，产生强烈的审美感受，从而感到欢欣愉悦并受到教育。它是人们生活方式多元化和体育文化大众化、生活化的产物，可使个人在身体和精神方面得到休息、放松和享受。通过体育欣赏能力的培养，可以提高大学生文化修养和人文素质，同时能提高对体育文化内涵的认识。

一、体育欣赏的特点

（一）体育欣赏的无功利性

体育欣赏的无功利性是指人们在欣赏体育活动中没有实用功利的考虑。中国古典美学中的"审美心陶"的理论，从老子的"涤除玄鉴"到庄子的"心斋""坐忘"，再到宗炳的"澄怀观道"和郭熙的"林泉之心"；西方美学中的"审美态度"的理论从托马斯·阿奎那夏夫兹博里到康德，再到布洛等都是关于欣赏的无功利性理论。奥林匹克之父顾拜旦说："啊，体育，你就是乐趣！想起你，内心充满欢喜，血液循环加剧，思路更加开阔，条理愈加清晰。你可使忧伤的人散心解闷，你可使快乐的人生活更加甜蜜。"这些都充分反映出体育欣赏的无功利性。体育欣赏的无功利性绝不意味着精神的麻木与死寂，正相反，它是精神的解放、活跃，是生命和创造力的升腾洋溢。体育欣赏的无功利性也不意味着欣赏体育活动对于人类生活是无价值和无意义的，恰好相反，它表明欣赏体育活动对人的生活有着特殊的重大的价值和意义。

（二）体育欣赏的直觉性

体育欣赏的直觉性特征概括为三点：第一，它是体育欣赏活动感性形成的存在；第二，它具有直接性和整体性；第三，它具有情感体验性和模糊性，即通常所说的"只可意会，不可言传"。体育欣赏的直觉性是感性的，但它渗透着理性，在体育比赛或活动中既有事，又有理，还有情。例如，在欣赏雅典奥运会110米栏的刘翔时，感性是他的技术，快速灵敏的起跑、和谐的栏间步节奏、精美的攻栏技术和有力的冲刺，即事；他的战术、心理、情感合理，强烈的自信心、合理的技战术和时间、体力的分配，优秀的心理素质、稳中求胜的个性，即理；他 12 秒 91 的成绩，平世界纪录、破奥运纪录、短跑比赛奥运零的突破、中华民族的骄傲、亚洲的骄傲、中国体育科技研究的成功、多少幕后人用心血努力的结果，即情。因此，体育欣赏有着很强的直觉性，在观看体育赛事时，能使我们的感性世界产生精神多样性。

（三）体育欣赏的创造性

创造性是体育欣赏的重要特征，无论从动作过程来看，还是从结果来看，体育欣赏都趋向于新形式和新意。如我国优势项目运动员的技战术，都是由无数优秀的教练员结合先进的科学技术相互合作创造出来的，若没有教练员的欣赏和反复创造、组织训练，我国不可能在短短几十年里成为世界体育大国。所以，欣赏（感觉、直觉）就是对感性世界的理想。另外，发现就是创造，教练员培养运动员，都是在参加比赛及观赏比赛中，不断发现问题、反复认证、纠正错误、不断创新，使技战术更加完善。因此，要通过体育欣赏的实践活动，培养自己的多种思维方式及创新能力，充分调动参加体育运动的积极性。

（四）体育欣赏的超越性

人的个体生命是有限的、暂时的存在，但是人在精神上有一种趋向无限、趋向永恒的要求。在欣赏体育活动中，往往可以超越个体生命存在的有限性和暂时性，挣脱人的精神束缚，获得审美愉悦。如果个人在现实生活中遇到了挫折，此时亲临现场观看一场高级别的体育比赛，他会把现实中所有的不开心之事置之脑后，融入体育比赛的气氛中去，并从中获得快感，这就是超越性，也只有它才是一种自由的、积极的超越，才能满足人性的这种需求。利用体育欣赏的超越性，可以改善大学生的不良心理，促进身体、心理正常发展。

（五）体育欣赏的愉悦性

愉悦性是体育欣赏最明显的特点，可以将其看作体育欣赏的综合效应。观看一场精彩的体育比赛是一种精神享受，从中可以获得生理和心理乐趣。

1. 体育欣赏愉悦和生理快感的关系

欣赏愉悦是生理快感和精神快感的复合体，我们在体育欣赏过程中不仅有精神的参与，同时还有生理的参与。如观看奥运会比赛，每当我国选手夺冠、五星红旗冉冉升起时，我们就会油然而生一种民族自豪感。对于现场的中国啦啦队来说，他们的呐喊助威、全身心的投入，就是一种生理快感的表现。观众的心理会随着比分的变化而起伏，会随着比赛的延续而紧张，并集聚生理和心理能量，直到最后获胜，就会最大限度地释放能量，获得生理和心理乐趣。这些都说明欣赏愉悦是心理和生理快感的复合体。

2. 体育欣赏愉悦的情感多样性

体育欣赏愉悦是指在欣赏体育活动中，人的精神和生理从总体上得到一种感发和兴发。它包括和谐感与不和谐感、快感与痛感、喜悦与悲哀。如 1993 年当我们申办 2000 年奥运会的结果公布失败时，我们的欣赏愉悦是痛感、悲愁；又如北京申奥成功后，我们的欣赏愉悦是兴奋、快乐，这些都说明了体育欣赏愉悦的情感多样性。

3. 体育欣赏愉悦的意象和意境层次

意象是指一般的欣赏体验，是形而上的愉悦；而意境是指高峰体验，是属于一种存在价值的愉悦。如欣赏大学校园内的体育比赛，就属于意象愉悦；而欣赏我国第一块奥运会金牌获得者许海峰的比赛就属于意境愉悦。在体育欣赏实践中，要学会去体验体育比赛，这样有利于大学生“逆境智商”的发展。

（六）体育欣赏的趣味性

趣味是指人们对现实生活中的某些事物、某些现象表现出的一种富有感情和个性特征的喜爱和偏好。欣赏趣味，是人在社会的历史发展中形成的对欣赏对象进行评价、判断时的一种带有特定倾向性的主观爱好形式。它既有个体性与多样性的特点，又蕴含着普遍性与一致性的因素。

1. 体育欣赏趣味的个体性与多样性

西方有句谚语："谈到趣味毋争辩"，我国亦有句俗谚："萝卜白菜，各有所爱"。这充分肯定了人们的日常欣赏趣味的丰富多样和人们喜爱体育形式的差异。对于一般大学生来说，男生喜欢对抗性强的体育项目，如足球、篮球、武术、散打、拳击等；女生喜欢艺术性的体育项目，如艺术体操、健美操、游泳等。正是欣赏趣味的多样性，给人们的生活带来了勃勃生机，也让世界变得更加多姿多彩。又由于人与人之间感官功能的差异性以及生理因素和环境习俗因素的不同，人们的欣赏趣味就会体现出个体性。人是具有可塑性的，尤其是学生时代的习惯、兴趣、爱好和个体的心理需求以及所处的地域、时代、环境，都会促使体育欣赏趣味个体性的形成，如有的是足球迷，有的是篮球迷，有的是体操迷等。

2. 体育欣赏趣味的普遍性与一致性

体育欣赏趣味尽管有浓重的个体性和无限的多样性，然而也包含普遍性和一致性。人类的感官感觉的差异性中含有共同性。体育比赛及其他文化活动是人类创造的，含有丰富的文化内涵，它所体现出的人们欣赏趣味的普遍性和一致性是非常明显的。如中国的太极拳非常普及，每个练习者都知道它的作用和功能；学生的从众心理也说明了体育欣赏趣味的普遍性和一致性。体育欣赏的趣味性能培养自己的个性，使自己对喜欢的体育项目产生兴趣、养成习惯、培养意识，从而提高对该项目的欣赏水平，为终身进行体育锻炼打下良好的基础。

社会体育的哲学基础是生活世界，体育回归生活正成为世界体育发展的时代潮流。只有把体育欣赏特点的六个方面统一起来理解，才能获得体育欣赏的完整概念，才能真正理解为什么体育欣赏对于我们的物质生活和精神生活、对于现代体育的发展和全民健身计划的实施是非常有必要的。

二、体育欣赏对大学生的教育作用

（一）体育欣赏有助于激发学生学习体育的兴趣

兴趣可直接影响并调节学生在学习过程中的态度和积极性。体育欣赏能激发学生学习体育的兴趣，使体育成为学生自发的需要，它是促使学生自觉参加体育运动的重要因素。体育实践课教学多以运动技能学习为主，主要强调学生对体育运动中某一技能的学习和掌握，它的弱点在于反复地练习同一技术，从而容易造成枯燥感，使学生对学习体育的兴趣大大降低。体育欣赏实践通过视觉、听觉刺激和一系列心理感知促使学生吸收知识，它强调的是学生的视觉感知、心理体验、联想、创造性思维等心理活动过程；体育欣赏实践可以在短时间内向学生传达大量的体育文化知识，它摆脱了技能教学的枯燥和乏味，使学生通过视觉得到感官上的愉悦，获得精神上的满足和乐趣，使自身的情感和体育的情感直接沟通；体育欣赏实践可以激发学生学习体育的欲望和兴趣，同时也可以提高学生在课余时间自觉参与体育活动的积极性。

（二）体育欣赏有助于丰富学生的体育知识和文化素养

大学生正处于人体生命力最旺盛的时期，处于这一时期的大学生对知识的渴望最强烈，好奇心也最强，他们渴望了解更多的知识来丰富自己的精神世界，提高人文素养。通过体育欣赏不仅能了解各项体育运动的基本知识，而且还能领略体育运动的无穷魅力。体育欣赏的内容丰富多彩，大学生在进行体育欣赏时不仅可以获得美的享受，还可以了解及掌握有关的体育运动知识，学习运动员的意志品质，培养顽强拼搏的精神，提高适应社会环境的能力。

（三）体育欣赏有助于对学生进行美育和德育教育

体育欣赏的实践可向学生展示体育运动的美，如人体美、姿态美、素质美、动作美、技术美以及比赛中运动员所表现出的意志品质美和智慧美等。体育美中透视着人的力量、智慧、能力、技术、战术和创造精神，同时向人传达着美的意识、美的观念和美的创造，可使人在潜移默化中受到感染和教育。它对培养学生正确的审美观念和提高学生的体育鉴赏能力有着积极的作用。体育欣赏也是进行德育的一种重要途径，借助欣赏内容可以引发情感活动，在学生的审美心理和道德心理间架起一座桥梁，从而使审美情感成为完善学生道德心理的一种动力。

（四）体育欣赏有助于培养学生的创新能力和想象力

体育欣赏不是被动地接受，而是能动的、积极的，从这个意义上来说，体育欣赏是创造性的欣赏。要欣赏体育就必须要理解体育，欣赏并不是简单地用眼看或用耳听，而是用心去感知，才能走进体育，完善自我。在学校体育教学中，教师要结合体育欣赏内容充分调动学生的积极性和多种思维方式，培养学生多方位的创新能力与想象力。

（五）体育欣赏有助于体育教学的开展

在高校体育实践课教学中，很多的技术动作是不方便做示范的，而只能依靠抽象的语言来描述，这将使学生学习技术动作变得无所适从。体育欣赏教学可以弥补这一不足，在具体教学实施过程中可与现代化多媒体技术手段相结合，这样既保证了欣赏教学的新颖化，又可以让学生了解优秀运动员规范的技术动作，使学生对该运动项目有完整、具体的认识。此外，还可以让学生在欣赏过程中明白整个动作的来龙去脉，在练习技能时就能够自觉地去理解和体会动作，而不是靠单纯的模仿，这可以大大提高体育实践课的质量。

三、不同体育运动项目的欣赏

（一）田径运动欣赏

田径运动是比速度、高度、远度的项目，要求运动员在短时间内表现出最大速度与力量或较长距离的忍耐能力。田径运动竞争激烈，是奥运会上奖牌最多的项目，也是对观众有强烈吸引力的项目。田径运动除了向人们展示运动员强健、匀称的美之外，运动员在运动中表现出的速度、力量、耐力和灵敏等，也足以让人精神振奋和愉悦，使人感受到运动中人体充满活力的美。

速度反映了人体快速运动的能力，是运动审美的标准之一。为了达到更快的速度，运动员必须采取合理的动作技术，也就是说人体在运动过程中，要有正确的姿势。比赛中，运动员之间速度的快慢会给观众强烈的对比感，可使人产生昂扬、振奋、活跃和激烈的情感，培养人们积极进取的精神。

起跑姿势虽因距离长短有所不同，但都呈现出人体的姿势美。动与静、力与健的造型等，无不传达了青春勃发的生命活力，体现了人类独有的精神品格。如待一声令下，运动员一个个如箭出弦，运动场上呈现出万马奔腾的热烈气氛。随着运动员途中你追我赶，观众的情绪也此起彼伏。当运动员全力冲刺时，观众和运动员都很振奋，同时也唤起了人们对运动员平时训练中勤学苦练、吃苦耐劳、探索钻研、乐于奉献等精神的敬意。人们对锲而不舍精神的赞叹，显示出人类进步与追求以及人的生命和生活的价值，更重要的是映照了人类的优秀品格，折射了人类的崇高精神。

跳跃和投掷主要表现运动员的力量和灵敏。力量的训练，使人的肌肉发达，有力的健美体型给人以雄壮、勇猛、活泼、强健的感觉，表现出生气和生命之美。古人就十分崇尚这种力量之美，如古希腊的塑像《掷铁饼者》，至今仍作为美的化身供人们欣赏。由此可见，田径运动在健美的同时，还锻炼了人的意志和个性，陶冶了情操，升华了精神。

（二）球类运动欣赏

1. 篮球运动

篮球运动在我国是最普及和最受群众喜爱的运动项目之一。一场高水平的篮球比赛，往往给人带来无穷的乐趣、愉悦的心情和强烈的美感。运动员身材高大、形体匀称、肌肉发达、彪悍强壮，然而他们又快速敏捷、柔韧性好、弹跳力惊人，这些超凡的身体素质，向人们展现了体质美、阳刚美。在赛场上，他们精湛的技艺和卓越的表演，使健、力、美融为一体，达到绝妙无比的艺术境界，美不胜收，向人们展示了技艺美。运动员以各自技术特征展示着进攻、防守的转换，表现出激烈对抗的动态美。篮球运动是一项典型的讲究张弛结合的有节奏的运动，向人们展现出变幻无穷的节奏美。

现代篮球运动不仅比技术、比战术、比意志，而且也是智慧之争。人们喜欢篮球巨星乔丹打球，不仅观看他高超的技艺，更多的是赞叹他的智慧。不论他的对手如何强大，他总是能根据场上的情况，切入或分球，虚虚实实，使己方获得成功，这充分展示了他创造性的智慧和才能，体现出智慧美给人的震撼和享受，使人们感受到人类自身智慧的伟大。

2. 排球运动

排球运动是世界范围内普及程度极其广泛的运动项目之一。各国人民之所以喜欢这项运动，不仅是因为排球比赛激烈刺激，更主要的是排球场上那种千姿万态的神奇变化和精彩纷呈的战术对抗，常给人一种独具特色情感体验和艺术美感。这种美将智慧、才华、体能和技巧融为一体，升华为一种艺术魅力，也正是这种艺术魅力才使排球运动具有很高的艺术价值。那些高水平的运动员凭借其超凡的身体素质、高超的技战术水平、出众的弹跳、凶猛的大力扣球、出人意料的后排进攻和令人眼花缭乱的战术配合，将排球运动的美展现得淋漓尽致。人们把欣赏高水平的排球比赛当作美的享受，借以抒发人们内心对美的向往和感受。

3. 足球运动

足球运动被誉为“世界第一运动”，其魅力在于激烈的竞争和对抗。足球场上人数之多、场地之大、比赛时间之长、战术之多变，是其他运动项目无法比拟的。运动员在场上做奔跑、断球、带球、突破、射门等各种动作，充分体现了运动员强有力的体魄、充满个性和富有创造性的特点。快速奔跑能力和勇猛顽强的战斗意志，达到了人的意志美和身体矫健美的完美结合。足球比赛获胜的艰辛和难测的悬念，使比赛的形式变化莫测，扣人心弦，而最终胜负取决于运动员的灵敏性、主动性、创造性、全队的战术配合以及能否把握战机，这为该运动增添了神秘美的色彩。

4. 乒乓球运动

乒乓球运动是我国的国球，1988 年被列为奥运会比赛项目，是人民群众最喜爱的运动项目之一。其受欢迎的原因是由乒乓球运动独特的个性美决定的，除了它对运动空间大小要求不高、运动量可大可小、技术水平要求可高可低等因素外，最主要的原因在于每一板球的时空特征，即速度、旋转、力量、弧线、落点 5 个物理竞技要素和“快、转、狠、准、变”或“转、稳、低、变、攻”等技术特点以及这些技术特点依个人气质、精神风貌的不同而结合形成的各自不同的技术风格。此外，乒乓球运动员的身体美、技术美和竞赛的场地、环境和器材美等，均构成了乒乓球运动中丰富多彩、引人入胜的美的内容或形式。如以凶怪风格为主的邓亚萍、以快巧为主的刘国梁、以稳凶为主的孔令辉等，他们的技术动作和技术风格具有强烈的审美效应。因此，乒乓球运动中存在着大量的美学特征，在“美启真”“美导胜”的正确原则指引下，对于这样一项富含美的韵味的体育运动项目，深入探讨其美的本质及特征，掌握其审美因素，培养运动员自觉地练就技术美，造就精神美、道德美、意志品质美的能力，是非常必要的。另外，国际乒联从 20 世纪末开始就一再强调要提高乒乓球运动的观赏性，力争吸引更多的观众观看乒乓球比赛。为此，国际乒联试图通过修改规则和电视转播等手段提高乒乓球运动的观赏性。从乒乓发展史的角度来看，规则的修改始终是围绕提高乒乓球运动的观赏性而展开的。

5. 网球运动

网球运动是一项把力量美和艺术美、形体美、服饰美与环境美结合于一体的运动；是一项把竞争性、文化性、观赏性和参与性有机结合在一起的极具魅力的体育项目；是一项既有悠久历史，又不断得到普及发展，深受群众喜爱的时尚健身运动。网球运动之所以有其独特的欣赏价值，是因为它特有的“网球精神”：网球比赛跑动场面大、对抗激烈，且又在露天进行，因此，运动员的体力消耗很大；规则规定要连胜两分才算取胜一局，要连胜两局才算取胜一盘，否则便要无休止地战斗下去。可见，在网球比赛中，运动员不但要有高超的运动水平，还要有勇敢拼搏的精神。因此，网球比赛是力的较量，是技战术的较量，也是心理素质的较量。人们在欣赏网球比赛时，会有一种力的感受、雅的体验、美的熏陶，而这些正是网球运动所特有的魅力。

6. 羽毛球运动

羽毛球运动不仅是一项竞技项目，也是群众喜爱的娱乐活动，有着很强的观赏性。参与者在对击过程中，通过不停地奔跑和身体的变化，努力把球击到对方的场地。击球者每当击出一个好球或赢得一个球时，都能使自己兴奋，并达到一种成功的喜悦。球的飞翔有快慢、轻重、高低、远近、狠巧、飘转等变化，这使得这项运动本身充满了趣味。由于羽毛球运动具有竞争性、对抗性、大强度等特点，要求参与者不仅要有全面的技术、成熟的心理，还要有顽强的意志品质。羽毛球技术的千变万化，使得这项运动呈现出很强的观赏性。如猛虎下山的上网技术，蛟龙出水一样的跳起击球，身如满弓的扣杀，犀牛望月似的抢扑救球，进攻时似高屋建瓴、势如破竹，防守时的绵绵细雨、固若金汤……这些都展示了羽毛球运动的力与美，使观赏者如同吟诵一首动人的诗，浏览一幅悦目的画，令人心旷神怡，流连忘返。

（三）体操运动欣赏

体操动作内容丰富、形式多样，是审美价值较高的运动项目。不论是单个动作还是成套动作，都要求幅度大、舒展、协调、节奏感强、造型美观大方。艺术体操、健美操、女子自由体操、技巧运动、广播体操、团体操等都要配以音乐伴奏，运动员上场亮相展示出的人的形体美，在音乐的伴奏下轻快、活泼、抒情、优美的姿态、稳健的造型和高超的动作技巧，无不给人以美的享受。

竞技体操突出表现了运动员的力量、柔韧、灵敏、协调等素质，充分展示了各种优美的人体造型。在比赛过程中，运动员各种优良品质的表现，又体现出道德风尚美。另外，竞技体操动作难度大、惊险复杂，要求运动员以娴熟的技战术、新颖独特的动作与悦耳的音乐紧密配合，使动作舒展、开朗、协调、美观、扣人心弦。艺术体操适合女子生理与心理特点，动作协调、灵巧，具有刚柔相济的美和节奏感，充分展示了优美的动态形象和韵律感，使观众能感受到力的造型、美的展示，感受到青春活力的生命美。

（四）武术运动欣赏

武术作为一种传统体育运动，具有深刻的民族文化特点和广泛的社会发展基础。中国武术之所以经久不衰，而且越来越有魅力，不仅是因为它具有健身自卫的实用价值，还因为它是一种独特的表演艺术。武术的表演艺术特性、娱乐观赏作用以及审美功能和美学价值，充分表现在运动的全过程中。武术的全部内容倾注着中华民族的民族气质、民族美感和民族精神。

武术套路是按照攻守进退、刚柔虚实等对立统一规律编排而成的。其动作的美学特征以内在的精神气质为基础，以外在的技艺美为表现形式，是一种内外合一、形神具备的特殊文化现象。武术之美是东方古老文明之美的缩影，受中国古典哲学“天人合一”思想文化的影响，它强调顺应自然，按自然规律去发展。因此，无论是武术的技术原理、招式或动作的命名，都充分地展示着自然的美，追求人与自然的和谐，从人与自然的统一中寻求美，所以中国武术将这种和谐作为自己的审美特征。

（五）体育舞蹈欣赏

体育舞蹈在国际上非常流行，是融体育、艺术于一身的体育运动。体育舞蹈将以往的交际舞不断更新，并赋予时代气息和竞赛性质，使其不仅成为人们建立友谊、陶冶情操、锻炼身体、提高技艺的良好形式，而且具有独特的艺术表演价值，给舞蹈者和观赏者以美的享受，令人身心愉悦、悦目怡神，进而提高人们的艺术修养和审美情趣。欣赏体育舞蹈中的美主要体现在以下几个方面：

1. 体育舞蹈中的人体美

体育舞蹈中的人体美表现在健与美的有机结合上，它要求男女选手以精湛的舞蹈技艺、默契的配合、精心的组织编排去表现这一感人的体育艺术项目。由于人体具有形状、线条、比例、透视、颜色、光泽、质感、对称、动态等一系列的审视条件，因此人体作为审美对象是最自然的了。通过欣赏体育舞蹈选手的表演，可使人们意识到人体的美丽，发现蕴藏于这项运动中的丰富而动人的人体之美。

2. 体育舞蹈中的服饰美

体育舞蹈中，男女选手的服饰起着衬托美化作用，可为舞蹈锦上添花，具有其独特的审美价值和艺术魅力。在现代舞比赛中，男士通常穿礼服，以显示优美的身体线条和庄重的气质风度；女士着晚礼服式露背长裙，给人以华贵、娴熟、高雅之感。对于拉丁舞选手而言，男士着紧身长裤，上衣多穿宽松式长袖衫，女士则穿露背露腿的草裙式短裙，展示出浓郁的拉丁风情。至于舞鞋，男士均穿黑色或与服装同色的平跟缚带皮鞋；女士则穿高跟缚带皮鞋，颜色与衣裙相同，并可附加亮饰，从而令选手舞步醒目，足下生辉。

任何一种色彩都会给人以美感。在快步舞、桑巴舞、维也纳华尔兹、恰恰恰等节奏欢快激烈的舞蹈中，男女选手采用对比强烈的服装色彩组合，能起到相互衬托的作用；而在华尔兹、狐步舞、伦巴舞等抒情优雅的舞蹈中，男女舞伴则采用对比较弱的色彩搭配以产生和谐效果。

3. 体育舞蹈中的动作造型美

男女选手“动”“静”造型的交相辉映赋予体育舞蹈丰富的表现手段。运用动作造型全面展示各舞种的艺术风格是体育舞蹈的一项重要功能。男女选手以人体为媒介，通过面、头、颈、肩、胸、腰、胯、臀、膝、臂、手、腿、足及躯干和四肢的动作配合，按照多变的节奏和丰富的韵律，产生点与线的移动以及静与动的各种造型，使其具有爆发性、对比性、转折性、整体性，进而给人特有的瞬间美、过程美、变化美和立体美的享受。丰富多彩的舞蹈动作造型，基本上可分为动态造型和静态造型两大类。动态造型包括男女选手的运步、跳越、转体、摆荡、升降、倾斜等舞蹈动作，其美感特征是瞬间的造型美。静态造型则主要是指各种起始与结束舞姿和平衡静止动作，这种“定格”的舞姿造型能强化观众的视觉印象。它们在时间和空间上的美妙组合，造成了连绵不断的神奇效果，从而使动静相间、刚柔并济、虚实变化，恰如一幅流动的画，一首立体的诗，成为人们欣赏体育舞蹈最基本的审美点。

4. 体育舞蹈中的音乐美

音乐与体育舞蹈有着天然的姻缘关系。作为舞蹈的灵魂，音乐以其优美的旋律、鲜明的节奏、多彩的风格使体育舞蹈的艺术表现力更加丰富、更为动人。音乐以其独有的魅力促进了体育舞蹈的发展。体育舞蹈的音乐美发挥着控制舞蹈动作的重要作用。在舞蹈进行中，男女舞伴默契配合，翩翩起舞，节奏同步和谐，动作轻快流畅，旋转优美飘逸，这不仅需要选手具有娴熟高超的舞技，也依赖于音乐节奏的引导和指挥，才能使舞伴之间及舞蹈动作与音乐韵律协调统一起来，从而表现出和谐之美。

思考题

1. 简述体育欣赏的特点及对大学生的教育作用。
2. 简述奥林匹克文化的精神内涵。
3. 简述东西方体育文化的差异。

第三章 体育锻炼与健康管理

本章导言

健康管理是20世纪50年代末最先在美国提出的概念，其定义是通过现代医学和现代管理学的理论、技术、方法和手段，对个体和群体的健康状况及影响健康的危险因素进行全面检测、评估、有效干预与连续跟踪服务的医学行为及过程。如果将健康管理视为全生命周期的健康维护，无论从生理、心理和社会适应能力发展来看，大学阶段无疑是最重要的时期。因此，大学期间养成健康的生活习惯，掌握1~2项运动技能，了解常见的运动损伤，并掌握有效的预防措施将会对人的一生产生积极影响。

第一节 健康生活的普及推广

健康的生活方式有利于人体各项生理机能的发挥，促进身体健康，同时有利于提高工作和学习效率。大学生的生活要规律，就一天来说，起床、吃饭、学习、工作、运动、休息，都要有规律地安排好，按规定的时间进行。

一、养成良好的睡眠习惯

睡眠是保证大学生健康的先决条件之一。研究表明，人在睡眠过程中内分泌系统生长素的分泌水平要比平时高3倍。生长素可促进全身的组织细胞生长发育，特别是对骨骼生长的促进作用尤为突出。如果经常熬夜，睡眠质量不好，则容易出现烦躁、易怒、食欲减退、体重减轻、生长发育缓慢的症状。

二、养成良好的体育锻炼习惯

体育锻炼对于身体健康的重要性是不言而喻的。然而在实际过程中，许多学生却不能自觉养成体育锻炼的习惯。适当的体育锻炼可以有效提高工作和学习效率。体育锻炼对智力发育也有着重要的作用，主要表现为：消除大脑疲劳，提高大脑的工作效率、反应速度和综合分析能力，促进大脑的生长发育等。

三、养成良好的卫生习惯

学校是大学生生活学习的重要场所，一个学校的环境卫生是否符合要求，直接关系到大学生的身心发展和身体健康。因此，每个大学生都要养成良好、文明的卫生习惯，保持校园、教室、宿舍环境的卫生。

（1）勤洗手。用餐前、便后勤洗手。洗手时，可使用洗手液或肥皂，用手搓出泡沫，按照七步洗手法清洗双手。每天用冷水洗脸，用温热水洗脚。

（2）勤洗澡。根据季节、气温、活动强度以及出汗量及时洗澡。一般情况下，春、秋季气温适中，可每隔 3~7 天洗一次澡，夏季出汗量大，须每天洗澡，冬季则只需要每周或每两周洗一次澡。

（3）勤换衣裤、勤洗衣被、勤晾晒。个人着装始终保持干净整洁，尤其是鞋袜应每天洗换，以防脚气。

（4）不染发，不留长指甲、胡须，并做到勤剪指甲、勤理发、剪鼻毛。

（5）个人生活用品不得共享，如剃须刀、毛巾、牙刷等不和他人共用、混用，避免疾病传播。个人用品使用后应及时清洗，不过夜，以防细菌滋生。

（6）晨起喝一杯温水。

（7）注意公共卫生。不随地吐痰、不乱扔果皮纸屑，不在公共场所面对人打喷嚏、咳嗽、挖鼻、掏耳等。

（8）作息时间规律。严格遵守学校作息时间，合理安排学习、工作、业余活动，保持充足睡眠时间。

（9）主动学习卫生健康知识。通过各种媒介了解卫生健康知识，不断提高自我保健能力。

（10）积极主动按时接种相关疾病的预防疫苗，有效地预防相应的传染病。

四、不吸烟、适量饮酒

世界卫生组织将吸烟称为“20 世纪的瘟疫”。大量调查研究表明，吸烟能诱发癌症以及多种疾病，严重危害人类身体健康。

吸烟的危害在于香烟中含有大量的有毒物质，包括尼古丁、焦油和微尘。其中，尼古丁是神经系统和血液循环系统的“杀手”；焦油与喉癌、口腔癌、食道癌、胃癌等癌症息息相关；微尘会刺激气管黏膜，引发咽喉炎、咳嗽、支气管炎和声音沙哑等多种疾病。吸烟不仅危害自身，同时也危及他人，被动吸烟的危害不亚于主动吸烟。

酒的主要成分是酒精（乙醇）。过量饮酒对心脏的危害极大，长期过量饮酒会使心脏失去正常的弹性而增大，俗称“啤酒心”。另外，酒精对神经系统也有较大危害，有的人饮酒后变得非常“健谈”，就是中枢神经系统在酒精作用下失去正常调节功能的表现。酒精还会使血液中的脂肪物质沉淀在血管壁上，使血管变窄，血压升高。

第二节 科学膳食的实践运用

营养是健康的根本，食物是营养的来源。随着生活水平的日益提高，如何健康膳食、养成科学合理的饮食习惯已成为人们关注的焦点。

一、营养对健康的影响

营养是人体从外界摄取各种食物，经过消化、吸收和新陈代谢，以维持机体的生长、发育和各种生理功能的生物学过程。世界卫生组织近年来对影响人类健康的众多因素进行评估，结果表明遗传因素对人类健康的影响居于首位，为15%，而膳食营养因素的影响仅次于遗传因素，为13%，远高于医疗因素（8%）。人类的遗传是相对稳定的因素，因此对人的健康起决定性作用的往往是膳食营养因素，合理的膳食营养对人的健康起着重要作用。

（一）促进生长发育

生长是指细胞的繁殖增大和细胞间质的增加，表现为全身组织、器官和系统的大小、长短和质量的增加。发育是指身体各组织器官和系统功能的完善过程，营养是影响生长发育的主要因素，蛋白质是构成人体细胞的主要成分，细胞的繁殖和增大都离不开蛋白质。此外，碳水化合物、脂类、维生素、矿物质和水等营养素也在生长发育中发挥着重要作用。

（二）提高智力

婴幼儿和儿童时期是大脑发育最快的时期，需要足够的营养物质，如蛋白质、不饱和脂肪酸、卵磷脂等，营养摄入不足会影响大脑发育，阻碍大脑智力的开发。

（三）促进优生

在影响优生的因素中，营养是一个重要因素。孕妇在孕期如果营养不良，可能造成胎儿畸形、流产或早产。例如，孕妇膳食中如果长期缺乏锌，可能会引起胎儿中枢神经系统出现畸形，膳食中长期缺乏维生素，可能会导致胎儿的骨骼先天畸形。

（四）增强免疫

免疫是机体的一种保护性机制，如果免疫力低下，则易受各种病菌的侵害。营养不良，机体免疫系统的反应能力会降低，许多食物中的营养素，如维生素 C、维生素 E、维生素 A 等都可以提高机体的免疫力。

（五）延缓衰老

人的衰老是一种自然规律，但如果注意合理膳食，可以达到延缓衰老的目的。例如根据人体的生理特点，有针对性地补充营养，多吃蔬菜水果和清淡食物，避免高盐、高脂肪饮食，可预防心血管疾病、糖尿病等的发生和复发。

（六）疾病预防

不良的膳食习惯，如营养不足和营养过剩都可能引起疾病。营养不足，可引起缺铁性贫血、佝偻病、夜盲症等；营养过剩可引起糖尿病、心脑血管疾病、肥胖等。

二、平衡膳食

所谓平衡膳食，是指膳食中所含有的营养素数量充足、种类齐全、比例适当。平衡膳食由多种食物构成，它提供足够数量的热能和各种营养素，以满足人体正常的生理需要。

一日三餐怎样吃？每天应该按照吃好早餐、保证午餐、节制晚餐的要求进食。早餐应选择体积小、合口味且富含热量的食物，热量占全天的25%~30%；午餐选择富含蛋白质和脂肪的食物，热量约占全天的40%；晚餐尽量选择少而精的食物，热量占全天的

30%~35%。

三、运动与营养

（一）运动前的营养

1. 运动前食物的选择

运动前应以高糖类、低脂肪的食物为主，如面包、米饭、面条和水果等。这些食物容易消化，又能提供糖类。如果运动时间为60~90分钟，可以选择升糖指数较低的食物，如水果、牛奶、米饭、豆类等，这些食物能够长时间地供应糖类给运动中的肌肉使用，如果运动时间少于60分钟，可以选择高升糖指数的食物，如面包、运动饮料等，这些食物很快就可被消化，能够迅速提供糖类。

高纤维的食物需要较长时间才能被消化。有些高纤维的食物也富含糖类，如全麦面包、高纤维饼干、高纤维饮料等，运动前食用这些食物会使人感觉不舒服，应尽量避免运动前食用。

2. 运动前最佳的进食时间

进食的时机也要看运动时间的变化和食物的种类，主要原则是吃进去的食物可以在运动过程中提供充足的营养和能量，而又不至于在运动过程中造成肠胃不适。运动幅度及强度较大的项目，如篮球、中长跑等，大量食物留存在胃部会令人感到不舒服，因此需要在运动前提早进食，或是减少进食量。运动幅度及强度较小的运动项目，如骑自行车和慢跑，对于进食的时间和食物的选择有较大的弹性。

（二）运动后的营养

1. 糖类的补充

肝糖是运动的主要能量来源之一，存在于肌肉和肝脏中。肌肉中的肝糖只能供肌肉细胞使用，而肝脏中的肝糖可以血糖的形式释放到血液中，为肌肉以及身体其他器官供能。体内肝糖存量不足以应付运动后所需，是造成疲劳、运动能力降低、无法持续运动的原因之一。运动后体内的肝糖存量会显著降低，如果肝糖得不到及时补充，则下次运动将受到影响。

实验表明，身体合成肝糖的效率在运动后两小时内达到最高水平，两小时后则恢复到正常水平，如果在该段时间内迅速补充糖类，则可以帮助身体迅速补充体内消耗的肝糖。如果下一次的运动是在10~12小时之内，这一时段特别重要，如果错过这个窗口，即使补充足够的糖类，身体也可能没有足够的时间完全补充消耗的肝糖。若是下一次运动在24~48小时以后，即便错过这个时段，接下来只要进食高糖类的食物，仍然有足够的时间补充所有消耗的肝糖。

2. 肌肉与组织的营养恢复

即使是没有身体接触的运动，也可能会造成肌肉纤维和结缔组织的伤害，而像篮球、足球等身体接触性运动，可能会造成更多的肌肉损伤。运动后迅速补充蛋白质有助于修复受伤的肌肉和组织，其合成和储存肝糖的效率也会提高。因此，身体接触性运动或是比赛后受伤的运动员需要补充更多的糖类，尤其是在运动后两小时的高效率时段，需有效地补充体内消耗掉的肝糖。

第三节 运动损伤的预防治疗

运动损伤是在体育运动时发生损伤的统称。体育运动以增强体质、增进健康为目的，而运动损伤将直接影响锻炼者的健康和学习、工作、生活。了解运动损伤发生的原因和发病规律，贯彻预防为主的方针，采取有效的安全措施，将最大限度地减少或者预防运动损伤，从而保证身体健康和运动锻炼的正常进行。

一、发生运动损伤的原因

大学生发生运动损伤的原因是多方面的，既有锻炼者运动基础、体质水平方面的原因，也与运动项目的技术特点、技术难度以及运动环境因素有关，同时与活动中的内容安排、运动量及运动强度、密度也有一定的关系。概括起来主要有以下几个方面：

（1）思想麻痹大意是导致运动损伤的主要因素，例如，运动前不检查器械，预防措施不得力，好胜、好奇等。

（2）运动前准备活动不充分，特别是缺乏针对性的准备活动，运动器官、内脏器官功能没有达到运动所需状态而造成损伤。

（3）运动情绪低下或在为难、恐惧、害羞、犹豫以及过分紧张时容易发生伤害事故。因缺乏运动经验、缺乏自我保护能力也容易致伤。

（4）锻炼方法不科学，盲目地增加运动负荷，提高技术难度，尤其是局部负担过重，也是造成运动损伤的重要原因。此外，身体过于疲劳，或长期局部负担过重，或身体功能状态不良都可能导致运动损伤。

（5）进行体育锻炼时，如果组织安排不严密，就可能出现拥挤混乱的情况，此时极易造成运动损伤。也可能因为场地、器材、时间安排不合理发生意外事故。

（6）不良运动环境也会引起意外伤害。如运动场空间狭窄、地面不平整、有行人及车辆过往、器械安装松散不牢固、位置不恰当、运动服装或鞋不合适、气温或光线不良等都可能造成运动过程中的意外伤害。

（7）技术动作不正确，造成局部受力过大或身体失去平衡和控制，从而造成运动损伤。

二、运动损伤的预防

预防运动损伤应该注意以下几方面：

（1）加强运动安全教育，克服麻痹思想，提高预防损伤的思想意识。

（2）认真做好准备活动，做好肌肉、韧带、关节等拉伸，准备活动的强度应以身体微微出汗为准，特别是对可能发生损伤的环节和易伤部位，要做好充分的热身。

（3）合理组织和安排锻炼，合理设置运动量，运动训练过程中防止特定部位运动负荷过重。

（4）加强保护与帮助。在加强同伴间相互保护与帮助的同时，要加强应急反应能力。如摔倒时，立即屈肘、低头、团身滚动；由高处跳下时，用前脚掌着地，屈膝缓冲、弯腰、两臂自然张开，以利于保持身体平衡。

（5）加强易伤部位的针对性锻炼。这是一种积极的预防手段，如为预防关节扭伤，应增加周围肌肉及韧带的力量、强度和柔韧性，以加强关节的稳定性。为防止肌肉损伤，在发展肌肉力量的同时，还应该注意发展肌肉的伸展性。

三、运动损伤的处置

常见的运动损伤主要有软组织损伤，关节、韧带扭伤，关节脱位，脑震荡，运动骨折等几个方面。

（一）软组织损伤

这类损伤可分为开放性损伤和闭合性损伤，前者有擦伤、撕裂伤、刺伤等，后者有挫伤和拉伤等，如肌肉挫伤、肌肉拉伤，肌腱炎、腱鞘炎等。

1. 擦伤

（1）原因与症状。因运动时皮肤受摩擦所致的黏膜伤，如跑步时绊倒、体操运动时身体摩擦器械受伤。擦伤后，皮肤出血或组织液渗出。

（2）处置。若创面较小，且无大面积渗血，只需用淡盐水或清水冲洗、消毒或酒精处理，然后保持干燥，任其自行结痂脱落即可。若伤口较深且有明显渗血，需及时就医。

2. 撕裂伤

（1）原因与症状。在剧烈、紧张运动，或受到突然强烈撞击时，易造成肌肉撕裂。常见有眉际撕裂、跟腱撕裂等。开放伤会马上出血，周围肿胀；闭合伤触及时有凹陷感和剧烈疼痛。

（2）处置。轻度开放伤，用酒精或碘酒涂抹伤口即可；裂口大时，则需要止血和缝合伤口，必要时注射破伤风抗毒血清，以防破伤风症。如肌腱断裂，则需要手术缝合。

3. 挫伤

（1）原因与症状。因外来钝性暴力作用或练习者之间互相撞击造成的损伤。单纯挫伤在损伤处会出现红肿，皮下出血，并有疼痛感。严重挫伤者，则出现头晕、脸色发白、心慌气短、出虚汗、四肢发凉、烦躁不安，甚至休克现象。

（2）处置。24 小时内冷敷或加压包扎，抬高患者肢体或外敷中药。48 小时后，可按摩或理疗。进入恢复期可进行一些功能性锻炼。如果怀疑内脏损伤，做临时性处理后送医院检查和治疗。

4. 肌肉拉伤

（1）原因与症状。通常在外力直接或间接作用下，肌肉过度主动收缩或被动拉长时引起肌肉拉伤。特别是由于准备活动不充分，动作不协调以及肌肉弹性、伸展性或肌力差时更易拉伤。损伤后伤处肿胀、压痛、肌肉痉挛，触诊时可以摸到硬块。严重的肌肉拉伤可出现肌肉断裂。

（2）处理。轻者可以立即冷敷，局部加压包扎，抬高患肢，如有大部分或完全断裂者，在做加压包扎后，立即送医院手术治疗。

（二）关节、韧带扭伤

1. 肩关节扭伤

（1）原因与症状。一般因为肩关节用力过猛以及反复劳损所致，如投掷、排球扣球和大力发球时常出现这类损伤。其症状有压痛、疼痛，急性期有肿胀，慢性期三角肌可能出现萎缩，肩关节活动受限。

（2）处理。单纯韧带扭伤，可冷敷，加压包扎。24 小时后采用理疗、按摩和针灸治疗。出现韧带断裂时，应该立即送医院进行缝合和固定处理。当肩关节肿胀和疼痛减轻后，可适当施行功能性锻炼，但是不宜过早活动。

2. 髌骨劳损

（1）原因和症状。髌骨具有保护股骨关节面、传递股四头肌力量等作用，是维护膝关节正常功能的主要结构。髌骨劳损是膝关节长期负担过重或反复损伤累积而成的，也可是一次直接外力撞击致伤。例如，篮球滑步、急停，跳高和跳远时摔倒受击，都可能导致这种损伤。

（2）处理。采用中药外敷、针灸、按摩等治疗手段。平时加强脉关节肌群力量练习，如采用高位静力半蹲，每次都保持 3~5 分钟。病情好转时，可以逐渐增加时间，每日进行 1~2 次。

3. 踝关节扭伤

（1）原因与症状。运动中跳起落地时失去平衡，使得踝关节过度内翻或外翻致伤。在准备活动不充分、场地不平坦的情况下，容易造成这类损伤。主要症状为伤处疼痛、肿胀，韧带损伤处有明显压痛、皮下淤血。

（2）处置。受伤后，应立即冷敷，并用绷带固定包扎，抬高伤肢。24 小时后，根据伤情采取综合治疗，如外敷伤药、理疗、按摩等，必要时做封闭疗法。待病情好转后，施行功能性练习。对严重患者，可用石膏固定。

4. 急性腰伤

（1）原因与症状。运动时，身体重心不稳或肌肉收缩不协调易引起腰部扭伤。多数因腰部受力过重，或脊柱运动时超过了正常生理范围而导致腰部扭伤。例如，挺身式跳远中展体过大，举重上挺时过分挺胸塌腰等，都有可能造成腰部扭伤。其症状为疼痛，有时听到瞬间“咯咯”的响声，有时出现腰部肌肉痉挛和运动受限。

（2）处理。出现腰部急性扭伤后，患者应平卧，一般不应该立即搬运，如果剧烈疼痛，则应用担架抬至医院诊治，主要恢复手段可用针灸、外敷伤药或按摩。

（三）关节脱位

1. 原因与症状

关节脱位，又称脱臼，指因受外力作用使关节面失去正常的连接关系。关节脱位可分为完全脱位和半脱位（或称错位）两种。严重的关节脱位，伴有关节囊撕裂，甚至神经损伤。运动中发生的关节脱位，大都是间接外力撞击所致。

发生关节脱位后，常出现畸形，与健肢对比不对称，因软组织损伤而出现炎症反应，局部疼痛、压痛和关节肿胀，并失去正常活动功能，甚至发生肌肉痉挛等现象。

2. 处置

用长度和宽度相称的夹板固定伤肢。如果没有夹板，可将伤肢固定在躯干或健肢上，防止震动，随后及时送医院治疗。救治人员如果没有把握做整复处置时，切不可随意做整复手术，以免再度增加伤害。

（四）脑震荡

1. 原因与症状

脑震荡是指头部遭受外力打击后即刻发生的短暂脑功能障碍。运动中，两人头部相撞或撞击硬物，或从高处跌下时头部撞地，都有可能造成脑震荡。头部受伤后会发生意识昏迷、呼吸表浅、脉搏徐缓、肌肉松弛、瞳孔放大但对称，神经反射减弱或消失等症状；清醒后，患者出现头痛、头晕、恶心或呕吐。

2. 处理

立即让伤者平卧，头部冷敷。昏迷者可指压人中、内关、合谷穴；若呼吸发生障碍，立即进行人工呼吸。进行上述处理后，伤者若出现反复昏迷或耳、鼻、口出血，两瞳孔放大又不对称的情况，表明病情严重，应立即送医院治疗。在运送途中，要让伤者平卧，头部固定，避免颠簸。

（五）运动骨折

1. 原因与症状

运动中，身体某个部位受到直接或间接的暴力撞击时，易造成骨折。例如，踢足球时，小腿易发生腓骨、胫骨骨折。摔倒时，手臂直接触地，易发生尺骨、桡骨骨折等。其症状为患处即刻出现肿胀，皮下淤血，伴有剧烈疼痛，肢体失去正常功能，肌肉产生痉挛，有时骨折部位会发生变形，移动时可以听到骨摩擦声。

2. 处理

若伤者出现休克，则应该先进行处理，即点按人中穴，并进行人工呼吸或心肺复苏。若伴有伤口出血，则应该同时进行止血和包扎，并及时送往医院治疗。

思考题

1. 简述如何养成健康的生活习惯。
2. 简述营养对身体机能的影响。
3. 简述在运动过程中应如何预防伤病发生。
4. 简述如何处理踝关节扭伤。

第四章 凝聚集体智慧的大球运动

本章导言

大球运动通常是指足球运动、篮球运动和排球运动。经常参与大球运动，能促使人体力量、速度、耐力、灵敏等素质全面发展，并能提高内脏器官、感觉器官和神经中枢的功能。参与大球运动对培养参与者勇敢、机智、集体主义和组织纪律性等品质也有很大益处。

第一节 足球运动

一、足球运动概述

足球运动是以脚支配球为主，两队互相进行攻守对抗的体育项目。足球运动是世界上开展得最广泛、影响力最大的体育运动，被誉为“世界第一运动”。

（一）足球运动的发展

1. 古代足球起源于中国

据《史记》和《战国策》记载，早在战国时期，齐国都城临淄就出现了蹴鞠，当时称为“踏鞠”或“缆鞠”，且已发展成一种成熟的娱乐方式，在民间广为盛行。“蹴”是踢的意思，“鞠”是球的意思，这是足球运动最早的雏形。2004 年 7 月 15 日，时任国际足联主席布拉特宣布：中国是足球的故乡，足球最早起源于中国山东淄博的临淄。2005 年 5 月 21 日，布拉特在国际足联总部向山东淄博临淄颁发了足球起源地认定证书。

2. 现代足球运动起源于英国

19 世纪下半叶，随着工业革命的推进，足球运动在英国有了新的发展。不过当时还没有统一规定场地、比赛方法、参赛人数和时间长短等。1857 年，英国成立了第一个足球俱乐部。1863 年 10 月 26 日，英国成立了第一个足球组织——英格兰足球协会。后来，这被认为是现代足球运动的开端。

1904 年 5 月 21 日，由法国、比利时、丹麦、荷兰、西班牙、瑞典和瑞士 7 个国家在巴黎发起成立了国际性的足球组织——国际足球联合会（FIFA）（简称国际足联）。到目前为止，国际足联已发展成为由 200 多个会员国（地区）组成的世界最大的单项体育组织。

（二）足球运动的特点

（1）足球运动是一项对抗激烈的体育项目。在比赛中，双方为了把球踢进对方的球门，而又不让球进入本方的球门，展开短兵相接，在两个罚球区中的争夺尤为激烈。

（2）足球是一项技战术复杂的非周期性运动项目。其技战术受到对手的干扰和限制，在比赛中需要灵活地运用。足球比赛的参加人数较多，行动不易协调和统一，所以攻守战术的配合较困难。

（3）足球比赛时间长、场地大、体能消耗大。正式比赛为 90 分钟，有时还要进行加时赛（30 分钟）。在一场高水平的足球比赛中，运动员往往要跑动 10 000 米以上，而且还要做上百个技术动作，体能消耗非常大。比赛结束后，有些队员的能量消耗在 2 000 卡左右，体重甚至会下降 3~5 千克。

（4）足球规则简单易懂，对场地器材要求不高，易于开展。

（三）重大足球赛事简介

1. 世界重大足球赛事

（1）世界杯足球赛。4 年一届的世界杯足球赛是全世界最高水平的足球赛事，全世界 200 多个成员国都在为争夺决赛阶段的 32 个名额而奋斗。1930 年，第 1 届世界杯足球赛在乌拉圭成功举行，至今已举办了 21 届。第 22 届世界杯足球赛已于 2022 年在卡塔尔举行。

（2）世界女子足球锦标赛。1991 年，国际足联正式举办第一届世界女子足球锦标赛。此后，每 4 年举办一届。2007 年，在中国举行了第 5 届世界女子足球锦标赛，共有 16 个国家的女子足球队参赛。

（3）奥运会足球赛。从 1896 年第 1 届现代奥运会到 1908 年第 4 届奥运会，足球是表演项目。自 1912 年第 5 届奥运会起，足球成为正式比赛项目。奥运会足球赛共有 16 支男子足球队和 12 支女子足球队参加。

另外，在世界范围内每两年还举行一届 19 岁以下和 17 岁以下的青少年足球锦标赛；世界大学生运动会也有男、女足球比赛。

2. 亚洲重大足球赛事

（1）亚洲杯男、女足球锦标赛。

（2）亚运会足球赛。

（3）世界杯、奥运会以及世界青年锦标赛等各项赛事的亚洲区选拔赛。

（4）亚洲俱乐部冠军联赛。

3. 欧洲重大足球赛事

（1）欧洲杯赛。每 4 年举行一届，共有 24 支足球队进入决赛阶段的比赛。

（2）欧洲俱乐部冠军联赛。

（3）欧洲五大联赛。这五大联赛是意大利足球甲级联赛、英格兰足球超级联赛、西班牙足球甲级联赛、德国足球甲级联赛、法国足球甲级联赛。

4. 中国重大足球赛事

（1）中超、中甲、中乙联赛。参赛队为在中国足协注册的职业足球俱乐部。每队场上可以有 4 名外援参赛。

（2）中国足协举行的青少年足球比赛。以球员的年龄分组进行，有 U19、U17、U15 三个年龄组。

（3）全国运动会的足球比赛。以各省、直辖市、自治区为单位，前 12 名球队参加，每 4 年举行一届。

5. 全国大学生足球赛

（1）大学生超级联赛。以高校为参赛单位，先进行各省、直辖市、自治区的选拔赛，最后进行总决赛。每年举行一届。

（2）室内五人制足球赛。由各省、直辖市、自治区先进行预选赛，各区冠军队参加大区的复赛，最后进行总决赛。

（3）全国大学生运动会足球赛。由各省、直辖市、自治区组织最高水平的混合队，先通过预选赛，最后十六强参加决赛阶段的比赛，每 4 年举行一届。

二、足球基本技术及练习方法

（一）颠球

颠球是熟悉球性的一种练习手段。

1. 双脚脚背颠球

脚向前上方摆动，用脚背击球。击球时，踝关节固定，击球的下部。两脚可交替击球，也可一只脚支撑，另一只脚连续击球。击球时，用力均匀，使球始终控制在身体周围。

2. 双脚内侧、外侧颠球

抬腿屈膝，用脚的内侧或外侧向上摆动，击球的下部，两脚内侧或外侧交替击球。

3. 大腿颠球

抬腿屈膝，用大腿的中前部位向上击球的下部。两腿可交替击球，也可一只脚做支撑，用另一侧的大腿连续击球。

4. 各部位连续颠球

根据上述单一颠球技术动作要领，用各部位配合连续颠球，配合的部位越多，难度越大。颠球的部位有脚背、脚内侧、脚外侧、大腿、头部、胸部、肩部等。

练习方法：

（1）一人一球颠球。体会触球的时间、触球的部位、触球的力量和整个动作的协调配合。

（2）两人一球颠球。用脚背、大腿、头部及身体各部位触球，掌握好触球的力量，尽量不让球落地。每人可触球一次颠给对方，也可触球多次互颠。

（二）运球

运球是运动员在跑动中用脚的推、拉、扣、拨，使球保持在自己控制范围内的连续触球动作。它是个人控球能力和进攻能力的体现，也是集体战术配合的基础之一。常见的运球方法有脚背内侧运球、脚背外侧运球、脚内侧运球和脚背正面运球等。

1. 运球技术

（1）脚背内侧运球。

特点：运球动作幅度大，控球稳，虽不能加快速度，但是左右转换方向很容易。主要适用于掩护性运球或运球变向，它是比赛中使用得最多的运球方法。

技术要点：跑动时，身体自然放松，步幅要小些，上体前倾稍向运球方向侧转，运球脚提起时，膝关节微屈，脚跟提起，脚尖外展，用脚背内侧推拨球，使球随身体前进

（图 4-1-1）。

视频：脚背内侧运球示范动作

图 4-1-1　脚背内侧运球

（2）脚背外侧运球。

特点：易于变化运球方向和发挥奔跑速度，还具有掩护球的作用。运用时灵活性、可变性强。按运球形式可分为直线运球、弧线运球和转换方向运球。

技术要点：跑动时身体自然放松，上体稍前倾，两臂自然摆动，步幅小些，运球腿提起，膝关节微屈，脚跟提起，脚尖稍内转，在迈步前伸着地前，用脚背外侧拨动球的后中部（图 4-1-2）。

视频：脚背外侧运球示范动作

图 4-1-2　脚背外侧运球

（3）脚背正面运球。

特点：直线推拨，速度快，但路线单一。多在前方纵深距离较长的情况下运用。

技术要点：运球跑动时身体自然放松，上体稍前倾，步幅稍小，两臂屈肘自然摆动。在运球脚提起时，膝关节微屈，脚跟提起，脚背绷紧，脚尖向下，在迈步前伸着地前，用脚背正面推拨球前进（图 4-1-3）。

（4）脚内侧运球。

特点：与其他运球技术相比，速度最慢，容易控制，多用于掩护性运球或运球变向。

技术要点：运球时，支撑脚稍向前跨，踏在球的前侧方，膝关节稍弯曲，上体前倾向里转。随着身体向前移动，运球脚提起，用脚内侧推球的侧后中部（图 4-1-4）。

图 4-1-3　脚背正面运球

视频：脚背正面运球示范动作

图 4-1-4　脚内侧运球

视频：脚内侧运球示范动作

2. 运球过人

（1）利用速度强行过人。持球者以突然的快速推拨球（力量较大）并与快速的奔跑相结合越过对手的阻拦。

（2）利用身体的掩护强行过人。当持球者接近对手时双方速度减慢，持球者侧身用身体靠住对手以另一侧脚将球拨出，同时转身将对手倚在身后并随球越过对手。

（3）利用变速运球过人。对手在持球者侧面，持球者用另一侧脚运球，利用运球速度的变化达到甩掉对手或越过对手的目的。

（4）运球假动作过人。运球者利用腿部、上体的晃动使对手产生错觉，在对手做抢球动作时，使其重心产生错误的移动，运球者则抓住时机从另一方向越过对手。

3. 运球时常用的动作

（1）拨球。用脚踝的扭拨动作，以脚背内侧或脚背外侧触球，使球向侧方或侧前方运动。用脚背内侧拨球的动作称“里拨”，用脚背外侧拨球的动作称“外拨”。

（2）扣球。指用突然的转身和脚踝急转扣压动作以脚背内侧或脚背外侧触球，使球向侧后方停下或改变方向运行。用脚背内侧扣球的动作称“内扣”，用脚背外侧扣球的动作称“外扣”。

（3）拉球。指用脚掌将球由前向后或由左（右）向右（左）拖拉球的动作。

（4）挑球。指用脚背与脚尖翘起上挑的动作或用脚背上撩的动作，使球向前上方改变方向。

练习方法：
（1）在走与慢跑中做无球模仿练习。
（2）在走与慢跑中进行先单脚后双脚，先直线后曲线运球。
（3）在人群中运球和小间距绕杆运球。
（4）运球过人练习。

4. 练习提示

（1）运球是推拨球而不是踢球，要使球始终在自己的控制范围内。

（2）运球时步幅要小，身体要放松，重心移动要快。

（3）运球时要养成抬头观察的好习惯，不要低头运球。

（三）踢球

踢球是足球运动最基本的技术，主要用于传球和射门。踢球的脚法很多，一般均由助跑、支撑脚站位、踢球摆动、脚触球和踢球后的随前动作 5 个环节组成。

1. 踢球技术

（1）脚内侧踢球（又称脚弓踢球）。

特点：脚内侧踢球触球面积比脚的其他部位都大，更容易控制球。因此，脚内侧踢球是进行短距离准确传球和射门的技术方法。

技术要点：以右脚踢球为例，脚触球的部位是跖趾关节、舟骨和跟骨所构成的三角部位。直线助跑，支撑脚踏在球侧 15 厘米左右处，脚尖对准出球方向，膝关节微屈。在支撑脚着地的同时，踢球腿以髋关节为轴由后向前摆动，屈膝外展约 90°，小腿加速前摆，脚尖稍翘起，踝关节紧张用力，用脚内侧部位击球后中部（图 4-1-5）。

视频：脚内侧踢球示范动作

图 4-1-5 脚内侧踢球

（2）脚背内侧踢球。

特点：摆踢动作顺畅、幅度大、脚触球面积大、出球平稳有力，而且路线富于变化，适用于中远距离传球和射门。

技术要点：触球部位是第一跖骨体及跖趾关节部位。斜线助跑，与出球方向约成 45°，最后一步稍大，支撑脚踏在球侧后 20～25 厘米处，脚尖指向出球方向，膝关节微屈，身体稍向支撑脚一侧倾斜。踢球腿以髋关节为轴，大腿带动小腿由后向前摆，当大腿摆至接近垂直地面时，小腿加速前摆，膝关节稍向内旋，脚面绷直，脚尖指向斜下方，以脚背内侧踢球的后中部（图 4–1–6）。

视频：脚背内侧踢球示范动作

图 4–1–6　脚背内侧踢球

（3）脚背外侧踢球（又称外脚背踢球）。

特点：踢球时脚踝灵活性较大，摆腿方向变化较多，且助跑时又是正常的跑动姿势，故其出球隐蔽性较强，在足球比赛中踢各种距离的弧线球及非弧线球均可使用这种踢法。

技术要点：踢定位球时，助跑，支撑脚的位置和踢球腿的摆动基本上与脚背正面踢球相同。但是在踢球腿的膝关节摆到接近球的垂直上方的一刹那，小腿加速前摆，脚尖内转，脚背外侧与地面垂直，脚面绷直，脚趾扣紧，以脚背外侧部位击球的后中部。踢球后，踢球腿随球继续前摆（图 4–1–7）。

（4）脚背正面踢球。

特点：脚背正面踢球的摆幅相对较大，提摆动作顺畅快速，便于发力，但出球路线或性能缺乏变化，适用于远距离的发球和大力射门。

技术要点：用脚背正面部位（楔骨、趾骨末端）触球。直线助跑，最后一步稍大并要积极着地，支撑脚踏在球侧 10～12 厘米处，脚尖正对出球方向，膝关节微屈，踢球腿在支撑脚着地前顺势摆起，小腿折叠。在支撑脚着地的同时，以髋关节为轴，大腿带动小腿向前摆动，在膝盖摆至接近球正上方的瞬间，小腿加速前摆发力，脚背绷直，脚趾紧扣，用脚背正面击球后中部，踢后脚随出球方向继续前摆（图 4-1-8）。

视频：脚背外侧踢球示范动作

图 4-1-7 脚背外侧踢球

视频：脚背正面踢球示范动作

图 4-1-8 脚背正面踢球

练习方法：

（1）进行各种踢球技术动作的模仿练习。

（2）一人用脚底挡球，另一人上步做踢球练习。

（3）各种脚法的两人练习。两人相距 15 米左右，用脚的各个部位相互练习踢定位球，然后过渡到踢移动中的球或空中球。

（4）利用足球墙和标杆做踢旋转球的练习。可将标杆插在踢球者与墙之间，标杆与人及墙的距离视需要而定，开始可大些，当技术掌握后再逐步缩小。

（5）一人传球，一人射门练习。一人从侧前方、侧方、侧后方传地滚球或抛高球，另一人迎球踢地滚球、反弹球或凌空球射门。

（6）两人一组进行有对抗的传射练习。

2. 练习提示

（1）支撑脚要对准出球方向，位置要选好。

（2）助跑最后一步稍大，大腿带动小腿摆动，小腿摆速要快。

（3）脚型要控制好，触球部位要准确，否则会影响踢球的力量和准确性，且容易受伤。

（四）接球

接球是指运动员有目的地用身体的合理部位把运行中的球接停在所需要的控制范围内的技术动作。

1. 接球技术

（1）脚内侧接球。

特点：脚内侧接球由于脚触球面积大，动作简单，较易掌握，在比赛中经常使用这种技术接各种地滚球、反弹球、空中球等。

技术要点：脚内侧接地滚球时，支撑脚脚尖正对来球，接球腿提膝大腿外展，脚尖微翘，脚底基本与地面平行，脚内侧正对来球并前迎，当脚内侧与球接触的一刹那迅速后撤，把球接在衔接下一个动作需要的位置上（图 4-1-9）。脚内侧接反弹球时，应根据来球的落点，及时移动到位，支撑脚与球落点的相对位置在球的侧前方，接球腿提起小腿且放松，脚尖微翘，脚内侧对着接球后球运行的方向并与地面成一锐角，当球落地反弹刚离地面时，大腿向接球后球运行的方向摆动，用脚内侧部位轻推球的中上部。

视频：脚内侧接球示范动作

图 4-1-9　脚内侧接球

（2）脚底接球。

特点：脚底接球动作简单，技术便于掌握，易于将球接到位置，常被用来接各种地面球和反弹球。

技术要点：脚底接地面球时，身体正对来球方向，移动前迎，支撑脚稳固支撑，脚尖正对来球方向，同时接球腿提起，膝关节微屈，脚尖翘起，使脚底与地面形成一定夹角。在触球瞬间，接球脚前脚掌挡压球的中上部（图 4–1–10）。脚底接反弹球时，应根据来球落点，及时前移迎球，支撑脚站在落点侧后方，脚尖正对来球方向，球落地瞬间，用前脚掌去触球的中上部，用脚掌将球接在体前。

视频：脚底接球示范动作

图 4–1–10 脚底接球

（3）大腿接球。

特点：大腿接球由于触球部位面积大且肌肉丰富有弹性，一般用来接抛物线较大的高空球和略高于膝的低平球。

技术要点：大腿接抛物线较大的下落球时，面对来球方向，根据球的落点迅速移动到位，接球腿的大腿抬起，当球与大腿接触的瞬间，大腿下撤将球接到需要的位置上。大腿接低平球时，应面对来球方向，根据来球高度，接球腿的大腿微屈，送髋前迎来球，当球与大腿接触瞬间，收撤大腿，使球落在所需要的位置上（图 4–1–11）。

视频：大腿接球示范动作

图 4–1–11 大腿接球

（4）胸部接球。

特点：接球点高，触球面积大，持球相对平稳，适用于接胸部以上的球。

技术要点：胸部接球包括挺胸式接球和收胸式接球两种方式。挺胸式接球时，面对来球站立（两脚左右或前后开立），两膝微屈，上体后仰，下颌微收，两臂自然张开，触球瞬间两脚蹬地，膝关节伸直，用胸部轻托球的下部，使球微微弹起于胸前上方（图 4-1-12）。收胸式接球时，面对来球，两脚左右或前后开立，挺胸迎球，触球瞬间收胸、收腹、臀部后移，将球接在体前（图 4-1-13）。

视频：挺胸式接球示范动作

图 4-1-12　挺胸式接球

视频：收胸式接球示范动作

图 4-1-13　收胸式接球

练习方法：

（1）停地滚球练习。

① 两人相距约 10 米，一人用手抛地滚球，另一人迎球用脚内侧把球停在体前或向左、右侧停球，停球后将球拾起再用手抛球给对方。两人依次反复练习。

② 两人相距 10~15 米，甲向乙两侧传球，乙停球后再回传给甲。

③ 三人站成一条直线，每人相距约 10 米，甲传球给乙，乙用脚内侧向两侧或转身停球，然后传给丙，丙再回传给乙。三人可互换位置。

（2）停反弹球练习。

① 自己向空中抛（踢）球，练习停反弹球。

② 两人相距约 10 米，一人踢或抛有一定弧度的下落球，一人停反弹球。

（3）停空中球练习。

① 用各种停空中球的方法自抛自停空中球。

② 两人互抛互停空中球，逐渐改变球的飞行弧度和落点进行停球。

③ 两人相互传高球，练习停空中球。

2. 练习提示

（1）准确判断球的落点和速度等是各种接球的前提。

（2）缓冲动作是接球的关键，迎接、推压、切挡和改变球的运行路线是各种接球的基本方法。

（3）接球后身体要及时跟上并与下个动作紧密衔接。

（五）抢截球

抢截球是比赛中由防守转为进攻的重要手段，是指在规则允许的条件下，把对方控制的球抢夺过来或破坏掉。在对抗激烈的足球比赛中，进攻与防守转换快速、合理有效的防守技术对提高球队的竞技能力十分重要。

抢截球包含抢球和断球两种技术，但从其动作过程分析，都是由判断选位、上步抢断和衔接动作三个技术环节构成的。

1. 抢截球技术

（1）正面跨步抢截球。

技术要点：两脚前后开立，两膝微屈，身体重心下降。当对手运球脚触球后还未着地的瞬间，一脚用力蹬地，另一脚跨步伸出，上体前倾，身体重心迅速移至抢球脚上。如双方的脚同时触球，则可抢先顺势向上提拉，使球从对方脚背滚过（图 4-1-14）。

视频：正面跨步抢截球示范动作

图 4-1-14　正面跨步抢截球

（2）侧面合理冲撞抢球。

技术要点：当与对手肩并肩跑动追球时，身体重心下降，靠近对手一侧的手臂要贴紧身体。在对手以远离自己一侧的脚支撑时，用肘关节以上部位使其失去平衡而离开球，乘机控制住球（图 4-1-15）。

视频：侧面合理冲撞抢球示范动作

图 4-1-15　侧面合理冲撞抢球

练习方法：
（1）无球模仿练习。
（2）两人一球，原地做跨步练习。
（3）模拟对抗抢球，一人慢运球，另一人做正面抢截球。
（4）两人在同向慢跑或快跑中进行冲撞练习。

2. 练习提示
（1）掌握好抢球的时机和动作准确性，否则易失误和犯规。
（2）抢球动作要迅速、果断。
（六）头顶球
头顶球是比赛中为了争取时间和取得空中优势的一项重要技术，它是传球、射门和抢截球的有效手段。
1. 头顶球技术
（1）原地前额正面顶球。
特点：原地前额正面顶球是头顶球技术中最常见的方式，其特点是触球部位平坦，动作发力顺畅，容易控制出球方向，准确性强，出球平稳有力。
技术要点：原地顶球时，身体正对来球，两脚前后站立或平行站立，膝关节微屈，两眼注视来球，上体稍后仰，两臂自然张开，挺胸展腹，下颌收紧。顶球时，蹬地、收腹、摆体、顶送发力，当头摆至身体垂直部位时，用前额正面顶击球的后中部，顶击球瞬间，颈部肌肉保持紧张，顶球后继续前送，以便于控制出球的方向（图 4-1-16）。跳起顶球时，要选好起跳位置，两脚前后站立，维持身体平衡，掌握好起跳时机，起跳脚积极蹬跳发力，手臂协调向上提摆，以加强跳起力量。起跳后，挺胸展腹，形成背弓，两眼始终注视来球。当跳至最高点时，迅速收腹摆体，下颌收紧，前额积极迎球顶送发力。当顶球后屈膝缓冲落地时，看清球的飞行路线，以便进行下一步动作。

图 4-1-16　原地前额正面顶球

视频：原地前额正面顶球示范动作

（2）原地前额侧面顶球。
特点：在实际比赛中，运用该技术对球门的威胁很大。因为其特点是击球动作快捷，变换方向突然，顶出球的运行线路难以预测。但该动作难度较大，侧摆发力和出球方向较难控制，适用于应急时破坏球和门前的头球攻门。

技术要点：原地顶球时，选择好击球的方向，身体稍侧对来球，两脚自然前后站立，击球一侧的支撑腿在前，身体稍向侧后微屈，重心落在后腿上，两臂自然张开，目视来球。顶击球时，后脚向击球方向猛力蹬伸，身体随之向出球方向转动侧摆，同时颈部侧甩发力，用额侧部将球击出（图 4-1-17）。跳起顶球时，动作类似额正面的跳起顶球，但在起跳上升阶段，上体应向出球的相反方向侧屈转体。跳至最高点时，上体向出球一侧加速转动，摆体侧甩，可利用脚的侧下方蹬地，加快侧摆速度，用额侧部将球顶出。

视频：原地前额侧面顶球示范动作

图 4-1-17　原地前额侧面顶球

练习方法：

（1）进行徒手模仿顶球动作练习。

（2）两人一球，一人抛球，另一人头顶球，或一人一球，自抛自顶，或用吊球做练习，体会头顶球的部位和动作。

（3）两人一球，相距 5 米，自抛自顶给对方，或一人一球对墙练习。

（4）两人一球，一抛一顶，连续对顶或一进一退顶球。

（5）三人一球，进行三角顶球练习。也可在规定时间内进行顶球比赛，连续顶球次数多者为胜者。

2. 练习提示

（1）初学者首先要克服紧张心理，绝不可闭眼、缩颈做顶球动作，要主动迎击球。

（2）跳起顶球时，首先要准确判断球的落点和起跳时间，起跳过早或过晚则会导致顶球无力或顶不到球。

（3）无论用哪种顶球方法，都必须使所有参加运动的关节和肌肉协调一致地用力。

（七）掷界外球

掷界外球时没有“越位”的约束，所以掷球一方可以充分利用这一规则发动有效进攻。

掷界外球技术如运用得当，比角球的威胁还大。掷界外球分为原地掷界外球和助跑掷界外球。

1. 掷界外球技术

原地掷界外球时，掷球队员必须面向球场，脚可以踩在边线上，但是不得越过边线。掷球时，两脚用力蹬地，收腹、摆体、挥臂、甩腕，双手用力将球从头后经头顶掷入场内。

助跑掷界外球在助跑时两手持球于胸前，在最后一步迈出的同时，将球举至头后，同时身体后仰成背弓，两脚前后开立，其他掷球动作与原地掷相同。

练习方法：

（1）根据规则和动作要点，进行徒手模仿练习。

（2）两人一球互掷，距离由近至远，要求在练习中球不落地或结合其他技战术进行练习。如要增加臂力，可以用实心球代替。

（3）界外球掷准、掷远比赛。

2. 练习提示

掷界外球技术并不复杂，但却是规则性较强的技术动作，一定要按规则的要求进行。下列情况为掷界外球违例：

（1）掷球时，脚离地、进场或远离规定掷球点掷球。

（2）掷球时，未用双手将球从头后经头顶掷入场内。

（3）掷球时，没有面向出球方向，两手用力不均匀，掷球动作不连贯。

（八）守门员技术

守门员是全队的最后一道防线，其主要任务是不让球进入本方球门，同时还要起到协调指挥全队防守和进攻的作用。守门员技术包括位置选择、准备姿势、移动、选位、接球、扑接球、击球、托球、掷球和踢球等。

1. 位置选择

守门员为了守住球门，首先要选择正确合理的位置。位置的选择应根据对方的射门地点和射门角度而定。在一般情况下，守门员应站在两球门柱与射门时球所处位置所形成的分角线上。

2. 准备姿势

两脚左右开立，约与肩同宽，两膝自然弯曲并稍内扣，脚跟稍提起，身体重心落在前脚掌上，上体稍前倾，两臂于体前自然屈肘，手指自然张开，掌心向下，目视来球。

3. 接球

（1）接地滚球。接地滚球有直腿式接球和单腿跪撑式接球两种。

① 直腿式接球：两腿自然并立，脚尖正对来球，上体前屈，两臂并肘前迎，两手小指靠近，手掌对球。在手触球的刹那，随球后引并屈肘、屈腕，两臂靠近将球抱于胸前（图 4-1-18）。

② 单腿跪撑式接球：身体正对来球，两腿左右开立，一腿弯曲支撑身体重心，另一腿内转跪撑，膝关节接近地面并靠近前脚脚踵，上体前屈，手臂下垂，两手小指相对，手掌对准来球，稍向前迎，在手触球的刹那，随球后引并屈肘、屈腕，两臂靠近将球抱于胸前，然后起立（图 4-1-19）。

（2）接高球。当确定接球点后，迅速移动并跳起，两臂上伸迎球，两手拇指成“八”

字，手指微屈，手掌对球。在手触球时，手腕和手指适当用力将球接住，顺势屈肘、回缩下引，并转腕将球抱于胸前（图 4-1-20）。

视频：直腿式接地滚球示范动作

图 4-1-18　直腿式接地滚球

视频：单腿跪撑式接球示范动作

图 4-1-19　单腿跪撑式接球

视频：接高球示范动作

图 4-1-20　接高球

4. 扑球

倒地扑侧面的低球：如扑接左侧低球时，左腿屈膝向左跨出一步，右脚着地后，随着以小腿、大腿、臀部、上体和手臂的外侧依次着地。同时两臂向球伸出，左手掌心对来球，右手在左手前上方，两手腕稍向内屈。触球后把球收回胸前，然后站起。

练习方法：

（1）守门员按教练员的手势做左、右、前、后的移动练习。在进行移动练习时，要保持随时出击的准备姿势，身体重心不能有较大起伏。

（2）接同伴抛来或踢来的地滚球、平直球或高空球。

（3）守门员接自己对墙掷出或踢出的各种反弹回来的球。

三、足球基本战术

（一）比赛阵型

比赛阵型是指比赛场上队员基本位置排列，是本队攻守力量搭配和分工的形式。根据队员的职责和排列的层次分为后卫线、前卫线和前锋线。阵型的人数排列次序是从后卫数向前锋的，守门员的人数、职责固定，一般不予计算。目前，世界上普遍采用的阵型有“4–3–3”阵型（图 4–1–21）、“4–4–2”阵型（图 4–1–22）、“4–1–2–3”阵型和“3–5–2”阵型（图 4–1–23）等。除“4–4–2”阵型以防守为主、反击为辅外，其他阵型均以进攻为主，尤以“3–5–2”阵型更为突出。“3–5–2”阵型从后至前分为 3 条线，由后卫线 3 名队员、前卫线 5 名队员、前锋线 2 名队员组成。

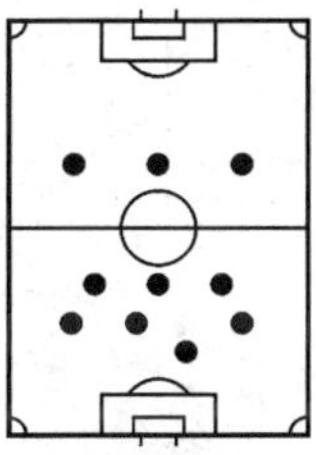
图 4–1–21 “4–3–3”阵型

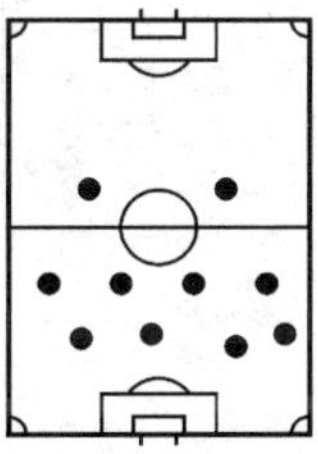
图 4–1–22 “4–4–2”阵型

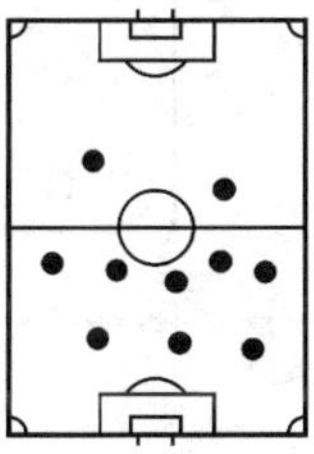
图 4–1–23 “3–5–2”阵型

比赛阵型在比赛中不是一成不变的，它只是队员在场上活动的大体安排，可根据临场情况不断变化，场上每个队员都应在明确基本位置和职责的前提下，进行创造性的活动。

（二）进攻战术

1. 个人进攻战术

（1）摆脱与跑位。摆脱就是甩掉对手对自己的防守，跑动到有利于进攻的位置上去，达到有利于控制球和将进攻推向对方球门的目的，争取射门得分。

（2）接应。接应是对运控球同伴的支持与帮助。接应必须遵循以下原则：一是要拉开；二是接应要及时，到位要快，保持能够接到球的角度，并起到转移进攻点的作用；三是几个队员同时接应时，应保持纵深和角度。

（3）传球。传球是集体配合的基础，是完成战术配合，创造射门的主要手段。

① 传球目标。传球目标分为向脚下传和向空位传两种。

② 传球时机。一种是跑位引导传球，即先跑位后传球；另一种是传球引导跑位，即先传球后跑位。

③ 传球力量。应有利于接球者处理来球，并且要准确。

（4）运球突破。运球突破是进攻战术中极为重要的个人战术，当控球队员在无人接应或不利于传球时，控球队员冲破对方的紧逼盯人，从而为形成局部以多打少、获取传球空当和为射门创造机会。

2. 局部进攻战术

比赛中经常采用的二人配合进攻方法有传切配合二过一、踢墙式配合二过一和回传反切二过一。二过一是足球比赛中最常用、最有效、最简捷的进攻配合方法。无论在球场任何一个区域、任何两名同队队员都可以采用这种方法。

（1）传切配合二过一。传切配合二过一是两名进攻队员通过一传一切配合越过一名防守队员的配合方法。传切配合二过一主要有斜传直插二过一（图 4-1-24）和直传斜插二过一（图 4-1-25），斜传直插二过一和直传斜插二过一都是只通过一次传球和穿插就越过一名防守队员，配合十分简捷和实用。在进行配合时，两名进攻队员要保持适当的距离。控球队员可采用运球或其他动作，诱使防守者上前阻截，插入的队员必须突然、快速起动，但应避免越位。

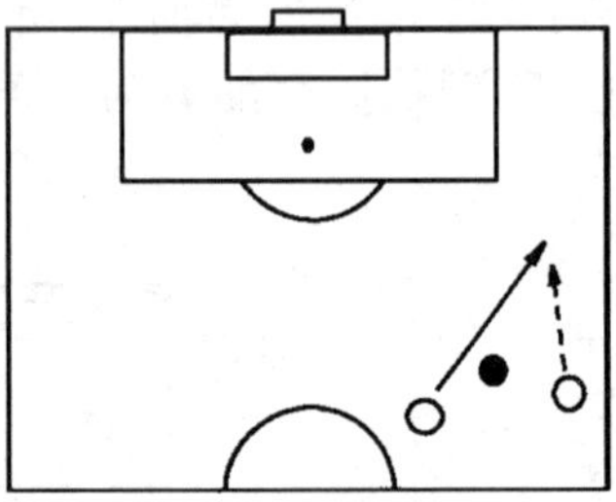

图 4-1-24　斜传直插二过一

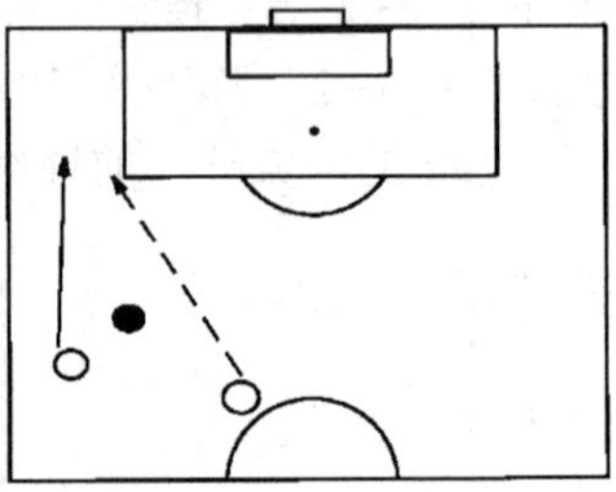

图 4-1-25　直传斜插二过一

（2）踢墙式二过一。踢墙式二过一是两名进攻队员通过两次传球越过一名防守队员的配合方法（图 4-1-26）。在进行踢墙式二过一配合时，持球队员最好传地滚球，因为地滚球力量适度，方向准确；接应队员要求当控球同伴带球逼近防守队员时，要突然摆脱防守者与持球同伴形成三角形位置接应，并一次触球将球传到队友脚下。

（3）回传反切二过一。回传反切二过一是当接应队员与控球队员有一定纵深距离，并且防守者身后有较大空隙时采用的二过一配合。它是通过三次传球组成的配合方法（图 4-1-27）。

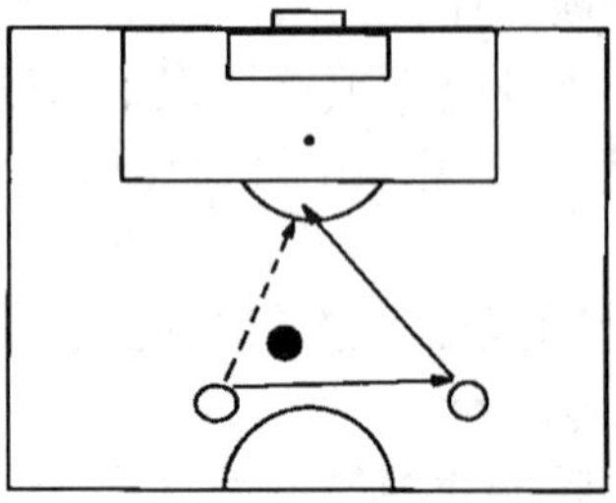

图 4-1-26　踢墙式二过一

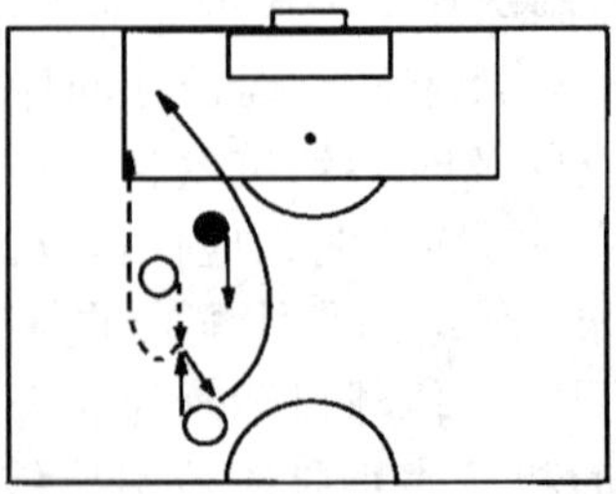

图 4-1-27　回传反切二过一

3. 边路进攻

边路进攻是指在对方半场两侧地区发起的进攻。边路进攻包括边锋或其他到边锋位置上的队员运球突破下底或里切、边锋与边锋运用二过一突破、由边后卫边线插上配合、斜线传中等进攻方法。

4. 中路进攻

中路进攻是指从比赛场地中间地带发起的进攻。它包括回传反切、前卫插上、短传配合等方式。

（三）防守战术

1. 个人防守战术

（1）选位。防守队员选择的位置，原则上是站在对手与本方球门中心所构成的一条直线上，与对手的距离要根据场区以及球所处的位置来决定。

（2）盯人。盯人是指防守者所处的位置能够限制、看守对方活动，达到及时地封堵对手接球或传球路线的目的。盯人有紧逼盯人和松动盯人两种。紧逼盯人指贴近对手不给其从容活动的机会；松动盯人指与对手保持一定距离，以便随时上前抢截对手的球或对手得球后能立即逼近对手。在一般情况下，离球远的一侧可采用松动盯人，离球近或有可能接球的队员以及对球门有威胁的队员要采取紧逼盯人。

2. 局部的防守配合

（1）保护与补位。保护是指位于抢球队员（第一防守者）身后的保护队员（也称第二防守者）直接提供增援的防守方法。补位是指防守队员弥补同伴在防守中出现漏洞或进攻留下空当时所采取的互相协助的战术配合。保护与补位是局部地区集体防守的基础。保护是补位的前提，没有保护也不可能有效地补位。补位有两种，一种是队员去补空缺，另一种是临近队员相互补位。

（2）围抢。围抢是指在特定场区，2～3 名防守队员快速多方位夹击对方控球队员，夺取球权或破坏球的战术配合。围抢是一种主动防守战术行为。

3. 全局战术

全局防守战术包括盯人防守、区域防守、混合防守。严密封堵球门前 30 米范围是全队集体防守的关键。

（四）定位球战术

定位球战术是指比赛成死球时所采用的攻守战术，包括球门球、中圈开球、掷界外球、角球、任意球和点球等。

1. 角球战术

（1）角球进攻战术。随着技战术的发展，角球也是破门得分的重要手段之一。其主要进攻配合方式有以下两种：

① 短传角球：这种角球的优点是快，缩短传中距离，提高传球的准确性和增大传球角度，丰富战术打法，增加防守难度，对球门威胁大。队员身材不高、争夺空中球能力较弱的队用此方法者较多。

② 长传角球：用内弧线球直接射球门的前、后上角，运用者较少。多数长传角球是将球传至门前区域，由同伴头顶球或配合射门。

在踢角球时，一般由擅长右脚者罚左侧的角球，擅长左脚者罚右侧的角球，这有利于踢出球速快、旋转强、落点好的内弧线球，从而为本队队员的争顶创造机会。

（2）角球防守战术。对方踢角球时，前锋、前卫队员要快速回防，迅速组织防守。所有队员的注意力应高度集中，分工明确，各司其职，人球兼顾，切忌盯人不看球或看球不盯人。一般以头顶球好的队员守在门前危险区域，重点防守头顶球好的对方队员。守门员选位在球门中部，斜向站立，这样，既能看到罚球者，又能看到罚球区内的攻方队员，保护球门及控制球门区。两边后卫分别防近、远门柱区域的射门和高球，守门员出击时他俩应退至球门线补门。当球解围时，全体防守队员应快速同步向罚球区线上压上，以造成对方越位。

2. 任意球战术

（1）任意球进攻战术。前场任意球，特别是在对方禁区附近的任意球进攻是一次极好的破门得分机会，各队都十分重视该区域的任意球战术配合。

直接射门：罚直接任意球时，如果距球门比较近，守方未布好防线、“人墙”有漏洞或守门员站位不佳时可采用直接射门。如果守方已布好防线，可由善于踢弧线球的队员直接射门，同时其他进攻队员要采用穿插跑位等行动干扰守方主防队员和守门员。

传球配合射门：传球配合射门方法很多，一般多采用长传门前由同伴头顶射门或先短传后中长传配合射门。

（2）任意球防守战术。无论是直接任意球还是间接任意球，守方的所有队员都应迅速退守，积极干扰对手罚球，争取时间迅速组织人墙，根据不同罚球区域来排“人墙”，射门角度大则“人墙”人数多，反之则少。排人墙时，最高的队员在外侧，依次向内；最出色的防守队员不参加排墙，而是和其他队员一道去控制和封锁要害空间，防止进攻队员的穿插。在球罚出时，人墙应迅速向球移动，有效地封堵和缩小射门角度，人墙不能过早散开。

四、足球竞赛规则简介

（一）比赛场地

1. 球场

球场边线长度不得多于 120 米或少于 90 米，球门线的长度不得多于 90 米或少于 45 米。在任何情况下，球场边线的长度必须大于球门线的长度，场地各线宽度不超过 12 厘米。

2. 罚球区

在比赛场地两端距球门柱内侧 16.50 米处的球门线上，向场内各画一条长 16.50 米与球门线垂直的线，一端与球门线相接，另一端画一条连接线与球门线平行，这三条线与球门线范围内的区域称为罚球区。在本方罚球区内，守门员可以用手触球。

3. 球门

球门由两根内沿相距 7.32 米与两边角旗点相等距离的直立门柱及一根下沿离地面 2.44 米的水平横木连接组成。门柱及横梁的宽度、厚度与球门线均应对称相等，不得超过 12 厘米。

4. 角球区

以边线和球门线外沿交点为圆心，1 米为半径，向场内各画一段 1/4 的弧，这个弧内地区称为角球区。

5. 罚球点

在两球门线中点垂直向场内量 11 米处各做一个清晰的标记，叫罚球点。

（二）队员人数与装备

一场比赛每队上场队员不得多于 11 名或少于 7 名，其中必须有一名守门员。同队队员的服装（包括上衣、短裤和护袜）颜色必须一致，并与对方队有明显区别。守门员的服装颜色必须与双方其他队员和裁判员有明显区别。并且队员不能佩戴任何可能伤害到自己或别人的佩饰。

（三）比赛时间

正式比赛每场为 90 分钟，分上下两个半场，每半场为 45 分钟。除经裁判员同意外，两个半场之间的休息不得超过 15 分钟。如比赛需决出胜负，90 分钟内战平，双方需打加时赛。加时赛共计 30 分钟，分为上下两个半场，每半场为 15 分钟，中间不休息。如加时赛后仍未分出胜负，则进行点球决胜。

（四）计胜方法

凡球的整体从门柱间及横梁下越过球门线外沿的垂直面，而此前未违反竞赛规则，均为攻方胜一球。

（五）越位

1. 构成越位的条件

（1）进攻队员处在对方半场。

（2）进攻队员处在球的前面。

（3）进攻队员与对方球门线之间，对方队员不足两人。

（4）接同伴的球或干扰比赛，获得利益。

上述 4 条缺一不可，若缺少任何一条，队员均不处于越位位置。

2. 判断越位的时间

判断队员是否处于越位的时间是同队队员踢或触及球的一瞬间，而不是该队员接球时。

3. 越位的判罚

当同队队员踢或触及球的一瞬间，队员处在越位位置，并且裁判员认为该队员有干扰比赛或干扰对方队员的行为才判罚越位犯规。

4. 不应判罚越位的情况

裁判员认为，队员只是仅仅处在越位位置。如果队员处在越位位置直接接得球门球、角球、界外球和裁判坠球时，也不判该队员越位。

（六）犯规与不正当行为

1. 直接任意球

队员违反下列 10 条中任何一条者应判罚直接任意球：

（1）踢或企图踢对方队员。

（2）绊摔或企图绊摔对方队员。

（3）跳向对方队员。

（4）冲撞对方队员。

（5）打或企图打对方队员。

（6）推对方队员。

（7）在抢截对方队员控制的球时，于触球前触及对方队员。

（8）拉扯对方队员。

（9）向对方队员吐唾沫。

（10）故意手球。

2. 间接任意球

队员违反下列 7 条中任何一条者应判罚间接任意球：

（1）危险动作。

（2）阻挡对方队员。

（3）阻挡对方守门员发球。

（4）守门员用手控球在发出球之前持球超过 6 秒、2 次持球、接回传球、接队员直接掷入的球。

（5）擅自进、退场。

（6）连踢犯规（角球、开球、点球、球门球、任意球、掷界外球时连踢）。

（7）越位犯规。

3. 警告与罚令出场

凡队员犯有下列 7 条中任何一条者将被出示黄牌警告：

（1）犯非体育道德行为。

（2）以语言或行动表示异议。

（3）持续违反规则。

（4）延误比赛重新开始。

（5）当以角球或任意球重新开始比赛时，不退出规定的距离。

（6）未得到裁判员许可进入或重新进入比赛场地。

（7）未得到裁判员许可故意离开比赛场地。

队员违反下列 7 条中任何一条者将被出示红牌罚令出场：

（1）严重犯规。

（2）暴力行为。

（3）向对方或其他任何人吐唾沫。

（4）用故意手球破坏对方的进球或明显的进球得分机会。

（5）用犯规破坏对方明显的进球得分机会。

（6）使用无礼、侮辱或辱骂性的语言及动作。

（7）在同一场比赛中受到第二次黄牌警告。

（七）任意球

任意球分为直接任意球和间接任意球两种。

（1）直接任意球可以直接踢入对方球门得分。

（2）间接任意球不可直接踢入对方球门得分，除非踢入的球触及了场上的其他队员。

（3）踢任意球时，所有对方队员距球至少 9.15 米直到比赛恢复，如果球距球门线不足 9.15 米时，允许对方队员站在球门线上。

（八）罚球点球

在比赛进行中，如果防守队员在本方罚球区内出现可判直接任意球的犯规，应被判罚球点球。

（九）掷界外球

（1）比赛中，当球的整体在地面或空中越过边线时即为球出界，应由出界前最后触球的对方队员在离球出界处的边线外一米范围内，用合法的动作将球掷入场内。

（2）如队员不在球出界处掷界外球或掷球违例，裁判员应判由对方在原球出界处掷界外球。

（十）球门球

（1）球由地面或空中踢或触出对方球门线时，由对方在球门区内任何地点踢球门球恢复比赛。踢球门球可以直接得分。

（2）踢球门球时，当球直接踢出罚球区进入场内时，比赛恢复。

（3）踢球门球后，如球未被直接踢出罚球区或任何队员在罚球区内触及球，即未进入比赛，应令重踢。

（十一）角球

（1）当队员踢或触球的整体在空中或地面从球门外超出本方球门线时，由对方队员将球的整体放定在离球出界处较近的角球弧内踢角球。

（2）踢角球时，在比赛恢复前，对方队员至少距球 9.15 米。

（3）队员踢出的角球，如果球击中门柱或处于场内的裁判员而弹回时，该队员补射，应判连踢犯规，进球无效。

（十二）裁判员手势（图 4-1-28）

图 4-1-28　裁判员手势

第二节　篮球运动

一、篮球运动概述

（一）篮球的起源与发展

现代篮球运动是由美国马萨诸塞州斯普林菲尔德市体育教师詹姆士·奈史密斯于 1891 年发明的。他从工人和儿童用球向桃子筐内做投准的游戏中受到启发，故将这项运动称为“篮球”。在最初的篮球比赛中，场地大小、上场人数的多少及比赛的时间均无严格的限制，比赛规则也比较简单。1892 年，奈史密斯博士制定了最原始的 13 条篮球竞赛规则。1893 年，在比赛器材上，形成了近似现代篮板、篮筐和篮网。此后，篮球以其独特的吸引力迅速向欧、亚、非、大洋四大洲传播，其技战术水平不断提高，竞赛规则不断完善。在 1936 年第 11 届奥运会上，男子篮球被列为正式比赛项目。1950 年和 1953 年，分别在阿根廷和智利举行了首届世界男子、女子篮球锦标赛。在 1976 年第 21 届奥运会篮球比赛上，女子篮球被列为奥运会正式比赛项目。

随着篮球队员身高的不断增长和高空技术的不断发展，世界篮球比赛呈现出高技巧、高速度、高强度、多变化、高比分、高空优势突出、高空技术出众等特点。美国、俄罗斯（苏联）、塞尔维亚和克罗地亚（南斯拉夫）长期称雄于世界篮坛。尤其是美国队，在 1992 年巴塞罗那奥运会上，以乔丹、约翰逊、马龙、皮蓬等一代世界超级明星组成的美国“梦之队”以平均胜出对手 44 分的绝对优势获得了冠军，全世界的篮球观众都被美国职业篮球明星无与伦比的技艺所震撼。1993 年，现场直播美国篮球职业联赛赛事的国家和地区就超过了 160 个。进入 21 世纪以来，美国篮球职业联赛继续引领世界篮球发展潮流，与此同时，欧洲篮球全面崛起，南美劲旅咄咄逼人，各种打法、技战术特点不断交织融合以及规则的不断修改极大地推动了世界篮球运动向更高的水平迈进。

（二）我国篮球运动发展概况

篮球运动于 1895 年传入我国天津，最初在一些大城市的学校中开展，发展十分缓慢。1910 年，在南京举行的第一届全国运动会上，男子篮球被列为表演项目。1913 年，在由中国、日本、菲律宾三个国家组织的远东运动会上，篮球被列为正式比赛项目，这也是我国篮球队首次参加国际性篮球比赛。1921 年，我国在第 5 届远东运动会上获得男子篮球比赛冠军。在 1930 年第 4 届全国运动会上，女子篮球被列为正式比赛项目。

新中国成立后，篮球运动技术水平在普及的基础上得到了迅速提高。“积极、主动、快速、灵活、准确”是各专业队训练的指导思想。到了 20 世纪 60 年代中期，我国的篮球运动水平接近世界先进水平。进入 20 世纪 90 年代，随着中国篮球与世界交往的进一步加强，我国的篮球运动水平有了新的提高。国家男篮在 1994 年第 12 届世锦赛和 1996 年第 26 届奥运会上获得第 8 名；国家女篮在 1992 年第 25 届奥运会和 1994 年第 12 届世锦赛上夺得亚军。1995 年，我国举行了首届中国职业篮球甲级联赛（CBA 联赛）。1998 年，以“发展高校篮球，培养篮球人才”为目标的首届 CUBA（中国大学生篮球联赛）也如期举行。在我国篮球运动的发展过程中，不断地涌现出优秀运动员。2001 年，王治郅成为登上美国篮球职业联赛赛场的第一位中国球员。巴特尔、易建联和孙悦等人也陆续进入美国篮球职业联赛。2002 年 6 月，在美国篮球职业联赛选秀大会上，22 岁的姚明成为第一位夺取美国篮球职业联赛状元秀的亚裔球员。这是中国篮球运动史上划时代的事件。随着我国篮球运动与世界篮球运动的进一步接轨，以及越来越多的青少年投身于篮球运动，我国篮球事业必将得到更加快速和健康的发展。

（三）篮球运动的特点和作用

篮球运动是一项身体对抗十分激烈的运动，场上双方各 5 名队员，按照一定的规则，利用各种技战术，在 28 米 ×15 米的场地上围绕着把球投进对方球篮和阻止对方把球投进本方球篮而展开一系列攻守对抗与激烈争夺。每名队员在场上不仅需要通过大量的奔跑、移动、跳跃、投掷等身体运动来完成各种攻防技术动作，还要按照教练员的指挥与部署，对场上瞬息万变的复杂情况做出及时合理的分析判断，与同伴进行有效的攻防战术配合，从而使全队的整体战斗力达到最佳化。因此，篮球运动具有集体性、对抗性、多变性、游戏性、趣味性和观赏性等特点，集健身性、益智性、娱乐性、教育性等作用于一体，是非常适合在高校开展的体育项目之一。

二、篮球基本技术及练习方法

篮球技术分为进攻技术和防守技术两大部分，常用的基本技术有移动，传、接球，运球，投篮，突破，防守和抢篮板球等。

（一）移动

1. 基本站立姿势

两脚前后或左右开立，重心落于两脚间，两膝微屈，上体稍前倾，脚跟稍提起，两臂微屈于体侧，两眼注视场上情况。

2. 起动、跑

起动时，迅速以上体前倾或侧转，向跑动方向移动重心，同时用后脚或异侧脚的前脚掌短促有力地蹬地，并迅速向跑动方向迈出。起动要积极、短促而迅速，使之能在最短的距离内把速度充分发挥出来。

跑主要有侧身跑、变向跑、后退跑、变速跑等。

3. 急停

急停包括跨步急停和跳步急停两种方法。

（1）跨步急停。在快速跑动急停时，先向前跨出一大步，从脚跟先着地过渡到前脚掌着地，屈膝，上体稍后仰，身体重心下降，减缓向前的冲力。第二步落地的同时，脚尖稍内扣，用前脚掌内侧蹬地，两膝深屈，腰胯用力，身体稍侧转，两臂屈肘微张，帮助控制身体平衡（图 4-2-1）。

视频：跨步急停示范动作

图 4-2-1　跨步急停

（2）跳步急停。急停时，用单脚或双脚起跳（一般离地不高），上体稍后仰，两脚同时平行落地，略比肩宽。两膝深屈，身体重心下降，两臂屈肘微张，以利于保持身体平衡（图 4-2-2）。

4. 转身

转身前，两膝微屈，上体稍前倾，身体重心投影在两脚之间。转身时，以中枢脚的前脚掌为轴，移动脚的前掌内侧用力蹬地跨出，上体随着移动脚转动以改变身体的方向。

视频：跳步急停示范动作

图 4-2-2　跳步急停

移动脚向中枢脚脚尖方向跨过称“前转身”，向中枢脚脚跟方向跨过称“后转身”。

5. 跳

跳有单脚起跳和双脚起跳两种。

6. 滑步

滑步是队员防守时运用的主要移动技术之一，可分为侧滑步、前滑步和后滑步三种。

侧滑步：在基本站立姿势的基础上，两臂左右张开，并不停地上下挥动。在向左侧滑步时，右脚前脚掌内侧蹬地，左脚向左跨出，在落地的同时，右脚紧随滑动靠近左脚，左脚又继续跨出连续进行。向右侧滑步时方向相反（图 4-2-3）。

视频：侧滑步示范动作

图 4-2-3　侧滑步

前滑步、后滑步：动作要领与侧滑步相同，只是向前方、后方移动。

7. 攻击步

攻击步常用来抢球、打球或造成对手传接球投篮的困难。利用后脚蹬地，前脚迅速向前跨出，逼近对手身前，前脚落地，后脚的前脚掌碾地跟进，后腿屈膝，前脚同侧手臂伸出打球或干扰。

8. 后撤步

撤步时，前脚用脚掌内侧蹬地，同时向撤步方向扭转腰髋，前脚后撤，同侧臂后摆，后脚前脚掌用力蹬地，前脚撤回后紧接着滑步，身体重心要稳定，后撤角度不宜过大。

练习方法：

（1）由基本站立姿势开始，按信号做迅速起动练习。

（2）原地徒手或持球做转身跨步练习。

（3）利用标志杆做徒手起动、急停、转身、变向跑练习。

（4）原地背向站立，听信号后做转身起动、急停、转身综合练习，或按要求做变速变向跑练习。

（5）利用篮球场上的罚球圈、中圈和三分线，做变向跑、变速跑、侧身跑练习。

（6）原地双脚起跳，向前、左、右跨一步或向后撤一步做双脚起跳练习。

（7）跑动中做单脚起跳摸篮板、篮圈练习。

（8）全场一对一做徒手攻防脚步动作练习。

（二）传、接球

1. 双手胸前传球

双手持球，两拇指位于球后侧成“八”字形，其余四指分开置于球侧，掌心不要触球。传球时，迅速向传球方向伸臂，重心前移、翻腕、拨指（图 4-2-4）。

视频：双手胸前传球示范动作

图 4-2-4 双手胸前传球

2. 单手肩上传球

以右手传球为例。左脚向传球方向迈出半步，同时右转体将球引至右肩侧上方。出球时，右脚蹬地的同时转体带动上臂，肘在前，前臂迅速前甩，手指用力下压将球传出（图 4-2-5）。

视频：单手肩上传球示范动作

图 4-2-5 单手肩上传球

3. 双手反弹传球

这种传球方法与双手胸前传球基本相似，不同点在于用力方向是向前下方击地反弹，击地点在距接球者 1/3 的地方。接球时，迎球跨步，上体前倾，两臂向前下方伸出迎球，五指自然张开，手触球后，两手握球顺势将球移至胸腹间。

4. 单手体侧传球

以右手传球为例。在向左侧跨出半步的同时，右手将球移至右侧，向前做弧线摆动。当球摆过身体右前方时，迅速收前臂，借手腕的力量将球传出。

5. 接球

手指自然分开，手心空出，双臂向前伸出。在手触球时，双臂顺势随球后引缓冲来球的力量（图 4-2-6）。

视频：接球示范动作

图 4-2-6 接球

练习方法：

（1）徒手做双手传、接球模仿性练习。

（2）两人一球原地体会持球和传球的手腕动作，两人相互纠错，轮流练习。

（3）两人直线跑动传接球。

（4）半场四角跑动传接球。

（5）两三人行进间做全场传接球练习。

（6）两人一组一球，做单手肩上传接球快攻练习。

（三）运球

运球是控制支配球、组成战术配合及突破防守的重要手段，主要包括高运球、低运球、体前变向换手运球、背后运球、胯下运球、运球后转身等技术。

1. 高运球

抬头，目视前方，上体稍前倾，以肘关节为轴，拍按球的后上方，球的落点在身体前侧方，球的反弹高度在腰腹之间。主要用于行进间运球（图 4-2-7）。

视频：高运球示范动作

视频：低运球示范动作

图 4-2-7 高运球

图 4-2-8 低运球

2. 低运球

抬头，目视前方，两膝深屈，用身体和腰保护球，同时用手短促拍按球，球的反弹高度在膝部。主要用于遇到防守急停时的运球（图 4-2-8）。

3. 体前变向换手运球

以右手运球为例。运球者从右手低运球开始，向防守队员左侧后方快速推进，同时左臂自然抬起侧身保护球。当防守队员重心左移时，运球变向，右手拍按球的右侧上方，同时迈右腿，左转侧肩保护球，换至左手运球（图 4-2-9）。

图 4-2-9　体前变向换手运球

视频：体前变向换手运球示范动作

4. 背后运球

以右手运球，向对手左侧运球为例：当防守队员身体重心左移，右腿在前突然用右手拍球的外侧，左脚上步的同时使球从身后反弹至左前方，左腿迅速向左前方跨步，以臂、腿保护球，换至左手运球。

5. 胯下运球

以右手运球为例。当防守队员迎面堵截球时，右手运球，用右手拍按球的右侧上方，将球从右拍至胯下，反弹至左侧，用左手继续运球。

6. 运球后转身

以左后转身为例。当防守队员堵截运球线路时，运球队员持球控制在身体右侧，左脚向前跨出一步作为中枢脚置于对手两脚之间，然后右脚用力蹬地后撤，顺势做后转身动作的同时，右手拍按球的右侧前方，将球拉引向身体的侧后方落地，转身后换手用左手继续运球。

练习方法：

（1）原地运球练习。每人一球，听信号做高低运球、横向运球、拉球、推球、体侧前拉后推球、体前左右换手运球等练习。

（2）看信号行进间做高、低、变速、急起急停运球练习。

（3）沿球场内中圈和罚球圈做曲线运球和变向运球练习。

（4）绕障碍做变向换手和运球后转身练习。

（5）全场进行传、运、投技术综合练习。

（四）投篮

投篮是篮球运动中最主要的进攻技术，主要包括原地双手胸前投篮、原地单手肩上投篮、行进间单手肩上投篮、跳起单手肩上投篮等技术。

1. 原地双手胸前投篮

两脚前后或左右开立，两膝微屈，双手持球于胸前，肘关节自然下垂。投篮时，瞄准篮筐，下肢蹬地发力，腰腹伸展，两臂向前上方伸出，前臂内旋，拇指下压，手腕前屈，食指、中指用力拨球，通过指端将球投出。

2. 原地单手肩上投篮

以右手投篮为例。右手投篮时，右脚在前，脚尖正对球篮，屈膝，身体重心在两腿之间，上体保持正直，右手指自然分开托球于肩上，手腕后翻，掌心空出，左手扶球的侧下部。投篮时，两脚蹬地发力，伸展腰腹向前上方，抬肘伸臂，手腕前屈，食指最后用力，并使球向后旋转把球投向篮筐（图 4-2-10）。

视频：原地单手肩上投篮示范动作

图 4-2-10 原地单手肩上投篮

3. 行进间单手肩上投篮

以右手投篮为例。当球在空中运行时，右脚向来球方向或投篮方向跨出一大步，同时接球，左脚向前跨出一小步，脚跟先着地，上体稍后仰，然后迅速过渡到前脚掌着地，并用力蹬地起跳，右腿屈膝上抬，左脚蹬离地面。同时双手向前上方举球，腾空后，右臂向前上方伸展。投篮出手后，两脚同时落地，两腿弯曲，以缓冲落地的力量（图 4-2-11）。

图 4-2-11 行进间单手肩上投篮

视频：行进间单手肩上投篮示范动作

4. 跳起单手肩上投篮

以右手投篮为例。屈膝，重心在两脚之间，两脚用力蹬地垂直起跳，同时将球举至右肩上，左手扶球左侧下方，当身体接近最高点时，右臂向前上方伸直，手腕前屈，手指拨球将球投出。在空中要保持身体平衡，球出手后自然落地（图 4-2-12）。

图 4-2-12 跳起单手肩上投篮

视频：跳起单手肩上投篮示范动作

练习方法：

（1）徒手做各种投篮的模仿练习。

（2）两人一组一球，相距 4~5 米相对站立，做原地单手、双手投篮模仿练习。

（3）各种角度、距离的投篮练习。

（4）在移动中接球后做各种投篮练习。

（5）5 点连续投篮练习。

（6）运球行进间投篮练习。

（五）持球突破

持球突破是持球队员运用脚步动作和运球技术快速超越对手的一种攻击性很强的技术。持球突破基本技术由蹬跨、转体探肩、推放球和加速几个环节组成。

1. 交叉步突破

以右脚作中枢脚为例。两脚左右开立，两膝微屈，身体重心降低，持球于胸腹之间。突破前，先做瞄篮动作或向左虚晃动作，以吸引防守队员，造成防守队员的重心不稳定。突破时，左脚内侧迅速蹬地并向右前方迈出一大步，上体右转，左肩前探下压，右手放球于迈脚的侧方，同时右脚蹬地向前跨出，右手运球超越对手（图 4-2-13）。

视频：交叉步突破示范动作

图 4-2-13 交叉步突破

2. 同侧步突破

以左脚作中枢脚为例。动作方法与交叉步突破基本相同。不同之处在于，右脚向右前方跨步，左脚蹬地向前方跨出。

练习方法：

（1）原地持球做瞄篮动作后，做交叉步、同侧步突破的蹬地、侧肩、放球加速动作。

（2）自抛自接急停后做交叉步、同侧步突破练习，主要明确中枢脚和放球的时机。

（3）接球急停突破投篮练习。

（六）防守

防守的基本技术包括防守无球队员和防守持球队员。

1. 基本防守姿势

两脚平行或前后开立，略宽于肩。两膝弯曲，身体重心投影置于两脚之间。上体稍前倾，两眼平视，两臂左右或前后张开以扩大防守面积，随时准备移动抢位。

2. 防守无球队员

防守离球近的对手时，防守者应采用面向对手、侧向球的斜前站立姿势。靠近对手的异侧脚在前，堵截对手摆脱移动的接球路线，伸前脚一侧手臂封锁接球路线。防距离远的对手时，可采用两脚平行站立、侧向对手面向球的姿势，以便协防或断球反击。

3. 防守持球队员

首先应占据球篮与进攻队员之间的有利位置，并根据对手特点和意图调整位置。平步防守面积大，便于横向滑动，两臂侧举对防运球和突破有利；斜步防守，一臂前上举，可以干扰对方投篮，另一臂斜下伸阻挠运球突破。

4. 抢球

抢球时，手部动作有拉抢和转抢两种。抢球时，用双手抓住球向后突然猛拉，或采用前臂、手腕及上体扭动的力量将球夺走。

5. 打球

当对手接到球的瞬间，可突然上步打球，若对手持球较高，可采用由下而上的方法打球，用手指和指根击球的下部。若持球部位较低，可采用由上而下的方法打球，用手指和手指外侧击球的上部。此外，还有跳起投篮时的封盖球。

6. 断球

断球前，身体重心下降，做好起动的准备。当持球者传球给同伴离手的瞬间，突然起动，用快速短促助跑，单脚或双脚蹬地起跳，侧身跃出，充分伸展两臂和身体，用单手或双手将球截获。断球有横断球、纵断球和封断球三种。

练习方法：

（1）两人一组一球，原地做打球、抢球的手法练习。

（2）断球练习。三人一组，一人防守，另两人相距5~6米传球，防守者做断球练习。三人轮换练习。

（3）全场一对一防无球队员练习。两人相距一米，一攻一守。攻方做变速变向突破等，摆脱防守者。守方练习撤步堵截，然后交换练习。

（4）全场一对一防有球队员练习。一人运球突破，另一人练习防守，然后交换练习。

（5）三对三半场防守练习。进攻者在外围做原地传球练习，防守队员采用人盯人防守，随球转移及时调整防守位置，尽量做到以盯人为主，人球兼顾。

（七）抢篮板球

抢篮板球技术由抢位、起跳、空中抢球和抢到球后的动作组成。

1. 抢进攻篮板球

当同伴或自己投篮时，处在靠近球篮位置的进攻队员应及时判断球的反弹方向，快速起动摆脱防守，同时抢占有利位置起跳，跳至最高点补篮或抢篮板球。落地时屈膝，重心落于两脚之间，将球持于胸腹之间，肘外展（图 4-2-14）。

2. 抢防守篮板球

防守队员屈膝，上体前倾，重心在两脚之间。当进攻方投篮时，注意对手的动向，运用上步、撤步和转身占据有利位置，把进攻队员挡在身后，同时判断球的落点。起跳至最高点时，用双手抢球或将球点拨给同伴。如果在空中未传球，落地时保护好球并迅速完成第一传（图 4-2-15）。

视频：抢进攻篮板球示范动作

图 4-2-14 抢进攻篮板球

视频：抢防守篮板球示范动作

图 4-2-15 抢防守篮板球

练习方法：
（1）自抛自抢篮板球练习。
（2）抢占位置练习。
（3）全队连续助跑起跳托球碰板练习。
（4）抢篮板球结合一传练习。

三、篮球基本战术

（一）进攻战术基础配合

1. 传切配合

传切配合是指进攻队员之间用传球和切入技术组成的简单配合。如图 4-2-16 所示：⑤传球给④时，⑤乘对手不备，突然横切或从底线切入篮下接④的传球投篮。

2. 掩护配合

掩护配合是掩护队员采用合理的行动，以自己身体挡住防守同伴者的移动线路，使同伴借以摆脱防守的一种配合方法。根据掩护队员的掩护位置可分为前掩护、侧掩护、后掩护。如图 4-2-17 所示：⑤传球给④后跑到❹的侧面做掩护，④接球后做投篮或突破的动作，吸引❹的防守，当⑤掩护到位时，④持球从防守的左侧突破投篮，⑤掩护后及时移动到有利的位置去接球或抢篮板球。

图 4-2-16　传切配合

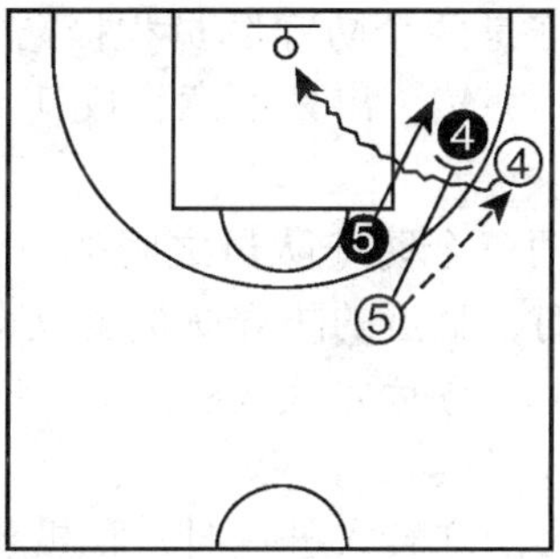

图 4-2-17　掩护配合

3. 策应配合

策应配合是指进攻队员背对或侧对篮筐接球，以他作枢纽，与同伴空切相配合而形成的一种里应外合的方法。如图 4-2-18 所示：④摆脱防守插到罚球线作策应，⑤将球传给④，并立即空切篮下，接④的策应传球投篮。

4. 突分配合

突分配合是有球队员突破后，主动地或应变地利用传球与同伴配合的方法。如图 4-2-19 所示：⑤从防守者的左侧突破，④协助防守，封堵❺向篮下突破的路线，此时④及时跑到有利的进攻位置，接⑤的球投篮，或做其他进攻配合。

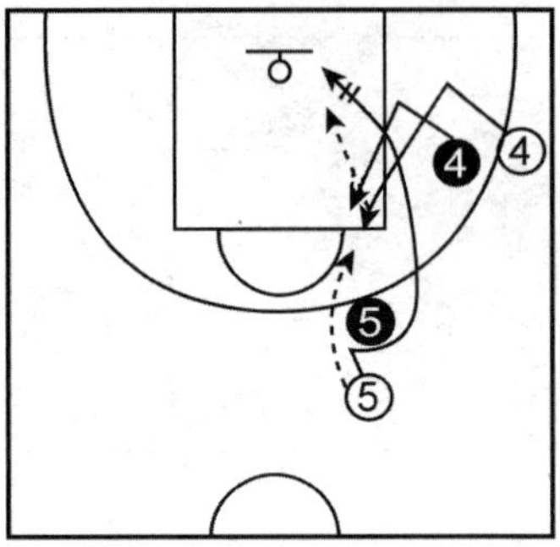

图 4-2-18 策应配合

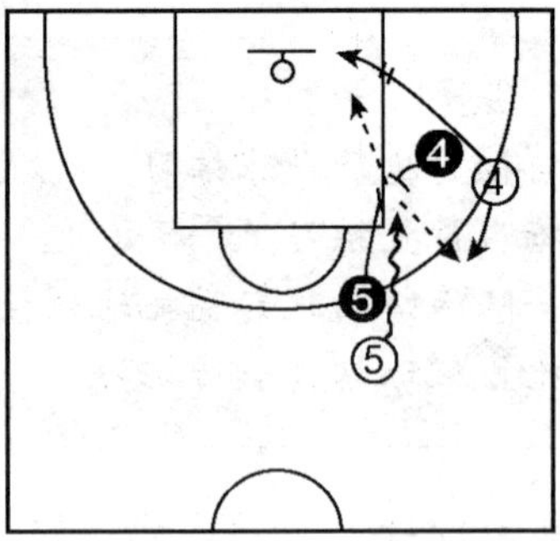

图 4-2-19 突分配合

（二）防守战术基础配合

1. 交换防守

交换防守是为了破坏进攻队员的掩护配合，防守队员之间彼此及时交换自己所防守的对手的配合方法。当对方队员进行掩护时，防守队员相互呼应，并紧跟自己的对手，当进攻队员摆脱切入时，及时换防。

2. 关门防守

关门防守是临近的两个防守队员协同防守突破的配合方法。当进攻队员运球向篮下突破时，防守突破的队员应挡住其通往篮下的路线，这时临近突破一侧的防守队员，应及时向防守突破的队员靠拢，像两扇门一样关起来，堵住突破者的路线。

3. 夹击防守

夹击防守是两个防守队员积极防守一个进攻队员的配合方法。它要求夹击时行动要积极、果断、突然，出其不意，攻其不备。

4. 补防

补防是两三个防守队员之间的一种协同防守的配合。当同伴被进攻者突破而有直接得分的可能时，临近的防守队员要立即放弃自己的对手去补防。

（三）快攻与防守快攻

1. 快攻

快攻是由防守转入进攻时，积极、主动、勇猛顽强地以最快的速度、最短的时间造成人数上以多打少的优势，在对方尚未部署好防守之前，果断而快速地发起攻击的一种速决战。抢到防守篮板球、断球、掷界外球和跳球等都是发动快攻的有利时机。

快攻战术是由发动、推进、结束三个阶段组成的。快攻的形式主要有长传快攻、短传快攻和结合运球突破的快攻等。

2. 防守快攻

防守快攻是防守战术的重要组成部分，它的目的在于制约进攻速度，为本队积极防守争取时间。防守快攻方法有：提高进攻成功率，积极拼抢篮板球，攻防变换时头脑冷静，速度快，减少对方发动快攻的机会，堵截快攻第一传，尽量控制对方的推进，卡住快下队员，切断对方长传快攻的路线，同时提高以少防多的能力。

（四）半场人盯人防守与进攻半场人盯人防守

1. 半场人盯人防守

半场人盯人防守是由攻转守时，全队迅速退回后场，每个队员在盯住自己对手的同时，采取集体防守的战术。其特点是分工明确、针对性强、机动灵活、能有效控制对方进攻重点，但它容易被进攻队员局部击破。

2. 进攻半场人盯人防守

进攻半场人盯人防守是由各种掩护、策应、传切和突破分球等基础配合组成的全队战术。要求合理组织进攻队形，充分利用基础配合组成全队战术，有目的地穿插换位，内外线结合，正面与侧面进攻相结合，扩大攻击面，注重速度，讲究节奏、快慢、动静结合，注意攻守平衡。

（五）区域联防与进攻区域联防

1. 区域联防

区域联防是一种半场防守的全队战术，由防守队员退回半场后，每人负责一定的区域，严密防守进入该区的球和队员，并与同伴协同防守而构成的一种集体防守战术。

区域联防的站位队形有 2-1-2 联防、2-3 联防、3-2 联防和 1-3-1 联防几种。2-1-2 联防是区域联防的基本形式，这种站位队形队员分布均匀，易于联系协作，同时也便于控制后场篮板球发动快攻。但这种防守的薄弱环节是队员的防区衔接处，即图 4-2-20 的阴影区。

2. 进攻区域联防

进攻区域联防，应根据联防的特点和规律，针对其薄弱环节，占据有利的进攻位置，并结合本队的具体情况，确定进攻重点，组织有针对性的进攻战术。

进攻队 1-3-1 站位（图 4-2-21）是攻 2-1-2 联防的基本阵式。这种阵型，队员分布面广、攻击点多、便于内外联系、左右配合，有利于组织抢篮板球和保持攻守平衡。

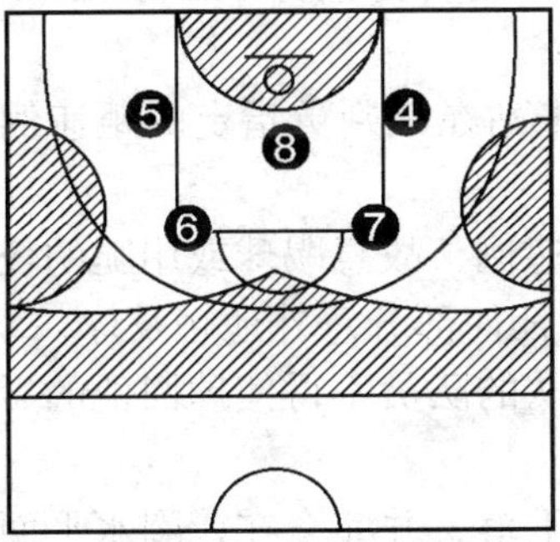

图 4-2-20　区域联防

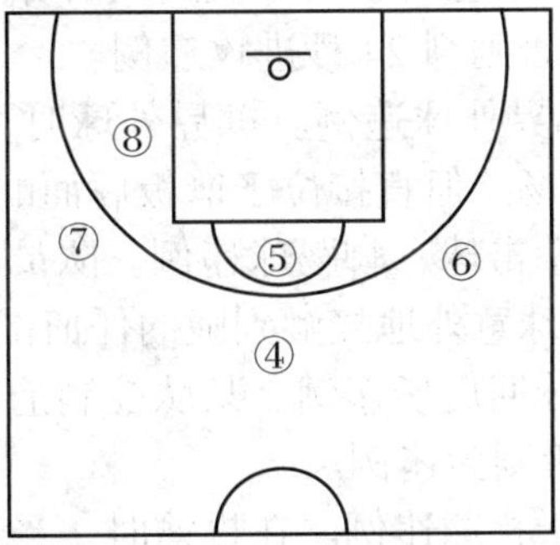

图 4-2-21　进攻区域联防

四、篮球竞赛规则简介

（一）场地与设备

1. 场地

标准篮球场是长 28 米、宽 15 米的长方形，球场各线的宽度为 5 厘米。球场的面积从端线和边线的内沿算起。球场内有三分投篮区、限制区和罚球区。

2. 设备

在篮球场纵轴延长线上，端线外至少 2 米的地方各安置一篮球架，架上安装篮板，篮板的投影垂直于地面，平行于端线，并距离端线 1.2 米。它的下沿离地面 2.75 米。篮板中安装牢固的篮圈，篮圈距离地面 3.05 米，平行于地面。

（二）违例、犯规及罚则

1. 违例及其罚则

违反规则的行为而未构成犯规统称违例。其罚则是违例队失去控制球权，由对方在最靠近发生违例的地点掷界外球。

（1）跳球违例。跳球时，两名跳球队员的脚要站在靠近本队球篮一边的半圆，一只脚靠近两人之间的线的中心，球达到最高点后必须被一名双方跳球队员合法地拍击。超出以上规定为跳球违例。

（2）队员出界和球出界。当队员身体的任何部分与界线或界线外的地面接触时，即为队员出界；当球触及界外队员或任何其他人员、界线上或界线外的地面或任何物体、篮板的支柱或背面时即为球出界。

（3）非法运球。队员第一次运球结束后，不得再次运球，否则为非法运球。

（4）带球走。不按规则规定的持球移动叫带球走。持球时，球未离手而中枢脚已离开地面再运球或中枢脚提起又落地后再传球、投篮等，均判违例。

（5）3 秒违例。某队控制球时，持球队员或其同伴在对方限制区内停留时间不得超过 3 秒。否则为违例。

（6）5 秒违例。有三种情况：罚球队员在裁判员递交球后 5 秒没有投篮出手；掷界外球的队员在裁判员递交球后或已将球放在他可处理球的地点后 5 秒，没有将球掷入场内；持球队员被严密防守，在 5 秒内没有传、投、滚或运球时。

（7）8 秒违例。进攻队在后场控制球后，未能在 8 秒内使球进入前场。

（8）24 秒违例。当一次进攻开始的时候，从后场一得到球，必须在 24 秒之内尝试投篮一次，否则判 24 秒进攻违例。

（9）掷界外球违例。掷界外球时，掷球队员未站在裁判员指定的距违例地点最近的界外掷球入场（但直接位于篮板后面的地方除外）。

（10）拳击球、脚踢球违例。队员用拳击球为违例，故意踢球或用腿的任何部分拦阻球为违例，球意外地接触到腿的任何部分，或腿的任何部分意外地触及球，不违例。

（11）球回后场违例。某队控制前场活球，该队的队员不得使球回他的后场（中线属于后场），否则为违例。

（12）干扰球违例。在投篮时，当球在飞行中下落，并完全在篮圈水平面上时，进攻或防守的队员都不能触球，但球触及篮圈后或明显不会触及篮圈时除外。

2. 犯规及其罚则

犯规是违反规则的行为，含有与对方队员的身体接触和违反体育道德的行为。对犯规队员应予以登记，并按照规则的有关条款予以处罚。

（1）侵人犯规。是一种违反规则而造成与对方发生不合理的身体接触，如队员通过伸展臂、肩、髋、膝或过分地弯曲身体成不正常姿势以阻挡、推拉、撞绊来阻碍对方行进或使用粗野动作以及用手触及对方等。

（2）技术犯规。有意的、不道德的或有投机取巧性质的行为，虽未发生身体接触，但应判技术犯规。技术犯规在比赛期间包括临场队员、替补队员、教练员、助理教练员和随从人员。

（3）双方犯规。双方队员同时相互发生侵人犯规为双方犯规。

（4）违反体育道德的犯规。裁判员认为队员不是在规则的精神和意图的范围内合法地直接地试图抢球，造成的侵人犯规是违反体育道德的犯规。

（5）取消比赛资格的犯规。队员和球队人员任何的恶劣的违反体育道德的行为，均将取消比赛资格，并令其离开球场。

（6）打架。在打架或可能导致打架的任何情况下，如果教练员和助理教练员离开球队席区域的界限，或不协助或不试图恢复比赛秩序应被取消比赛资格，并令其离开球场附近，包括球队席区域和球场附近，并不得以任何方式再和他的球队联系。

（三）一般规定

（1）队员5次犯规。一名队员已发生5次侵人犯规或技术犯规，他必须在30秒内被替换。

（2）全队犯规。在一节中某队已累计发生了4次队员犯规时，该队处于全队犯规处罚状态。所有随后发生的对未做投篮动作的队员的侵人犯规应判两次罚球，代替掷球入界。

（3）可纠正的失误。如果裁判员无意地忽略了以下情况中的某条规则，并仅仅是导致以下5种情况时，允许裁判员纠正这个失误。5种情况为：没有判给应得的罚球，判给不应得的罚球，允许不该罚球的队员执行罚球，在错误的球篮执行罚球，不正确地判给了得分或取消得分。

（四）比赛通则

（1）比赛时间。比赛时间分为4节，每节10分钟。在第1、2节（第一半时）和第3、4节（第二半时）之间以及每一决胜期的前面有2分钟的比赛休息时间。两个半场之间的休息时间为15分钟。

（2）比赛开始。比赛由中圈内跳球开始。

（3）暂停。每队第一半时有2次暂停，第二半时有3次暂停，决胜期有1次暂停。暂停机会可以不用，但不准挪到第二半时或决胜期内使用。每次暂停时间为1分钟。

（4）替换。替换队员必须亲自到记录台前报告被替换队员号码，然后坐在替换席上，经临场裁判员准许后，方可进入场地替换。只有在替换机会期间，球队才可以替换队员。

（5）比赛结束。当结束比赛时间的比赛计时钟信号响时，一节、决胜期比赛应结束。

（6）比分相等和决胜期。如果在第4节比赛时间终了时两队比分相等，为打破平局，需要一个或多个5分钟的决胜期来继续比赛，直到分出胜负为止。

第三节　排球运动

排球运动是参与者以身体的任何部位（以手、手臂为主）在空中击球，使球不落地，既可隔网进行集体的攻防对抗性的比赛，也可不设球网相互进行击球游戏的一种体育运动项目。

一、排球运动概述

（一）排球运动的起源

排球运动诞生于1895年，由美国马萨诸塞州霍利沃克城的基督教青年会干事威廉·摩根首创。身为热衷于推广体育运动的基督教青年会干事，摩根在辅导人们进行各种体育锻炼的实践中逐渐意识到，不同的对象应该采用不同的锻炼方法。当时逐渐流行起来的是由奈史密斯发明的篮球运动，但摩根认为它比较适合年轻人，对于年纪稍大的人来说过于剧烈。1895年，摩根渐渐萌生了一个大胆的想法：创造一种结合了篮球、棒球、网球以及手球的游戏，而这种游戏又必须避免像篮球那样的肢体接触。摩根对此加以总结和整理，并制定了简单的规则，于1895年首先在美国推广。由于这种运动形式比较简单，活动量不大，并带有娱乐性，适合于各种不同年龄和性别的人参加，对锻炼身体起到一定的作用，很受人们欢迎。

摩根和春田市体育干事弗兰克·德博士及消防署长林奇共同将这项游戏命名为“Mitontte”（意为“小网子”）。1896年，摩根制定了世界上第一个排球竞赛规则，并发表在当年7月出版的美国《体育》杂志上。同年，春田专科学校举行了首次排球表演赛，这也是世界上最早的排球赛。赛后，春田市立学院的霍尔斯特德教授根据球要在空中飞行、不能落地的特点，将其改名为“Volleyball”，意为“空中连续击球”。这一名称一直沿用至今。

（二）排球运动的传播

排球问世后，由美国的教会、传教士和驻外军官、士兵传播到了世界各地。由于排球在问世之初就没有严格的上场人数限制，加之传入的时间不同，世界各地排球运动的形式也不尽相同。

由于地理位置的原因，排球最先传入美洲：1900年首先传入加拿大，1905年传入古巴，1912年传入乌拉圭，1914年传入墨西哥。传入美洲的大多是6人制排球形式。

排球传入亚洲也比较早：1900年首先传入印度，1905年起先后传入中国、日本、菲律宾等国。因为所采用的规则不同，亚洲排球经历了16人制—12人制—9人制—6人制的演变过程。

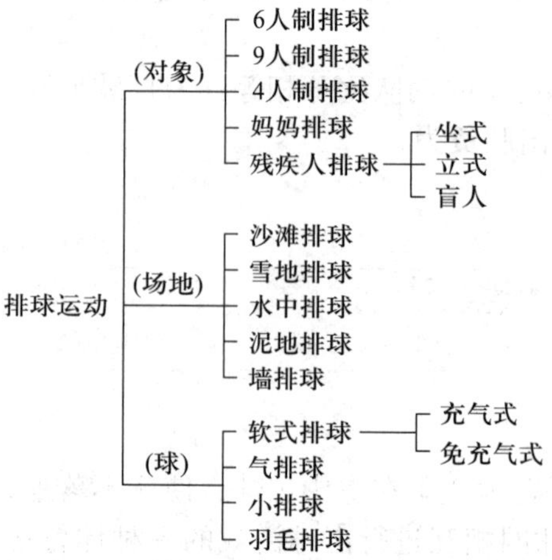

图4-3-1　排球运动的分类

欧洲的排球运动起步要稍晚一些，第一次世界大战期间才随美国士兵传入。1917年，排球最先出现在法国，接着传入意大利。1919年、1921年先后在捷克、波兰等东欧诸国开展。虽然起步晚，但传入的排球运动已采用运动员轮转、15分制和6人制，其竞技性已渐成熟，因此发展较快。

排球运动传入非洲的时间最晚：1923年传入埃及、突尼斯、摩洛哥等国。

由于排球运动易于接受，且深受各阶层人们的喜爱，所以在其发展的过程中又不断分化、繁衍，形成了多种多样的形式（图4-3-1）。

（三）排球运动的发展

世界排球运动的发展主要可分为三个阶段：

娱乐排球、竞技排球和现代排球。

1. 娱乐排球（1895—1936 年）

排球本就是为娱乐休闲而创造的，因此排球从诞生之初就被大众认可为一项娱乐性较强的游戏。人们进行排球运动，是以休闲、健身为主要目的的。

但游戏也需要有规范，因此，从 1896 年摩根制定第一个排球规则开始，排球的各项规则开始逐步建立：1900 年，采用 21 分制；1912 年，采用运动员轮换制和三局两胜制；1915 年，采用 15 分制。尤其是 1921—1938 年，因排球技术水平的提高和技术手段的多样化，规则进行了一系列的修改和完善，除划定了比赛场地外，技术动作被归类为发球、传球、扣球和拦网，场上队员也有了明确的位置分工。此外，1924 年，单独制定了为妇女参赛的女子比赛规则。

1936 年柏林奥运会期间，第一个国际排球组织——排球技术委员会成立，旨在促进国际的排球比赛和交流。但由于第二次世界大战的爆发，排球技术委员会还未正式开展工作就宣布解散了。

2. 竞技排球（1947—1980 年）

第二次世界大战期间，世界排球运动一度停滞不前。直到 1947 年 7 月，在法国、捷克斯洛伐克和波兰三国的倡议下，国际排球联合会（FIVB）在巴黎召开成立大会，制定了国际排联宪章，成立了技术委员会、竞赛委员会和裁判委员会，正式出版了通用国际排球竞赛规则，并选举法国人保尔・黎伯为第一任主席。

从此，排球运动从娱乐阶段进入了竞技阶段。根据国际排联大会的决议，1948 年在意大利罗马举行了第一届欧洲男子排球锦标赛，1949 年在布拉格举行了第一届世界男子排球锦标赛。

3. 现代排球（1980 年至今）

从 20 世纪 80 年代开始，世界排球进入了现代排球阶段。它包括全攻全守排球，社会化、商业化、职业化排球和“大排球”三个方面。

二、排球基本技术及练习方法

排球技术是在规则允许的条件下所采用的各种合理的击球动作的总称，主要由步法和手法两部分组成。排球技术可分为准备姿势和移动、发球、垫球、传球、扣球、拦网 6 大基本技术。

（一）准备姿势与移动

准备姿势与移动是完成发球、垫球、传球、扣球和拦网等各项有球技术的前提和基础，对各项有球技术的运用起着串联和纽带的作用。准备姿势的作用是为及时地移动和完成击球动作做好准备。移动的作用是为了及时接近球，调整人与球的位置关系，便于完成击球动作。

1. 准备姿势

按照身体重心的高低，准备姿势可分为半蹲准备姿势、稍蹲准备姿势和低蹲准备姿势三种。其中半蹲准备姿势运用较多。

（1）半蹲准备姿势。两脚左右开立，稍比肩宽，一脚稍前，两脚尖内收，脚跟稍提起；膝关节保持一定的弯曲，其投影点在脚尖的前面；上体前倾，重心靠前；两臂放松，自然弯曲，双手置于腹前；两眼注视来球，两腿始终保持微动（图 4-3-2）。一般多用于接发球、拦网和各种传球。

（2）稍蹲准备姿势。稍蹲准备姿势比半蹲准备姿势重心稍高，动作方法相同（图4–3–3）。一般用于扣球助跑之前、不需要快速反应起动的时候。

（3）低蹲准备姿势。低蹲准备姿势比半蹲准备姿势的身体重心更低（图4–3–4）。一般在防守和做各种保护动作时使用。

图4–3–2 半蹲准备姿势

图4–3–3 稍蹲准备姿势

图4–3–4 低蹲准备姿势

2. 移动

常用的移动步法有以下几种：

（1）并步与滑步。如向前移动，则后腿蹬地，前脚向来球方向跨出一步，后腿迅速跟上做好击球准备。连续并步就是滑步。并步主要用于传球、垫球和拦网。

（2）跨步。如向前移动，则后腿用力蹬地，前脚向来球方向跨出一大步，膝部弯曲，上体前倾，身体重心移至前腿上（图4–3–5）。跨步适用于来球较低、离身体1米左右垫击时使用。

图4–3–5 跨步

（3）交叉步。以向右交叉步为例，上体稍向右转，左脚从右脚前面向右交叉迈出一步，然后右脚再向右跨出一大步，同时身体转向来球方向，保持击球前的姿势。当来球距离3米左右时，可采用交叉步，主要用于二传、拦网和防守。

（4）跑步。跑步时，应随时注意球的飞行方向，两臂要配合摆动。如球在侧方或后方时应边转身边跑。跑步一般在当球距离身体更远时采用。

（5）综合步。以上各种步法的综合运用。

练习方法：

（1）两人一组，一人做准备姿势，另一人纠正其错误动作，交换进行。

（2）两人一组相对站立，一人做同方向的移动，另一人跟随。

（3）两人一组，相距6米，各持一球，两人同时把球滚向对方体侧3米左右处，移动接球后再滚给对方，如此反复进行。

（4）结合其他技术的练习。

3. 制动

在快速移动后，为了克服身体惯性冲力、保持稳定的击球姿势，必须运用制动技术，它包括一步制动和两步制动。

（1）一步制动。在移动距离短、冲力不大的情况下运用，最后跨出一大步，同时降低身体重心。

（2）两步制动。在移动距离较长、冲力较大、速度较快时运用，即以倒数第二步来制动，最后一步并上，同时两膝弯曲，降低重心，使身体成半蹲、全蹲或半跪姿势。

（二）传球

传球是排球运动的基本技术之一。传球技术主要用于二传，为进攻创造条件，在比赛中起着组织进攻的作用。传球技术也可用来接发球，接对方的处理球、吊球和被拦回的高球。还可用来吊球和处理球，起着进攻的作用。常用的传球技术可分为正面传球、背向传球、侧传球以及跳传球等。

1. 正面传球

正面传球是最基本的传球方法，是其他一切传球技术的基础。

稍蹲姿势，上体稍挺起，仰头看球，两手自然抬起，屈肘，放松置于脸前。当来球接近额前时，开始蹬地、伸膝、伸臂，手指微张，从脸前向前上方迎出。当手和球即将接触前，手腕和手指要有前屈迎球的动作，在额前上方约一球距离处将手与球接触，十指自然张开使两手成半球状，手腕稍后仰，以拇指内侧，食指全部，中指的二、三指节触球的后下部，无名指和小指在球两侧辅助控制球的方向。两拇指相对近“一”字形。触球后各关节继续伸展，用手指、手腕的弹力将球击出。全身各部位动作应协调一致（图 4-3-6）。

视频：正面传球示范动作

图 4-3-6　正面传球

2. 背向传球

上体比正面传球时稍后仰，双手自然抬起置于脸前。抬上臂、挺胸、上体后屈。击球点在头上方，比正面传球略偏后。手形与正面传球相同，但触球时手腕要稍向后仰，掌心向上，拇指托在球下，击球的下部。利用蹬腿、展体、抬臂、伸肘和指腕的弹力，把球向后上方传出。

练习方法：

（1）原地做徒手模仿传球技术，领悟动作过程。

（2）自传球。一人一球，在头额上面做自传球。

（3）传固定球。两人一组，一人按传球手形持球于额前，另一人用手压住球。传球者按传球用力方向，向前上方伸展，体会传球手形和身体的协调用力。

（4）近距离对墙传球。传球的距离要逐渐加长，体会腿蹬地的用力动作。

（5）两人一组，自传一次再传给对方。

（6）传抛来的球。两人一组，一人抛球，一人传球。要求抛球人尽量把球抛准，距离可由近至远。

（7）移动传球。两人一组，一人抛球，一人前、后、左、右移动传球。

（8）两人对传。相距约 5 米，要求传球有一定弧线，随时准备移动，对准来球。

（9）三人一组，三角传球。

（10）四人一组，四角传球。

3. 易产生的错误动作及纠正方法

（1）大拇指朝前，上、下肢用力不协调。

纠正方法：强调正确手形的重要性，通过比较来纠正错误动作；通过分解动作（准备—伸展—准备）来协调动作。

（2）指尖部位击球，或全手掌击球。

纠正方法：一人用两手压住球上部，练习者用指根以上部位触及球，感觉球给手指的压力。

（3）击球点过高、过低或太靠前、偏后。

纠正方法：使学生明确合理的击球位置，以及不正确击球点位置所造成的不利影响；做原地一抛一传的练习，养成在正确的击球点上传球的习惯。

（三）垫球

垫球主要用于接发球、接扣球和接拦回球，是组织进攻的基础。垫球是比赛中多得分、少失分、由被动转主动的重要技术，是稳定队员情绪、鼓舞队员士气的重要手段。垫球还可在无法运用传球技术进行二传时用来组织进攻或处理球。常用的垫球技术有正面双手垫球、体侧垫球、背垫球、跨步垫球、单手垫球、鱼跃垫球等。

1. 正面双手垫球

正面双手垫球是各种垫球技术的基础，是最基本的垫球方法。

两脚开立，稍比肩宽。在左半场及中场位置接球时，左脚在前，在右半场位置接球时则右脚在前，在中场可采用内八字站位。两脚适当提起脚跟，双膝弯曲，上体自然前倾，全身放松，随时准备移动（图 4-3-7）。两手掌根紧靠，两手手指重叠合掌互握，两拇指平行，手腕稍下压，两臂外翻形成一个平面（图 4-3-8）。对准来球，两臂夹紧前伸，插到球下，用前臂腕关节上方两臂桡骨内侧约 10 厘米处形成的一个近似的平面，击球的下部（图 4-3-9）。向前上方蹬地抬臂，迎击来球。

视频：正面双手垫球示范动作

图 4-3-7　正面双手垫球

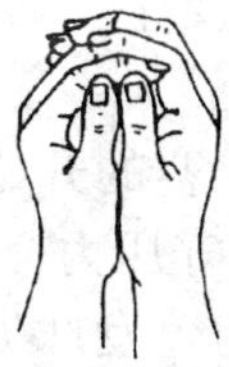

图 4-3-8　手型

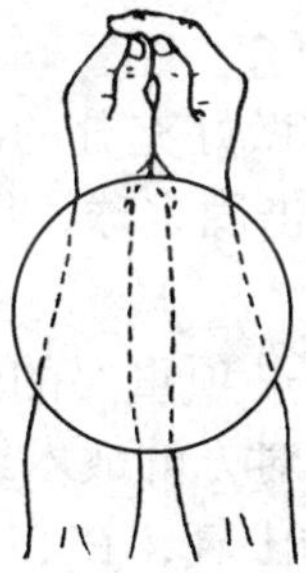

图 4-3-9　击球部位

2. 体侧垫球

体侧垫球的特点是控制面宽，但较难把握垫击的方向、弧度和落点。

以左侧垫球为例。右脚前脚掌内侧蹬地，左脚向左跨出一步，身体重心随即移至左脚，并保持左膝弯曲，两臂夹紧向侧伸出，左臂高于右臂，右肩向下倾斜，再用向右转腰和收腹的力量，配合两臂在体侧截击球的后下部。切忌随球摆臂。

3. 背垫

背垫大多用于接应同伴垫飞的球或将球处理过网。

背垫时，首先判断来球的落点、方向和离网的距离，然后迅速移动到球的落点处，背对出球方向，两臂夹紧伸直，插到球下。击球时，蹬地、抬头挺胸、展腹，直臂向后上方摆击球。在垫低球时，也可利用屈肘、翘腕动作，以虎口处将球向后上方垫起。

练习方法：

（1）原地做徒手模仿垫球动作练习。

（2）垫固定球。两人一组，一人持球于腹前，另一人用垫球动作击球，体会击球动作。

（3）垫抛球。两人一组，一人抛球，一人垫球。

（4）移动垫球。两人一组，一人抛球，一人向前、后、左、右移动垫球。

（5）自垫球，体会抬臂动作。

（6）对墙连续垫球。

（7）两人一组，一人向各个方向交替抛两个球，一人移动垫球。

（8）三人一组，三角连续垫球。

（9）两人相距 7~8 米，一人发球，一人垫球。

（10）两人相距 5~6 米，一人扣球，一人垫球。

4. 易产生的错误动作及纠正方法

（1）出现屈肘、翘腕的现象；抬臂动作过大，没有运用身体协调力量来垫球。

纠正方法：教师可用一手按住学生的手腕部分，另一手由下向上托学生的肘下部，使之体会压腕顶肘的动作；多做徒手动作，体会身体协调用力的方法，使蹬腿、提肩、抬臂的动作协调统一。

（2）垫球的动作不能充分完成；垫击部位不正确，在手上或前臂上方垫球。

纠正方法：离球太近，使动作不能充分完成，太远易使动作变形，以离球 50 厘米左右为宜；用正确的垫击部位不断地进行触球练习。

（3）迎球过早或球触手后再做击球动作；两手臂击球面的高度不一致，使击出去的球左右不定。

纠正方法：垫球前做好充分的准备，加强判断，根据来球方向积极主动地将动作完成；多做徒手练习和垫击固定球，使两手臂尽量同时触及球。

（四）发球

发球是排球比赛中一项重要的进攻技术。发球是比赛的开始。准确而有攻击性的发球可以直接得分或破坏对方的战术组成，减轻本方的防守压力，为反击创造有利的条件，同时能振奋精神、鼓舞士气，在心理上给对方造成压力。发球失误，将直接失分和失去发球权。常用的发球技术有正面下手发球、正面上手发球、正面上手飘球、侧面下手发球、勾手发球和跳发球等。

1. 正面下手发球

以右手发球为例。面对球网，左脚在前，右脚在后，两膝微屈，上体前倾，左手持球于腹前，右臂自然下垂，两眼注视球。左手将球向体前右侧抛起，高于手 20~30 厘米，在抛球的同时，右臂后摆，右脚蹬地，身体重心前移，右臂伸直。以肩为轴，右手向前摆至腹前，用虎口、掌根或手掌击球的后下部，身体重心随击球动作前移，顺势进场（图 4–3–10）。

图 4–3–10 正面下手发球

2. 侧面下手发球

以右手发球为例。左肩对网，两脚左右开立，约与肩同宽，两膝稍屈，上体稍前倾，重心落在两脚之间，左手于腹前将球平稳上抛，距离身体约一臂远，球离手高度约一个半球。抛球同时，右臂后摆至右侧后下方。利用右脚蹬地向左转体的力量，带动右臂向前上方摆动，用虎口、掌根或手掌击球的后下方。击球后，身体转向球网，顺势进场（图 4–3–11）。

图 4-3-11　侧面下手发球

3. 正面上手发球

以右手发球为例。面对球网，左脚在前，左手于体前将球平稳地抛于右肩前上方，同时右臂抬起，屈肘后引，肘与肩平，上体稍向右侧转动，抬头、挺胸、展腹，手掌自然张开。利用蹬地之力，使上体向左转动，同时收腹，带动手臂向前上方快速挥动。在右肩前上方伸直手臂的最高点，用全掌击球的后中下部。击球时，手张开与球吻合，手腕迅速做推压动作，使击出的球呈上旋飞行。击球后，随着重心前移，顺势入场（图 4-3-12）。

图 4-3-12　正面上手发球

视频：正面上手发球示范动作

练习方法：

（1）徒手做抛球的练习。要求平稳地向上抛，使抛出的球不旋转。最好使抛出球的高度固定。

（2）徒手模仿发球动作练习。

（3）击固定球。两人一组，一人持球举至击球点高度，另一人挥臂击固定球。体会击球点和挥臂动作。

（4）对墙或对网近距离发球。体会抛球和挥臂击球动作的配合。

（5）距网 4~5 米的发球练习。逐渐加长发球距离。

（6）对墙定点发球。在墙上画一圆圈，将球发到圆圈内。

4. 易产生的错误动作及纠正方法

（1）抛球时有屈腕动作，使抛出的球不平稳，影响发球效果。

纠正方法：平抛护膝或扁平物体，使之不旋转。反复做平托上送抛球动作。

（2）正面上手发球时，做不出推压带腕动作。

纠正方法：徒手练习挥臂。对墙或对挡网距离 5~6 米，用掌根轻击球，体会击球手法。

（3）挥臂侧手臂主动发力不够，不能保持适度的紧张；手臂与下肢、胸腹配合不好，脱节。

纠正方法：教师反复强调动作要领，提高学生主动挥臂的意识；强调发力时应从腰部开始，再带动手臂、手腕向前上方挥动。

（4）抛球高低不一、时前时后，影响发球质量。

纠正方法：设置固定的目标，对准目标反复做抛球练习。按正确的动作要求进行专门的抛球练习，固定抛球的位置与高度。

（五）扣球

扣球是排球运动的基本技术之一。扣球在比赛中占有重要的地位，是得分的主要手段，是进攻中最积极有效的武器，是一个队摆脱被动、争取主动的途径，是攻击力强弱的表现。强有力的扣球可以鼓舞士气、振奋精神、挫伤对方的锐气，给对方造成强大的心理压力。常用的扣球技术有正面扣球、勾手扣球等。

1. 正面扣球

以右手为例。采取稍蹲的姿势，距离球网约 3 米处，面对来球方向，观察来球。助跑时，左脚先向前迈出一步，紧接着右脚再快速跨出一大步，左脚及时并上，踏在右脚之前，两脚尖稍向右转。同时，两臂自后积极向前摆动，随着双腿蹬地向上起跳，两臂配合起跳有力地向上摆动。

起跳后，挺胸展腹，上体稍向右转，右臂向后上方抬起，身体成反弓形。挥臂时，迅速转体、收腹发力，依次带动肩、肘、腕各部位关节向前上方成鞭甩动作挥动。击球时，五指微张，以掌心为主，全掌包满球，在手臂伸直的最高点的前上方击球的后中部，同时主动用力屈腕屈指向前推压，使扣出的球呈上旋。球落地时，以两脚前脚掌先着地再迅速过渡到全脚掌着地，同时顺势屈膝、收腹，随即为下一个动作做好准备（图 4-3-13）。

视频：正面扣球示范动作

图 4-3-13 正面扣球

2. 勾手扣球

扣球时，助跑最后一步两脚和左肩侧对球网，或起跳后在空中使左肩转向球网。跳起后，整个挥臂击球动作与勾手发球相似。击球后，身体面向球网落地。

练习方法：

（1）原地双脚起跳练习。要求两脚用力蹬地，两臂划弧摆动配合起跳，在空中扣球手臂抬起，并后引成扣球前的动作，落地要双脚前脚掌着地，屈膝缓冲。

（2）一步助跑起跳练习。要求手脚配合协调。

（3）网前助跑起跳。掌握助跑起跳步法。

（4）徒手挥臂甩腕练习。体会鞭甩动作。

（5）两人一组，一人持球举至击球点位置，另一人挥臂击固定球。体会击球点和手形。

（6）网上扣固定球。体会网上扣球击球点和手形。

（7）对墙连续扣球。体会挥臂动作和击球手法。

（8）在网前自抛自扣过网。

（9）在4号位连续扣抛球。

（10）在4号位扣传球。

3. 易产生的错误动作及纠正方法

（1）手臂僵硬，没有形成鞭打动作。

纠正方法：尽量强调肩关节和手臂放松，多做徒手练习。

（2）助跑、起跳脱节，助跑步幅不合理。

纠正方法：在教师的指导下，进行正确的助跑、起跳练习。

（3）起跳后，在空中击球时机掌握不好。

纠正方法：学生助跑、起跳后，在空中击打教师抛起来的球。

（六）拦网

拦网是排球的基本技术之一，是防守的第一道防线，是反攻的重要环节。拦网具有强烈的攻击性，可以直接拦死、拦回对方的扣球，能够削弱对方的锐气，动摇对方的信心，给对方造成心理压力。拦网也可以将对方有力的扣球拦起，减轻后排防守的压力。常用的拦网技术有单人拦网、双人拦网和三人拦网。

1. 单人拦网

面对球网，两脚左右开立，约与肩同宽，距网30～40厘米。两膝微屈，两臂屈肘置于胸前。注视来球，迅速移动。起跳时，两腿屈膝，重心降低，随即用力蹬地，两臂以肩发力，在体侧近身处，做划弧前后摆动，帮助身体迅速跳起。两手从额前沿球网向上方伸出，两臂伸直并保持平行，两肩上提。两臂应尽力伸过网去接近球。两手自然张开，屈指屈腕成半球状。当手触球时，两手要突然紧张，手腕下压盖在球的前上方。拦球后，要做含胸动作，以保持身体平衡，手臂要先后摆或上提，从网上收回至本方上空，再屈肘向下收臂，以免触网。与此同时屈膝缓冲，双脚落地，随即转身面向后场，准备下一个动作（图4-3-14）。

视频：单人拦网示范动作

图 4-3-14 单人拦网

2. 双人拦网

双人拦网是排球比赛中最常见的一种拦网方式。主要在对方大力扣球时采用。

双人拦网时，应以一人为主拦队员，另一人为配合队员。但主拦队员不是固定的，一般情况下距对方扣球点近的队员应为主拦队员。主拦队员必须抢先移动到扣球点的位置，并做好起跳准备，配合队员则迅速移动靠近主拦队员准备同时起跳。两队员之间的距离一定要合适。双人拦网起跳时，两人的手臂在体前划小弧向上摆伸，要尽量垂直向上起跳，防止互相碰撞或干扰。手臂在空中既不能重叠，造成拦击面缩小，又不能间隔太宽，造成中间漏球。扣球靠近边线时，靠边线近的拦网队员外侧的手应适当内转，以防打手出界。

练习方法：

（1）降低球网，原地做徒手伸臂拦网动作练习。

（2）两人一组在低网前隔网站立，一人将球举在网上，另一人原地做拦网动作，体会拦网手形。

（3）在网前做徒手原地起跳拦网练习。

（4）在网前做徒手拦网移动步法练习。

（5）两人一组隔网站立，一人在网前抛高球，另一人起跳拦网，体会起跳时间和压腕动作。

（6）两人一组隔网站立，一人扣球，一人拦网。

（7）教师在高台上扣固定路线球，队员起跳拦网。

（8）教师在高台上扣不同路线的球，队员起跳拦网。

（9）对方从 4 号位扣一般弧线较为集中的球，本方在 2 号位轮流拦网。

（10）对方在 2 号位扣球，本方在 4 号位拦网。

3. 易产生的错误动作及纠正方法

（1）拦网起跳过早。

纠正方法：分析各种扣球的起跳时机，在练习中反复体会拦网的正确起跳时间；运用信号刺激，提高起跳时机判断的准确性。

（2）拦网时双手扑球，造成触网犯规。

纠正方法：教师讲解拦网手臂的正确动作，学生徒手模仿进行练习；反复练习提肩压腕的拦球动作；在矮网原地拦扣球，体会手臂动作。

（3）拦网起跳时，脚过中线或身体触网。

纠正方法：看信号做原地或快速移动起跳拦网练习，学会最后一步制动和垂直起跳；起跳后在空中做含胸收腹动作。

（4）对扣球路线判断错误。

纠正方法：看清扣球人的助跑路线，选择正确的起跳点；看准扣球人的挥臂动作，随时准备变换拦击路线。

三、排球基本战术

排球战术指在比赛中根据排球运动的规律、双方的具体情况和临场的变化，合理地运用技术以及采取的有组织、有目的和有预见的一种配合行动。

（一）阵容配备

阵容配备的目的是合理地把全队的力量搭配好，更有效地发挥每一个队员的特长和作用。在排球比赛中，常用的阵容配备有以下两种形式：

1.“四二”配备

“四二”配备即4个进攻队员和2个二传队员相互配合。4个进攻队员中有2个是主攻队员,2个是副攻队员，他们都站在对角位置上。这种配备方法可以组织多种战术形式，在一般水平的球队中采用较多。

2.“五一”配备

“五一”配备即5个进攻队员和一个二传队员相互配合。为了弥补在主要二传队员来不及传球时所出现的被动局面，可以在二传队员的位置上，配备一名有进攻能力的接应二传队员。这种配备方法攻击力较强，能组织多种战术体系，目前在水平较高的球队中被普遍采用。

（二）进攻战术

进攻战术是指接对方来球后，全队所组成的有目的、有组织的配合。进攻战术是由一传、二传、扣球三个环节组成的，主要分为进攻阵型和进攻打法两个方面。进攻阵型主要分为“中一二”进攻阵型、“边一二”进攻阵型和“后排插上”进攻阵型。

1.“中一二”进攻阵型

“中一二”进攻阵型是进攻战术中最简单、最基本的战术形式，是指由3号位队员作二传，将球传给4号位、2号位队员进攻的组织形式（图4-3-15）。这种进攻阵型一传向网中间3号位垫球比较容易，二传向2号位、4号位传球的距离较短，容易传准，有利于组成进攻，适合初学者采用。其缺点是战术变化少，只能两点进攻，战术意图容易被对方识破。

2.“边一二”进攻阵型

“边一二”进攻阵型指由2号位队员作二传，将球传给3号位、4号位队员进攻的组织形式（图4-3-16）。其优点是两相邻进攻队员相互掩护，可以组织更多战术。其缺点是对一传要求较高，尤其5号位队员向2号位垫球时，由于距离远，角度大，控制球难度较大。

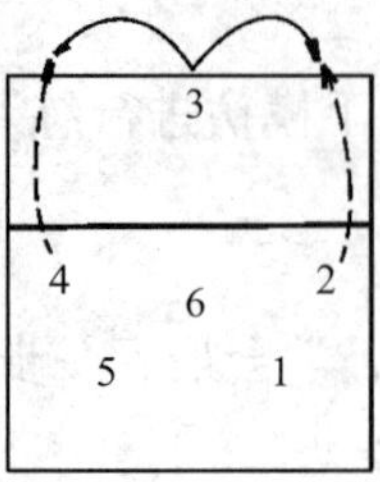

图 4-3-15 “中一二”进攻阵型

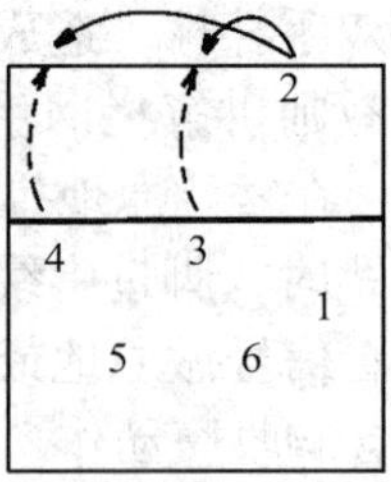

图 4-3-16 “边一二”进攻阵型

3.“后排插上”进攻阵型

“后排插上”进攻阵型指由后排队员插上作二传，前排 4 号位、3 号位、2 号位队员进攻的组织形式。“后排插上”进攻阵型是现代排球先进战术的主要形式，它是在“中一二”“边一二”进攻阵型的基础上发展起来的。“中一二”“边一二”进攻阵型的各种战术都可以在此阵型加以运用。这种阵型进攻点多，战术配合更加复杂多变，适合技术水平较高的队使用，但对一传及队员间的配合要求较高。

四、排球竞赛规则简介

（一）比赛场地

排球比赛场地长 18 米、宽 9 米，四周至少有 3 米宽的无障碍区，其中长线为边线，短线为端线，边线和端线都包括在比赛场区内，所有线均为 5 厘米宽。连接两边线的中点线叫中线，并将场地分为两个相等的场区。中线两侧 3 米处各有一条线叫进攻线，中线和进攻线之间为前场区。两端线各画一条长 15 厘米、距离端线 20 厘米的短线，短线及延长线之间的区域为发球区（图 4-3-17）。

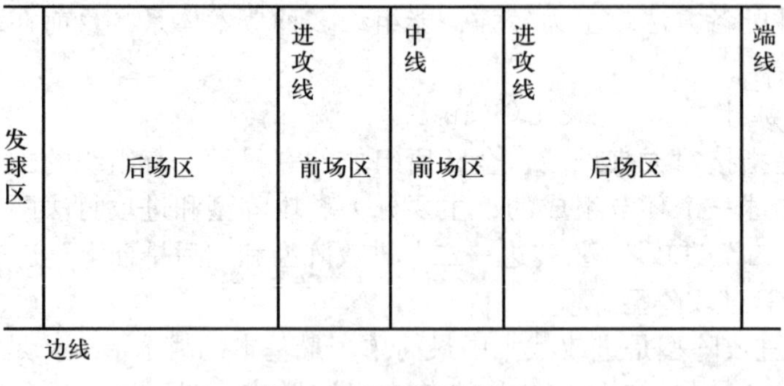

图 4-3-17 比赛场地

（二）球网和球

球网为黑色，长 9.5～10 米，网眼的直径为 10 厘米，网宽 1 米，架设在中线的垂直面上。球网上端部分缝有 7 厘米宽的白帆布带，下端部分缝有 5 厘米宽的白帆布带。球网的高度成年男子为 2.43 米，成年女子为 2.24 米。

标志带为两条宽 5 厘米、长 1 米的白色带子，分别系在球网两端附近。标志带被认为是球网的一部分。

标志杆是两根有韧性的杆子，长 1.8 米，直径 1 厘米，由玻璃纤维或类似材料制成。

标志杆高出球网 80 厘米，高出部分每 10 厘米涂有明显对比的颜色，一般为红白相间。

球是圆形的，由柔软的皮革或合成革制成外壳，内装橡皮或类似质料制成的球胆，圆周为 65~67 厘米，重量为 260~280 克，气压为 0.30~0.325 千克 / 平方厘米。

（三）比赛规则

1. 计分方法

比赛采用每球得分制，胜一球即得一分。

比赛的前 4 局以先得 25 分并同时超出对方 2 分的队为胜一局。当比分为 24 : 24 时，比赛继续进行至某队领先 2 分为胜一局（如 26 : 24，27 : 25）。决胜局以先得 15 分，并同时超出对方 2 分的队获胜（如 16 : 14，17 : 15）。正式比赛采用 5 局 3 胜制。

2. 发球犯规

出现以下情况，应判发球犯规：

（1）击球时脚踏及端线或踏出发球区。

（2）未将球抛起或未使球清楚离手即发球。

（3）发球队队员位置的次序错误。

（4）裁判员鸣哨以后，8 秒钟内未将球发出。

（5）双手击球或单手将球抛出、推出。

（6）掩护发球。

3. 界外球的规定

出现以下情况，应判界外球：

（1）球接触地面的部分完全在界线以外。

（2）球触及场外物体、天花板或非场上比赛队员。

（3）球触及标志杆、网绳、网柱或标志带以外的部分。

（4）击球时，球的整体或部分从过网区以外过网。

（5）发球时，球的整体或部分从过网区以外过网。

4. 后排进攻违例

必须同时满足以下三个条件，后排队员进攻才算违例：

（1）队员踏及进攻线及其前场区。

（2）击球时，球的整体高于球网上沿。

（3）完成进攻性击球。

5. 自由防守队员的有关规定

（1）不受换人限制，可以替换后排任何一名队员。

（2）不能担任队长、场上队长。

（3）不可在任何位置将高于球网的球完成进攻性击球。

（4）不可以发球、拦网、试图拦网。

（5）若自由人在前场区运用上手传球，其同伴不允许完成进攻性击球。

6. 比赛间断的规定

（1）正常比赛间断有“换人”“暂停”和“技术暂停”。

（2）每队在每局中有 2 次暂停机会，暂停时间为 30 秒。

（3）国际排联世界性比赛前 4 局每局有 2 次技术暂停，时间为 60 秒，当比分领先达到 8 分和 16 分时自动执行。第 5 局没有技术暂停，只有 2 次 30 秒的普通暂停。

（4）每队每局有6人次换人机会，一人从场上下场、另一人从场下上场成为一人次换人。一个队换人后需经比赛过程，方可请求下一次换人；一次请求换人时，可以请求多人次的换人。

（5）换上场的队员只能由被他替换下场的队员来替换。替补队员一局只有一次上场机会。

思考题

1. 简述足球运动中技能与技术的区别。
2. 简述足球比赛中个人和局部进攻战术应如何运用。
3. 篮球半场3对3与全场5对5比赛相比较，有哪些特殊规则？
4. 在排球比赛中何时运用暂停规则？

第五章 精妙绝伦的小球运动

本章导言

乒乓球、羽毛球、网球通常被称为“三小球”，也是大众广泛参与的运动。作为全身运动，“三小球”所特有的速度快、变化多的特点决定了参与者在以下方面均可受益：一是使全身的肌肉和关节组织得到锻炼，从而提高了动作的速度和上下肢活动的能力；二是有效地提高反应、灵敏、协调和操作思维能力；三是由于小球运动极为明显的竞技特点和娱乐功能，又使其成为培养勇敢顽强、机智果断等品质和保持青春活力、调节神经的有效运动。

第一节 乒乓球运动

一、乒乓球运动概述

乒乓球运动是一项世界流行的球类运动项目，被誉为我国的“国球”，有着广泛的群众基础。

（一）乒乓球运动的起源

乒乓球运动起源于19世纪末的英国，由网球运动派生而来。相传19世纪后半叶的一天，在英国伦敦有两位青年网球迷去一家高级餐厅就餐，因为天气炎热，在等待侍者上菜时，他们就信手拿起桌上大号雪茄烟的硬纸盒盖子用来扇风降温。当两人在闲聊中为网球战术而争论得不可开交时，便从酒瓶上拔下一个软木塞，以餐桌为场地，用烟盒盖作球拍，现场模拟起实战网球来。他们将软木塞打来打去，越打越起劲，竟引来了许多人围观。餐厅的女主人完全被这种别开生面的游戏吸引住了，情不自禁地脱口而出：“table tennis（桌上网球）！”不经意间，就给这项运动命了名。很快，这项餐桌上的游戏就在欧洲各国流传开来。但在那个时候，这项运动仅是限于欧洲的王公贵族们闲来无事消磨时间的一种娱乐活动。

1890年，有位名叫詹姆斯·吉布（James Gibb）的英国著名越野跑运动员到美国旅行时，偶然发现了一种用赛璐珞制成的空心玩具球，弹跳力很强。于是，他就将这种球带回英国，稍加改进后，逐步在英国和世界各地推广开来，最终演变为今天的乒乓球。也许是因为乒乓球在桌上发出“乒乒乓乓”的声音，英国一家体育用品公司率先用“乒乓”（Ping Pong）一词做了广告中的商品名称。1891年，英格兰人查尔斯·巴克斯特把“乒乓”（Ping Pong）作为商业专利权来申请许可证。1903年，英国人古德发明了胶皮球拍，有力地促进了乒乓球技术的发展。

（二）乒乓球运动的发展

1900 年，英国成立了乒乓球协会。同年 12 月，在伦敦举行了英国第一次大型乒乓球比赛，开创了乒乓球正式比赛的历史。1926 年 12 月，国际乒乓球联合会在英国伦敦成立，并将随后举行的欧洲乒乓球锦标赛确定为第 1 届世界乒乓球锦标赛。当时的比赛设男子团体、男子单打、女子单打、男子双打和男女混合双打 5 个项目。自 2003 年第 47 届世界乒乓球锦标赛开始，单项比赛于单数年举行，团体赛在双数年举行。国际重大的乒乓球比赛还有世界杯乒乓球赛和奥运会乒乓球赛。国际乒乓球联合会从 1980 年起每年举办一届乒乓球世界杯赛（埃文斯杯），1996 年又增设了世界杯女子单打项目。1983 年 10 月 1 日，国际奥林匹克委员会在德国巴登举行的第 84 次会议上决定，自 1988 年在韩国汉城奥运会开始，乒乓球被列为奥运会正式比赛项目，比赛设男子单打、女子单打、男子双打、女子双打 4 个项目。在 2008 年北京奥运会上，乒乓球比赛项目有所改变，团体项目取代了双打项目。2000 年 10 月 1 日起，乒乓球运动进入“大球”时代，球体直径从 38 毫米增至 40 毫米，球的重量由 2.5 克增加到 2.7 克。这种变化使得击球的速度和旋转相对减弱，回合增加，从而使比赛更激烈更精彩。2002 年 9 月 1 日，国际乒乓球联合会又对乒乓球竞赛规则进行了重大修改，实行了“11 分制”和“无遮挡发球”，使乒乓球比赛增加了偶然性和悬念，世界乒乓球竞技水平更加均衡，比赛也更具观赏性。

（三）乒乓球运动的特点

（1）球体小、球体轻、速度快、旋转变化多，富有技巧性和很强的趣味性。

（2）乒乓球运动速度快、变化多，要求运动者在瞬间对球作出判断和反应。

（3）运动量可大可小，不受年龄、性别和身体条件的限制。

（4）器材设备比较简单，室内室外均可以进行，易于开展。

（四）乒乓球运动的锻炼价值

经常参加乒乓球锻炼，可以发展人的灵敏性和协调性，提高动作的速度和上下肢活动的能力，改善心血管系统的机能，促进新陈代谢，增强体质，培养参与者勇敢顽强、机智果断、团结协作等品质。此外，乒乓球运动对场地设备、气候条件和练习者身体素质的要求也相对简单，是一项男女老幼皆宜、健身效果非常好的运动，因而深受人们的喜爱，更是很多大、中、小学生首选的一项运动。

二、乒乓球基本技术及练习方法

（一）握拍法

握拍法即指单手持球拍的方法。根据不同进攻特点，握拍法可以分为横拍握法和直拍握法，两种握法各有优势，因人而异。

1. 直拍握法

动作要领：用食指和拇指扣住球拍柄，中指、无名指和小指弯曲斜形重叠，轻轻托住球拍的背面，中指第一指节顶住球拍的后上部，使球拍保持平稳（图 5-1-1）。

优点：

（1）容易掌握，上手快。

（2）手指手腕灵活，出手快。

（3）处理台内球和追身球有优势。

缺点：

（1）因护台面积有限，对步法要求很高。

（2）拍型难固定，反手不易发力。

2. 横拍握法

动作要领：虎口贴住拍肩，食指自然伸直斜向贴于球拍反面，中指、无名指和小指自然弯曲握于拍柄，拇指在球拍正面贴于中指旁边（图 5-1-2）。正手进攻时利用食指压住拍面，以大拇指第一关节为支点，拇指、食指和中指协调发力，以使其压拍的用力点和球拍正面的击球点更为接近；反手攻球时，则以食指根部关节为支点，大拇指压住拍面控制拍型从而传递击球力量。

优点：

（1）握法简单，动作容易定型，左右两侧都适合进攻发力。

（2）成才训练周期较短。

缺点：

（1）手腕灵活性受到限制，处理台内球和发球，变化不如直拍。

（2）近身球处理不如直拍灵活。

视频：直拍握法示范动作

视频：横拍握法示范动作

图 5-1-1　直拍握法

图 5-1-2　横拍握法

练习方法：

（1）教师示范领做，使学生正、背面看清。

（2）两人一组，按照握拍法动作要领握拍，并互相检查是否正确，有疑惑可以寻求老师或者其他同学的帮助。

（3）球性练习，原地向上托球、托球走和托球跑、多人托球接力赛，体会手腕、手指用力动作。

（4）录制自身握拍的视频，将视频动作与标准动作进行对比，找出差异，不断改正。

（二）准备姿势

动作要领：以右手持拍为例。两脚左右开立，两脚间的距离与肩同宽或略宽于肩，上身保证微微前倾姿势，重心位于两脚之间。下颌微内收，注意力集中，注视对方来球，持拍手大小臂折叠，放在身体右侧，球拍向前，手腕适当放松。准备姿势的重点、难点是两脚前脚掌内侧着地，屈膝提踵放松微动。

练习方法：
（1）学生在教师的示范领做下练习准备姿势。
（2）原地踏步或行进间听教师的示范口令做准备姿势。
（3）将学生分成偶数列，单数列准备姿势，双数列纠正，交换进行。
（4）结合步法练习准备姿势。

（三）基本步法

乒乓球的步法十分重要，灵活准确的步法运用可以提高进攻或防守的成功率，因此步法训练不能忽视。

动作要领：

（1）单步。来球时以异侧脚为轴转动，另一只脚向前后左右 4 个方向移动，身体重心随之转移到移动脚。其特点是步法简单、小范围移动、移动过程中重心比较平稳。

（2）跨步。来球时异侧脚前脚掌内侧蹬地，另一只脚向来球方向进行前后左右 4 个方向的跨步，身体重心转移至跨步脚。其特点是速度快、移动距离较单步大。

（3）跳步。两脚同时离开地面向前后左右 4 个方向移动，发力脚先落地，身体重心落在来球方向同侧脚上。其特点是移动距离较并步和跨步大，并能实现主动发力击球。

（4）并步。来球方向异侧脚前脚掌发力，向另一只脚并步，接着来球方向同侧脚向来球方向迈一大步。其特点是在移动过程中身体不腾空，有利于保持身体平衡。

（5）交叉步。以来球方向同侧脚为支撑脚，异侧脚向来球方向跨一大步，两脚形成前交叉，随后支撑脚再发力并顺着前脚方向跨一大步落在另一只脚的侧后方。其特点是移动距离大、覆盖面广。

基本步法的重点、难点是根据不同球路选择正确的步法，灵活运用。

练习方法：
（1）将学生分成若干组，听教师口令或看手势进行步法练习。
（2）结合球台进行步法练习。
（3）3~4 人一组，一人供球，其余人按顺序在移动中做对托球练习。
（4）对墙托球步法练习。
（5）单个专项步法练习。

（四）发球（以右手持拍为例）

1. 正（反）手平击发球

正手平击发球动作要领：近台，两脚左右开立，距离略宽于肩，屈膝，左脚较右脚靠前，抛球时身体右转，持拍手向右后上方引拍，当球下落略高于网带时，持拍手向左前上方发力挥动，击球的中上部，第一落点在底线与中线范围内。击球后球拍随挥至左前上方（图 5-1-3）。

反手平击发球动作要领：中近台反手持拍站立，两脚平行或左脚略靠前开立，两脚间距离略宽于肩。抛球后身体重心移至左侧，同时身体稍左转，持拍手向左前方靠近腹部位置引拍，拍面向前倾斜，当球下落略高于网带时，持拍手向右前上方发力挥动，击中球的中上部，第一落点在底线与中线范围内。击球后球拍随挥至右前上方（图 5-1-4）。

视频：正手平击发球示范动作

图 5-1-3 正手平击发球

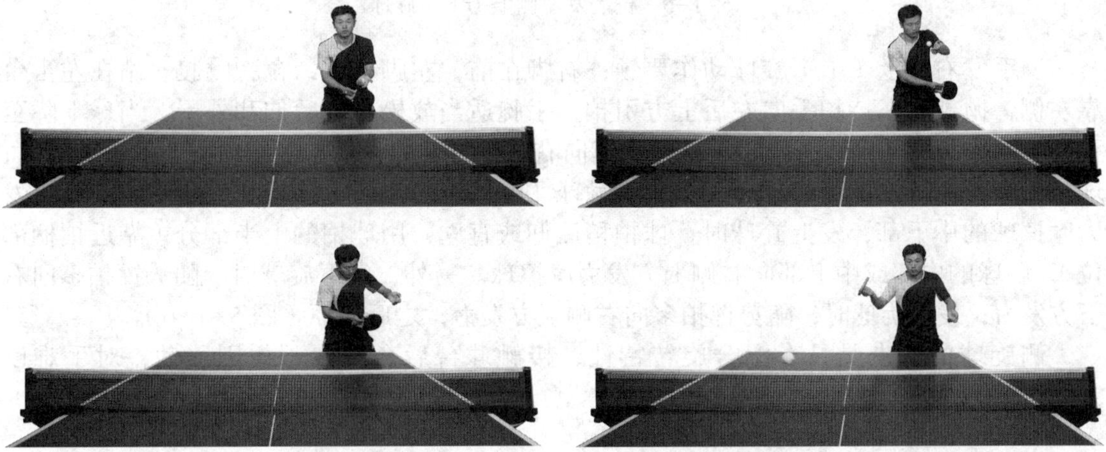

视频：反手平击发球示范动作

图 5-1-4 反手平击发球

平击发球的是最基本的发球方式，球速慢，略上旋，较容易掌握。

2. 反手发急球

动作要领：准备姿势同反手平击发球。抛球同时持拍手向左后方引拍，待球下落到网高时，持拍手由左后向右前加速挥拍，拍面稍前倾，以前臂和手腕发力为主击球的中上部，第一落点靠近本方端线，第二落点在对方端线附近。

3. 正（反）手发上（下）旋球

正手发左侧上（下）旋球动作要领：两脚开立，左脚在前，右脚在后，站在球台的左外侧。抛球时，持拍手向右后（上）方引拍，手腕适当放松，做后伸和外展，拍面稍后仰。当球下降至稍高于网或与网同高时，持拍手前臂加速向左前下方发力，横拍手腕内收。发下旋球时，球拍后仰，用球拍的下半部分（拍头）触球，触球瞬间，拇指、食指和手腕向左前下方发力摩擦球的中下部；发上旋球时，球拍稍后仰或直立，用球拍的上半部分（靠近拍柄部位）触球的中部或中上部，并向左侧上方发力摩擦球。另外，发下旋球时，随势挥拍多向下发力；发上旋球时，随势挥拍多向前推送球，之后还原（图 5–1–5）。

视频：正手发左侧上（下）旋球示范动作

图 5–1–5 正手发左侧上（下）旋球

反手发右侧上（下）旋球动作要领：右脚在前，左脚在后，含胸收腹，站在左半台靠左侧，抛球时，持拍手向左后上方引拍，手腕适当放松、做后伸和外展，当球下降至稍高于网或与网同高时，持拍手前臂加速向右前下方发力，横拍手腕内收。发下旋球时，球拍后仰，用球拍的下半部分（拍头）触球，触球瞬间拇指、食指和手腕向右前下方发力摩擦球的中下部；发上旋球时，球拍稍后仰或直立，用球拍的上半部分（靠近拍柄部位），触球的中部或中上部向右侧上方发力摩擦球。另外，发下旋球时，随势挥拍多向右下方发力；发上旋球时，随势挥拍多向右侧上方发力，之后还原（图 5–1–6）。

侧旋球的特点是具有混合旋转特性，接触球台后会发生不规则移动，对手难以判断。

视频：反手发右侧上（下）旋球示范动作

图 5–1–6 反手发右侧上（下）旋球

4. 正（反）手发奔球

正手发奔球动作要领：球台左外侧屈膝，收腹含胸站立，左脚在前，右脚在后侧方，抛球时，持拍手向右后方引拍，重心移至右脚。球下落高度接近网高时，向左前上方加速挥拍，摩擦球的中上部，形成上旋，降低击球弧线，第一落点尽量靠近本方端线，以发出长球。击球后，尽快制动，随挥动作短。

反手发奔球动作要领：两脚左右开立，右脚在前，左脚在后，中近台站立，抛球时，持拍手向左后方引拍，身体重心移至左脚。球下落高度接近网高时，向左前上方加速挥拍，摩擦球的中上部，形成上旋，降低击球弧线，第一落点尽量靠近本方端线，以发出长球。击球后，尽快制动，随挥动作短。

奔球的特点是球速快、落点长、力量强、角度大，能给对手造成一定威胁。

5. 正手发短球

动作要领：同发奔球，其区别是触球刹那突然减力并向左下切球，第一落点本方中区，第二落点对方近网处。

（五）接发球

动作要领：视对方发球站位而定的接发球站位要恰当，判断来球的旋转性能、飞行弧度、落点要准确，移动回击手法要适当。发球的重点、难点是发球手法，发球的隐蔽性和准确的第一落点。接发球的重点、难点是正确判断来球的旋转性能、飞行弧度和落点。

练习方法：

（1）徒手模仿各发球动作，体会抛、引、挥等动作。

（2）离墙 2 米对墙做各种发球练习。

（3）在台上着重做第一落点的各种发球练习。

（4）两人台上练习，一人做各种发球，一人做平挡球练习，交换进行。

（5）两人台上练习，一人做规定线路的各种发球练习，另一人做接发球练习，规定用攻、搓、削中的任何一种技术接对方的单一发球。

（6）用多球进行发球练习。

（7）两人一组，一人配套发球，另一人用多种技术接发球，交换进行。

（8）记分比赛，五球一换或一局一换。发球方专练发球，接发球一方专练接发球。

（六）挡球与推挡球

挡球是初学者首先应学习的一项基本技术。推挡球是我国近台快攻传统打法的独特技术，是需要掌握的基本技能。

1. 挡球

动作要领：以右手持拍为例。近台中偏左站位，左脚稍前，屈膝提踵含胸收腹，重心在前脚掌上，持拍手置于腹前，上臂靠近身体右侧，球拍半横状。前臂和手腕顺来球路线向前伸出主动迎球，上升期击球的中部，拍面与台面几乎垂直，拍触球后立即停止，迅速还原成准备姿势（图 5-1-7）。

视频：挡球示范动作

图 5-1-7 挡球

2. 推挡球

动作要领：以右手持拍为例。近台中偏左站位，右脚稍前，击球时提起前臂，上臂后收，肘部贴近身体，在上升时期或高点期击球中上部。击球时，适当用伸髋转腰动作加大手腕发力，并用中指顶住拍背向前用力（图 5-1-8）。

视频：推挡球示范动作

图 5-1-8 推挡球

挡球与推挡球的重点、难点是正确的拍面，身体的协调配合和准确的线路落点。

练习方法：

（1）徒手做挡球、推挡球动作模仿练习。

（2）离墙 2 米用正、反手做对墙推挡练习。

（3）两人台上进行对挡、对推练习，不限落点，但动作要正确并能击球过网。

（4）两人台上一推一挡，限定路线。

（5）两人台上对推斜线、中路和直线。

（6）两人台上全力推挡斜线。

（7）两人台上练习，一人一点推两点，另一人两点推挡一点，互换练习。

（七）搓球

搓球是近台还击下旋球的一种基本技术，特点是站位近、动作小、回球多在台内进行，也是初学削球必须掌握的入门技术。

1. 慢搓

动作要领：以右手持拍为例。近台站位，右脚稍前，持拍手臂自然弯曲。击球时，用前臂和手腕向前下方用力，拍面后仰，在下降期击球的中下部（图 5-1-9）。

图 5-1-9　搓球（慢搓）

视频：搓球示范动作

2. 快搓

动作要领：站位及击球方法与慢搓相同，击球时，拍面稍横立，以避免出界或回球过高。

搓球的重点、难点是前臂和手腕的挥拍路线和用力方法。

练习方法：

（1）徒手模仿搓球动作，掌握技术要领。

（2）自己在台上抛球，将球搓过球网。

（3）一人发下旋球，一人将球搓回。

（4）两人对搓中路直线，再对搓斜线。

（八）正手攻球

乒乓球正手攻球技术是指在击球方式上以撞击为主的进攻性技术，是乒乓球的主要进攻技术。

动作要领：以右手持拍为例。判断来球，选好站位，引拍时，重心右移，向后下方引拍，右肩随转腰略下沉，向左前上方挥拍，击球的中上部，在高点期击球，身体重心由右脚移至左脚，然后注意还原（图 5-1-10）。

正手攻球的重难点是手臂、腰、腿的协调发力。

视频：正手攻球示范动作

图 5-1-10 正手攻球

练习方法：

（1）徒手模仿正手攻球技术，掌握技术要领。

（2）台前自弹自击。

（3）一人推挡，一人练习正手攻球。

（4）两点攻练习。

（5）正手对攻练习。

（九）正手弧圈球

正手弧圈球技术力量大、速度快，是弧圈球技术中最具有威胁的进攻性技术。

动作要领：以右手持拍为例。判断来球，确定拉球时间和拉球部位，拉球前身体重心较低；引拍时，球拍向右后方引拍，右肩稍沉，重心在右脚；挥拍击球时，向左前上方挥拍，摩擦球的中上部，身体重心向左移动，在球的高点期拉球；最后，随势挥拍动作要尽量小，并注意还原（图 5-1-11）。

视频：正手弧圈球示范动作

图 5-1-11 正手弧圈球

正手弧圈球的重难点是腿、腰、手的协调配合发力。

练习方法：
（1）徒手模仿正手弧圈球技术，掌握技术要领。
（2）多球练习，一人喂球，一人用正手弧圈球击球。
（3）一人推一人拉球练习。

三、乒乓球基本战术

（一）发球后正手抢位战术

这一战术根据对手回球的能力和自己的战术设计选择发球。发球后迅速还原，身体转向球台方向，准备下一板击球，移动到位并完成击球动作。

技术动作关键点：

（1）严谨选择发球技术，并提前预判对方的回球落点及旋转的强弱。

（2）在身体移动过程中完成引拍动作，移动到位后迅速挥拍击球。

（3）发球与抢攻要衔接紧密，利用可选择的击球点进行调节。

练习方法：
（1）不持拍进行徒手练习，步法配合到位。
（2）两人利用多球练习发球后正手位抢拉，重点是强化手脚的协调配合，及其与技术的衔接。
（3）两人利用单球强化发球的战术效果和连贯的节奏感，以便熟练使用发球正手抢位战术。

（二）两面攻战术

这一战术主要利用正、反手攻球技术的速度和力量压制对方，争取主动和创造扣杀机会。两面攻战术是两面攻打法对付攻击型打法的主要战术。

1. 方法

（1）攻左扣右。

（2）攻打两角，猛扣中路。

2. 注意事项

（1）正、反手攻球都要有线路变化和落点变化，以便创造扣杀机会。

（2）要以压对方反手为主，然后攻击对方正手或中路，以创造扣杀机会。

（3）遇到机会球时要大胆扣杀。

（4）两面攻战术在主动进攻情况下要坚持近台，被动情况下可适当后退，在中近台或中台进行反攻。

（5）两面攻战术对付弧圈球打法应坚持近台，用快带顶住对方的弧圈球，伺机采用近台反拉或中等力量扣杀弧圈球，然后转入连续进攻。

（三）拉攻战术

这一战术通常连续运用正手快拉创造进攻机会，然后采用突击和扣杀作为得分手段。

拉攻战术是快攻打法对付削球类打法的主要战术。

1. 方法

（1）正手拉后扣杀。

（2）反手拉后扣杀。

2. 注意事项

（1）拉、扣的力量要有较大的悬殊，以使对方措手不及。

（2）拉球要有线路和落点变化，以调动对方，争取主动和创造进攻机会。

（3）遇到机会球时要大胆扣杀或突击。

（4）采用拉攻战术要有耐心，不要急于求成，对没有把握的机会球不要过凶。

（四）拉、扣、吊结合战术

拉、扣、吊结合战术由拉攻与放短球相结合而成，是快攻型打法对付削球打法的常用战术。

1. 方法

（1）在拉攻战术的扣杀或突击后放短球。

（2）在拉攻战术中放短球后，结合扣杀或突击。

2. 注意事项

（1）拉攻中放短球，要在对方站位较远并且来球较近网时进行，这样，放短球的落点容易靠近球网，可增加对方向前移动的距离和难度。

（2）放短球后扣杀时，如果对方靠台极近，可对准对方身体方向扣杀，这样，往往能使对方难于让位还击。

（五）搓攻战术

这一战术主要运用“转、低、快、变”的搓球控制对方，以寻找战机，然后采用低突、快点或拉攻等技术展开攻势并进入连续进攻；在搓球中遇到机会球时进行扣杀，常常带有突然性，往往可以直接得分。搓攻战术是乒乓球各种打法都不可缺少的辅助战术。

1. 方法

（1）正、反手搓球结合正手快拉、快点、突击或扣杀。

（2）正、反手搓球结合反手快拉、快点、突击或扣杀。

2. 注意事项

（1）搓攻战术既要尽可能早起板，以争取主动，但又不能有急躁情绪，否则起板容易失误。

（2）在搓球中遇到机会球时要大胆扣杀，这是搓攻战术的主要得分手段。

（3）在搓短中摆短，可使对方不易抢先进攻，因此有利于创造进攻机会，以便伺机用正、反手或侧身进攻。

（六）削中反攻战术

这一战术由削球和攻球结合而成，常以逼角加转削球为主，伺机反攻；或以转、低、稳、变的削球，迫使对手在走动中拉攻，以从中寻找机会，予以反攻。这种战术有“逼、变、凶、攻”的特点，是攻、削结合打法的主要战术。

1. 方法

（1）正、反手削球逼角，结合正手攻或侧身攻对方右侧空当。

（2）正、反手削两大角长球，结合正、反手反攻。

2. 注意事项

（1）正、反手削球都要注意旋转强度的变化。在削加转后用削加转球相似的手法削不转球，是使对方拉出高球，以进行反攻的有效方法。

（2）削球时要尽可能压低弧线，以避免对方扣杀或突击。

（3）削球逼角时要适当配合削另一角，以使对方在走动中击球。

（七）发球抢攻战术

发球抢攻战术以旋转、线路、落点以及速度不同的发球来增加对方回击的难度，使其出现机会球或降低回球质量，然后抢先进攻，以争取主动或直接得分，这是乒乓球所有打法，特别是进攻型打法的主要战术和得分手段。

1. 方法

（1）发下旋转与“不转”抢攻。

（2）发正、反手奔球抢攻。

（3）发正、反手侧上、下旋球抢攻。

2. 注意事项

（1）发球要有线路和落点变化，以使对方在前、后、左、右走动中接发球。

（2）发球后要有抢攻准备，以不失抢攻的机会。

（3）自己发什么球，对方可能以什么技术回击，发球前要做到心中有数。这样，才能较好地做好抢攻的准备。

（4）抢攻要尽可能凶，又不能过凶，否则，会影响命中率。

（八）接发球抢攻战术

这一战术由某一单项攻球技术形成，进攻性强，可变接发球的不利地位为主动地位，也可直接得分，是乒乓球运动各种打法，特别是进攻型打法的主要战术。

1. 方法

用快点、快攻或中等力量突击进行接发球抢攻。

2. 注意事项

（1）由于接发球抢攻是在对方主动发球，自己处于被动的接发球地位时所采取的进攻型打法，所以难度较大。接发球抢攻一般不可过凶，要看准来球的旋转方向、旋转强度和高度，采用适当的方法进攻。例如，对方发加转下旋球，接发球抢攻时要采用提拉手法，以免下网。同时，攻球的力量不可过大。

（2）接发球抢攻动作结束后，要立即做好对攻或连续攻的准备，以便继续处于主动地位。

（3）接发球抢攻、抢冲的力量越小，应越注意球的路线或落点，一般应多打在对方反手；若对方反手强而正手弱，则可多打在对方正手。

>>> 知识链接

何谓擦边球

所谓擦边球是指球落在球台上层表面与球台侧面两个交界的“棱”上的球。球打在球台上边缘以下部分为“出界”，失一分。

四、乒乓球竞赛规则简介

（一）场地和器材

1. 球

球为黄色（或白色），直径为40毫米，重2.7克，由赛璐珞或类似的塑料制成。

2. 球拍

球拍的大小、形状或重量不限，底板至少应有80%的天然木料。

3. 球台

球台应为与水平面平行的长方形，长2.74米，宽1.525米，离地面高76厘米。球台四边应有一条2厘米宽的白线。双打时，各台区应由一条3毫米宽的白色中线划分为两个相等的“半区”。

知识链接

乒乓球常用术语解释

回合：球处于比赛状态的一段时间。

球处于比赛状态：从发球时，球被有意向上抛起前，静止在不执拍手掌上的一瞬间，到该回合被判得分或重发球。

重发球：不予判分的回合。

一分：判分的回合。

执拍手：正握着球拍的手。

不执拍手：未握着球拍的手。

击球：用握在手中的球拍或执拍手手腕以下部分触球。

阻挡：对方击球后，处于比赛状态的球尚未触及本方台区也未超过比赛台面或其端线，即触及本方运动员或其穿戴的任何物品。

发球员：在一个回合中，首先击球的运动员。

接发球员：在一个回合中，第二个击球的运动员。

裁判员：被指定管理一场比赛的人。

裁判助理：被指定在某些方面协助裁判员工作的人。

运动员“穿或戴”的任何物品，包括他在一个回合开始时穿或戴的任何物品。

球从突出台外的球网装置之下或之外经过，或回击的球越过球网后又回弹过网，均应视为已“超过或绕过”球网装置。

球台的“端线”包括端线两端的无限延长线。

（二）乒乓球竞赛通则

1. 合法发球

（1）发球时，球应放在不执拍手的手掌上，手掌张开和伸平。球应是静止的，在发球方的端线之后和比赛台面的水平面之上。

（2）发球员须用手把球几乎垂直地向上抛起，不得使球旋转，并使球在离开不执拍手的手掌之后上升不少于16厘米。

（3）当球从抛起的最高点下降时，发球员方可击球，使球首先触及本方台区，然后越过或绕过球网装置，再触及接发球员的台区。在双打中，球应先后触及发球员和接发球员的右半区。

（4）从抛球前球静止的最后一瞬间到击球时，球和球拍应在比赛台面的水平面之上。

（5）击球时，球应在发球方的端线之后，但不能超过发球员身体（手臂、头或腿除外）离端线最远的部分。

（6）运动员发球时，有责任让裁判员或副裁判员看清他是否按照合法发球的规定发球。

（7）如果裁判员怀疑发球员某个发球动作的正确性，并且他或者副裁判员都不能确信该发球动作不合法，一场比赛中此现象第一次出现时，裁判员可以警告发球员而不予判分。

（8）在同一场比赛中，如果运动员发球动作的正确性再次受到怀疑，不管是否出于同样的原因，不再警告而判失一分。

（9）无论是否第一次或任何时候，只要发球员明显没有按照合法发球的规定发球，他将被判失一分，无须警告。

（10）运动员因身体伤病而不能严格遵守合法发球的某些规定时，可由裁判员做出决定免予执行，但须在赛前向裁判员说明。

2. 合法还击

对方发球或还击后，本方运动员必须击球，使球直接越过或绕过球网装置，或触及球网装置后，再触及对方台区。

3. 比赛次序

（1）在单打中，首先由发球员合法发球，再由接发球员合法还击，然后两者交替合法还击。

（2）在双打中，首先由发球员合法发球，再由接发球员合法还击，然后由发球员的同伴合法还击，再由接发球员的同伴合法还击，此后，运动员按此次序轮流合法还击。

4. 重发球

回合出现下列情况应判重发球：

（1）如果发球员发出的球，在越过或绕过球网装置时，触及球网装置，此后成为合法发球或被接发球员或其同伴阻挡。

（2）如果接发球员或其同伴未准备好时，球已发出，而且接发球员或其同伴均没有企图击球。

（3）由于发生了运动员无法控制的干扰，而使运动员未能合法发球、合法还击或遵守规则。

（4）裁判员或副裁判员暂停比赛。

（5）在双打时，运动员错发、错接。

可以在下列情况下暂停比赛：

（1）由于要纠正发球、接发球次序或方位错误。

（2）由于要实行轮换发球法。

（3）由于警告或处罚运动员。

（4）由于比赛环境受到干扰，以致该回合结果有可能受到影响。

5. 一分

除被判重发球的回合，下列情况运动员得一分：

（1）对方运动员未能合法发球。

（2）对方运动员未能合法还击。

（3）运动员在发球或还击后，对方运动员在击球前，球触及了除球网装置以外的任何东西。

（4）对方击球后，该球越过本方端线而没有触及本方台区。

（5）对方阻挡。

（6）对方连击。

（7）对方用不符合要求的拍面击球。

（8）对方运动员或他穿戴的任何东西使球台移动。

（9）对方运动员或他穿戴的任何东西触及球网装置。

（10）对方运动员不执拍，手触及比赛台面。

（11）双打时，对方运动员击球次序错误。

（12）执行轮换发球法时，接发球运动员或其双打同伴，包括接发球一击，完成了13次合法还击。

6. 一局比赛

在一局比赛中，先得11分的一方为胜方；10平后，先多得2分的一方为胜方。

7. 一场比赛

（1）一场比赛一般采用5局3胜制或7局4胜制。

（2）一场比赛应连续进行。但在局与局之间，任何一名运动员都有权要求不超过2分钟的休息时间。

第二节 羽毛球运动

一、羽毛球运动概述

现代羽毛球运动起源于英国。1873年，在英国格拉斯哥郡伯明顿镇，一位名叫鲍弗特的公爵在其庄园内举办了一次别开生面、妙趣横生的羽毛球比赛，给众人留下了深刻的印象。从此以后，人们便用伯明顿（英文“badminton”）这个地名来命名这项运动。1877年，第一次成文的羽毛球规则在英国出版。1934年，国际羽毛球联合会（简称国际羽联）成立，总部设在伦敦。1939年，国际羽毛球联合会制定了会员共同遵守的羽毛球规则。1992年，羽毛球运动被列为奥运会正式比赛项目，这给世界羽毛球运动的发展带来了很大的影响。

现代羽毛球运动于1910年前后传入我国。1952年，毛泽东主席提出“发展体育运动，增强人民体质”的号召后，越来越多的人投入到羽毛球运动中来。此后，中国羽毛球运动水平几经周折，不断向上发展，目前我国羽毛球队的整体实力已位居世界前列。随着参与和研究羽毛球运动的人越来越多，我国羽毛球运动训练积累了丰富的经验，如以快为主，以攻为主，走自己发展的道路；在技术全面的基础上发挥特长；创新步法和手法，保证快速特点的充分发挥；注重反应速度、灵活性、爆发力和耐久力为主的身体素质训练；实行多周期训练，适应日益频繁的比赛任务等。

二、羽毛球基本技术及练习方法

（一）标准握拍方法

1. 正手握拍法

动作要领：以右手为持拍手为例。握拍前，右手拇指、食指伸开，分别捏住拍框正、反面，虎口向上，然后两个手指沿拍杆方向向下滑动，使手掌根部肌肉靠在球拍握柄底部位置，另三指并拢握住拍柄，虎口呈 V 字形对着左侧宽面的棱边，拇指和食指轻松形成 V 字形，贴在拍柄左侧的宽面上，食指与中指稍微分开，第二指节贴住拍柄右侧宽面并自然弯曲，掌心与拍柄留有空隙，这样有利于手腕、手指发力及灵活运动（图 5-2-1）。

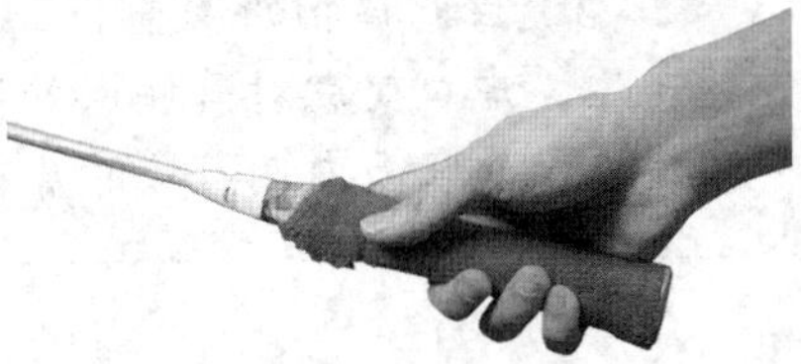

图 5-2-1　正手握拍法

视频：正手握拍法示范动作

注意事项：

◇ 初学者通常容易用握拳方式进行握拍，注意五指位置的合理分配。

◇ 用拇指和食指握拍，其他手指自然贴在拍柄上。

◇ 握拍时确保能看到拍框侧面，而不是拍框正面。

>>> 知识链接

羽毛球常用术语解释（一）

正手技术：指握拍手同侧的技术。

反手技术：指握拍手异侧的技术。

头顶球：击球者用正手技术击反手区头顶上方球的技术。

击球点：指运动员击球时球拍与球相接触那一点的时间、空间位置。

拍面方向：指球拍的拍面所朝向的位置。拍面方向可分为拍面朝左、拍面朝右、拍面朝前三种。

拍形角度：指球拍与地面所成的角度。拍形角度可分为拍面向下、拍面稍前倾、拍面前倾、拍面垂直、拍面后仰、拍面稍后仰、拍面向上 7 种。

2. 反手握拍法

动作要领：以右手为持拍手为例。通常有两种形式：① 在正手握拍的基础上，把球拍稍微外旋，拇指上提，食指收拢，拇指压住拍框的内侧小棱边，食指、中指、无名指和小指并拢。② 在正手握拍的基础上，把球拍稍微外旋，拇指上提，食指收拢，拇指压住拍框的宽面，食指、中指、无名指和小指并拢（图 5-2-2）。

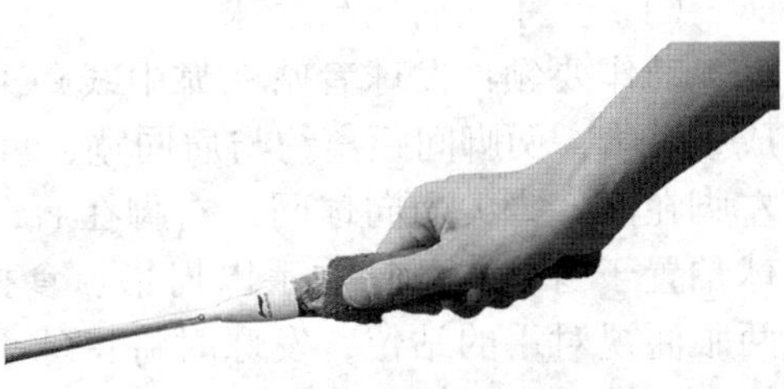

图 5-2-2　反手握拍法

视频：反手握拍法示范动作

不同的反手握拍方式适用于不同的击球，

第一种反手握拍方式适用于反手挑球，第二种方式适用于反手后场的高球、吊球、杀球。

注意事项：

◇ 用同一种握拍法去处理各种球，不利于提高击球的灵活性和威胁性。

◇ 初学者通常会将拇指指尖用力顶在拍柄内侧宽面上，这样不利于握拍的稳定性，影响手腕的发力。

练习方法：

（1）进行正、反拍球性练习，建立握拍感觉。

（2）体验握拍的松紧度。握拍太紧动作必然僵硬，握拍太松击球无力，且动作可能变形。握拍如同抓住小鸟一样，握得太紧、太用力会捏死小鸟，太松了会放跑了小鸟。

（3）注意握拍的调整。击高球和杀球时，击球的瞬间需要握紧拍柄发力，握拍有些变化，虎口变成对着侧面的窄面，才能以球拍正面击球，击球后则应调整恢复到虎口对着拍柄窄面内侧斜棱的原有正手握拍法。

>>> 知识链接

羽毛球常用术语解释（二）

击球线路：指球被运动员击出后在空中运行的轨迹和场地之间的线路。

直线：从自己的右方打到对方的左方（线路与边线平行）可称为直线。

对角线：从自己的右方打到对方的右方（线路与边线有较大的角度）可称为对角线。

中路：打到对方的中线球（线路与边线有较小的角度）可称为中路。

补球：当对方发网前球或回击网前球，球越过网顶时，弧度较高，即迅速上步在网前举拍扑杀。

（二）发球与接发球

发球既是羽毛球的一项重要的基本技术，也是战术的重要组成部分。发球质量往往直接影响到一个回合赛的主动与被动，故初学者应充分重视发球技术的训练。

发球有两种形式，一是正手发球，二是反手发球。从发球弧度和远近效果上来说，正手发球可发高远球、平高球、平射球和网前球；反手可发平高球、平射球和网前球。发球时，要根据战术需要采用各种发球形式以达到战术目的。不管采用何种发球形式，均要求发球动作协调一致，落点及弧度要准确多变。

1. 发球（以右手为持拍手为例）

（1）正手发后场高远球。

动作要领：发球者站在靠中线距离前发球线 1 米左右，有时也可向前站位，两脚站成丁字步，两脚间距离约与肩同宽，重心在两脚之间，自然放松站立，身体稍侧向球网。左脚在前，脚尖朝向球网；右脚在后，脚尖朝向右斜前方。右手正手握拍，自然屈肘将球拍置于身体右侧；左手以拇指、食指和中指轻捏住球头，将球置于身体的右前上方，两眼注视对手的站位，发球时将持球手的手指松开，让羽毛球做自由落体运动，同时身体向左转动，身体重心随着上体由侧面转向正面而前移至左脚，右脚跟提起，手腕尽量外展，击球时右前臂内旋，使腕部动作由伸展至微屈。击球瞬间，手指紧握球拍，完成闪腕动作，球拍击到球时拍面成正拍面击球，完成挥拍击球，击球后球拍自然随挥至左肩上方，完成随挥（图 5−2−3）。

视频：正手发后场高远球示范动作

图 5−2−3　正手发后场高远球

（2）正手发平高球。

动作要领：发球站位、准备姿势、挥拍动作与发高远球基本一致。只是发平高球的瞬间不是产生最大的向前上方挥动的爆发力而是产生有控制力量的发力，拍面稍向前上方推进，动作幅度小于发高远球，随挥动作不必至左肩上方，停在胸前位置即可。

（3）正手发平射球。

动作要领：发球站位较高远球、平高球靠后些（以防对手迅速回球到本方后场），这样可使球的弧度较平，其他基本动作与发高远球基本一致，只是在击球瞬间前臂内旋动作不明显，挥拍线路不是向上方而是向前方。

（4）正手发网前球。

动作要领：发球站位更靠近前发球线。握拍尽量放松，上臂动作要小，引拍时不必过多向右转。击球时，由前臂带动手腕使拍面从右向左斜切击球，控制用力，控制好球飞行过网的弧度及落点，落在对方前发球线附近，击到球后就制动。击球后，还原成准备姿势（图 5−2−4）。

视频：正手发网前球示范动作

图 5−2−4　正手发网前球

注意事项：

◇ 发高远球时，用正确握拍姿势，保持合理站位，发球时肘关节不必完全伸直，手腕充分展开，球拍挥动的轨迹由体侧后摆经由后向下体侧前摆至左肩上方，挥拍时以肩为轴，大臂带动小臂向上方挥动。

◇ 击平高球和平射球时，准备动作与引拍和发高远球动作一致，击球后的随前动作不必过大，击球后便制动。

◇ 发网前球时握拍要松，不可像发高远球一样向上击中球托，要从右向左斜面切削击球，方可保证球过网弧度不高。

（5）反手发网前球。

动作要领：反手发网前球时，站位靠近中线，距离前发球线较近位置，右脚在前，脚尖指向球网，左脚在后，重心放在右脚上，使用反手握拍姿势，持球手拇指和食指捏住羽毛，球托向下，将球放在球拍前面。发球时小臂带动手腕发力，球拍由后向前推送，拍面呈切削式击球，使球过网后急速下落在对方场区的前发球线附近（图 5-2-5）。

视频：反手发网前球示范动作

图 5-2-5 反手发网前球

（6）反手发平高球。

动作要领：反手发平高球时，球拍的挥动方向与反手发网前球一样，只要在击球的瞬间，手腕抖动，突然发力，向前上方挥动，让球越过接发球者，落在底线附近。

注意事项：

◇ 站位过于靠后，使得发球质量不高。

◇ 握拍太紧，手腕不能灵活转动，不利于力量传导。

◇ 发球不可有“过手”“过腰”的违例动作。

练习方法：

（1）首先学习正手发后场高远球。依照先分解后连贯、从简单到复杂的顺序，先进行徒手动作练习，熟练后按照技术动作的要领做持拍发球练习，直至熟练。

（2）用绳拴住球，选择适当的高度将球固定吊好，反复做发球挥拍击球动作练习，体会球与拍之间的距离感觉及前臂内旋带动手腕由伸腕到展腕的发力过程。

（3）持拍面对墙壁做发球练习。在做该项练习时，既要注意击球的准确性，同时还要兼顾击球动作的正确性。

（4）在场地上练习发球，重点注意发球的落点。

2. 接发球

接发球是羽毛球的一项重要基本技术，接发球质量往往决定这一回合的胜负，练习者应充分重视接发球技术。

（1）接发球的站位。

单打站位：站在离前发球线约 1.5 米处。在右场区接发球时，为防对手发平射球偷袭本方头顶区域，站位应靠近中线的位置，在左场区接发球时，应站在中线与边线的中间位置上。

双打站位：站在靠近前发球线的位置，由于双打发球区比单打发球区短 0.76 米，发高远球容易被对手扣杀，因此双打大多以发网前球为主。

（2）准备姿势。

单打接发球通常左脚在前，右脚在后，重心放在前脚上，身体侧对球网，重心前倾，膝关节微屈，球拍举在身前，两眼注视前方。

双打接发球准备姿势与单打基本相同，膝关节弯曲程度更大一些，以便直接进行后蹬起跳，防止对手偷发后场球。

（3）接发来球。

注意事项：

◇ 要保持清醒的头脑，不可提前预判对手发球。

◇ 精力要高度集中，注意对手发球动作。

◇ 做好击球姿势和准备动作，步法要清晰而有节奏。

3. 击球技术

（1）正手击高远球。

动作要领：准备击球时，左脚在前，右脚在后，两脚间距与肩同宽，同时，侧身左肩对网，重心在右脚上，右手握拍屈臂举拍于右侧，大小臂角度小于 90°，左手屈臂放于前侧，大小臂角度大于 90°。首先要准确地判断来球的方向和落点，迅速移动到位，使下落的球处于头顶的前上方，待球下落到合理的击球高度时，右脚蹬地转髋，同时右臂以肩关节为轴，向前转动成肘关节朝前并高于肩部，球拍上提并后引，使躯干呈反弓形，拍头向下，球拍贴背与地面垂直，放松握拍。然后在蹬地、转体收腹的协调用力下，大臂带动小臂向前上方甩腕，在手臂伸直的最高点上击球，击球时重心向上。击球后，手臂顺惯性将球拍挥至腋下并收拍至体前，同时重心顺势向前，右脚自然向前跨出成准备姿势（图 5–2–6）。

图 5–2–6　正手击高远球

视频：正手击高远球示范动作

注意事项：

◇ 击球时没有侧身或侧身不够，重心没有移至右脚，造成躯干正面对羽毛球击球。

◇ 击球时以肘关节为轴或向下拉臂，造成击球力量不够，击不到位。

◇ 握拍过紧，使手臂肌肉过于紧张造成动作僵硬、手腕动作的不灵活。

◇ 随前动作易犯错误，击球后，球拍不是顺惯性向左下方挥动并回收至体前，而是向右后方挥动，影响身体重心，步法无法连贯。

（2）反手击高远球。

动作要领：当球飞向非持球手一侧场区的底线附近，击球者无法移动到位用正手击球时可采用反手击高远球。判断来球的方向和落点，迅速将身体转向左方或右方，右脚向左脚并一大步，随后左脚向后移动一步，右脚向左前跨一大步，移动到位，此时，身体背向球网，重心在右脚上。肘部上抬略高于肩，拍面朝上，击球时，以肘关节为支点，前臂带动手腕，通过手腕的抖动和拇指的侧压，自下而上地甩臂将球击出。同时左脚支撑右脚蹬跨回收，使整个击球动作协调而又自然反弹。击球后，身体随重心的转移回动成正面对网。前臂内旋，恢复握拍姿势，迅速返回中心位置，准备还击（图 5-2-7）。

视频：反手击高远球示范动作

图 5-2-7 反手击高远球

注意事项：

◇ 步法移动不到位，击球点控制不理想，引拍动作不充分，无法形成协调用力，不能产生最大爆发力。

◇ 握拍姿势不正确，反手击高远球握拍有别于反手挑球握拍。

◇ 前臂和手腕发力应一致，充分发挥前臂和手腕力量。

（3）头顶击高远球。

动作要领：击球点在头顶上方的部位。头顶击高远球的动作要领与正手击高远球基本相同，只是击球点偏左肩上方或偏左后的位置。击球前，身体侧身向左倾斜稍后仰，球拍绕过头顶后，从左上方向前加速摆动。击球时，小臂内旋带动手腕突然发力形成鞭打动作将球出击。落地时，左腿向左后方摆动，顺着惯性向中心位置回动（图 5-2-8）。

注意事项：

◇ 向左后侧方侧身，身体转动幅度要大，左脚后撤幅度要大，便于击球后的迅速回动。

视频：头顶击高远球示范动作

图 5-2-8　头顶击高远球

（4）击平高球。

动作要领：击平高球的要领和击高远球基本相同，只是在击球的刹那出手角度略小于高远球，用力方向主要是向前。

注意事项：

◇ 由于平高球的弧线较低，因此要善于控制球的高度，保证不被对手中途起跳拦截。

（5）劈吊。

动作要领：准备动作与正手击高远球相似，击球时手臂向上挥拍，突然减速，拍面向内倾斜劈切，击球的刹那改变球拍的运行角度，手腕控制好拍面角度，快速做切削动作，使球向对角网前飞行（图 5-2-9）。

视频：劈吊示范动作

图 5-2-9　劈吊

（6）拦截吊。

动作要领：把对方击来的平高球在途中拦截回去，落点一般在发球线附近，与劈吊不同，拦截吊在击球时拍面正对来球，借助球本身的速度和力量，击球瞬间屈腕，使球拍轻轻地正面击球托的后下部，使球距离网较近的位置落下。

（7）轻吊。

动作要领：准备动作与击高远球相同，落点较近网。击球时，拍面正对来球，在触球瞬间突然减速轻点和轻切来球，使球一过网就下坠。

（8）反手吊球。

动作要领：反手吊球准备动作与反手击高远球相同，只是击球时，握拍的方法、拍面的掌握和力量的运用有所区别。吊直线球时，用球拍反面切削球托的后中部将球击出，落点在对方右场区前发球线附近；吊斜线球时，用球拍反面切削球托的左侧部将球击出，落点在对方左场区前发球线附近。

（9）头顶吊球。

动作要领：头顶吊球准备动作与头顶击高远球相同。只是击球时，击球点要稍靠前些。头顶吊直线球时，击球的瞬间前臂突然往前下方挥拍，球拍击球托的正中部位，使球朝直线方向飞行过网后即下落；头顶吊斜线球时，击球瞬间，前臂突然反腕往前下方挥拍，以斜拍面击球托左侧部位，使球向对角方向飞行过网后即下落（图 5-2-10）。

视频：头顶吊球示范动作

图 5-2-10 头顶吊球

注意事项：

◇ 击球时要抢高点击球，击球点过低，容易造成球下网。

◇ 手腕用力要柔和、富有弹力。动作过于僵硬，就会缺少对球微妙的控制力而没有弹力，就不能有效地把球送出去。

◇ 击球动作一致性不强，容易让对手识破球落点而有所准备。

◇ 吊过网的球过高，就容易给对方反击的机会。

（10）正手杀球。

动作要领：准备姿势和动作要领与正手击高远球基本相同，不同的是击球点的位置和最后用力的方向。首先架拍快速移动至击球点，感觉像是用左手抓球，左手向下摆动的同时右手挥拍下压，击球瞬间发力，击球过程中调整重心，右脚交换至前方将身体重心调整到右脚。

（11）反手杀球。

动作要领：反手杀球动作方法与反手击高远球基本相同，只是反手杀球在击球前的挥拍用力更大，击球瞬间握紧拍子快速外旋和后伸，击球托的后部，线路是直线向下。

（12）头顶杀球。

动作要领：其动作要领和准备姿势与头顶高球基本相同，只是头顶杀球起跳步子更大些，起跳后身体后仰的幅度也更大些。击球时，要集中全力向直线或对角方向下压。为了在空中保持身体的平衡，两腿在空中分开较大。击球后，顺着惯性回到中心位置。

注意事项：

◇ 如果身体没有完全移动到球的落点，击球点就会向后方或者两侧偏移，从而使身体失去平衡，即便可以击中来球，大概率也会出界。

◇ 击球时支撑腿没有屈膝，采用这样的姿势，力量无法传递到球上，从而造成击球无力。

◇ 要保持较高的击球点。

◇ 不要提前挥拍过急，这样容易出现失误。

练习方法：

（1）按照技术动作要领，持拍做好准备、引拍、挥拍、击球（还原）的基本功架练习。注意握拍要正确、合理，左右手、前后脚及转体收腹等动作要协调，在最高点击球。

（2）原地进行“起跳转体 90° 着地后即返回原地，再反复起跳并完成上手挥臂动作”的练习。

（3）多球式喂球或一对一陪练式喂球。首先让练习者原地站好，喂球者抛球，进行杀球练习。逐步提高要求，可由原地完成动作到起跳完成动作，由固定回击一点直线球到回击两点直线加斜线球等。

（4）两人分边，用高吊、高杀直线或斜线球进行对练。开始速度可慢些，逐步加快；注意到位击球，提高稳定性、准确性。

（5）强调高、吊、杀动作的一致性，即在准备、引拍、挥拍到击球前期动作的一致性。只是在击球的瞬间各有所不同：其一是击球点不同：高远球在右侧前上方，吊球比高远球的击球点靠前，杀球比吊球更靠前；其二，高远球是以肩关节为轴，大臂带小臂，小臂带手腕，向前上方用力击球；杀球也是以肩关节为轴，大臂带小臂，小臂带手腕，但更强调手腕积极向前下方重压；吊球则是以肘关节为轴，手腕积极下压，切削球的右侧后下部。

4. 低手击球（以右手持拍为例）

（1）正手抽球。

动作要领：移动到位，最后一步右脚向右侧跨出，侧身对网，上体向右侧倾，重心在右脚上，右臂侧上摆，前臂稍外旋，击球时主要靠前臂带动腕部由下往右侧平地抽压、抖动挥拍。击球后，右脚蹬地，身体重心置于两脚之间（图 5-2-11）。

（2）反手抽球。

动作要领：移动到位，最后一步左脚向左侧方跨一步，重心落于左脚，后脚脚跟提起，右臂屈肘，肘部稍上抬，小臂内旋，手腕内屈，引拍至左肩后。击球时，右脚蹬地，髋关节向右转动，臂在挥拍时外旋，手腕由内屈至伸直抖动。挥拍击球托的后下部，击球后，球拍回收至胸前，身体重心置于两脚之间（图 5-2-12）。

视频：正手抽球示范动作

图 5-2-11 正手抽球

视频：反手抽球示范动作

图 5-2-12 反手抽球

（3）正手挡球。

动作要领：左脚在前稍侧身站立，球拍置于右侧，两眼紧盯着球。身体重心移向右脚或右脚向右跨出一步，侧身，左肩对网，右手持拍右侧后引，对准来球。击球时，借助来球本身的力量和速度，不需要过大的挥拍动作，将球挡回至对方前场区（图 5-2-13）。

视频：正手挡球示范动作

图 5-2-13 正手挡球

（4）反手挡球。

动作要领：身体左侧的球用反手推挡，身体重心移到左脚或左脚向左侧跨出一步，身体左转，右肩对网，反拍对着来球，握拍放松。击球时，挥拍切挡，手指控制拍面角度，借来球的力量反弹至对方前场区（图 5-2-14）。

视频：反手挡球示范动作

图 5-2-14　反手挡球

5. 网前击球（以右手持拍为例）

（1）正手放网前球。

动作要领：侧身对右边网前，右脚向右侧前方大跨一步成弓步，正手握拍，球拍向右前上方斜举。击球时，右臂自然后伸，手腕稍后伸，小臂稍外旋，手腕由后伸至稍内收转动，右手轻松握拍，食指和拇指夹住球拍，在手腕和手指的控制下，轻击球托底部将球轻送过网。击球后，还原成下次击球前的准备姿势（图 5-2-15）。

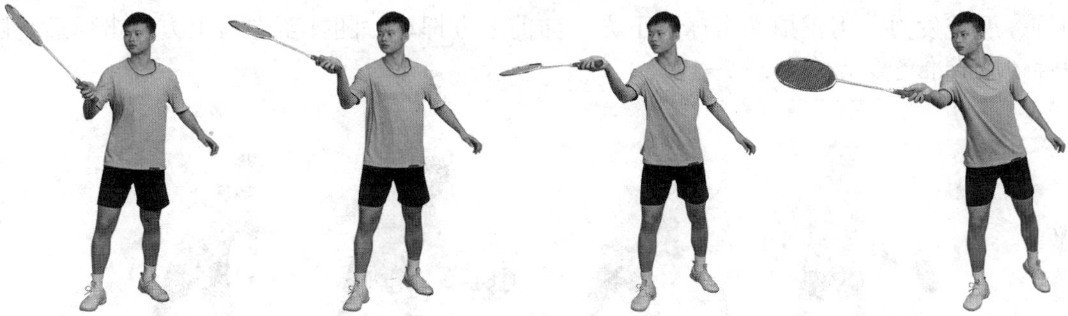

视频：正手放网前球示范动作

图 5-2-15　正手放网前球

（2）反手放网前球。

动作要领：击球前动作方法与正手放网相同，不同的是先向左前场转体，右肩对网，反手握拍，反拍迎球。击球时，前臂前伸、外旋，手腕内收至外展，轻击球托底部把球轻送过网，击球后，还原成准备姿势（图 5-2-16）。

视频：反手放网前球示范动作

图 5-2-16　反手放网前球

注意事项：

要严格控制托球的力量，力量不能过大，这样容易造成球过网太高而被对方扑杀。

（3）正手搓球。

动作要领：击球前动作同放网前球，不同的是搓球击球点在离网顶30厘米左右，甚至更高。击球时，在球拍举至最高点时，前臂稍外旋，击球瞬间前臂做划圆动作，使球拍在手腕、手指的用力下，切击球托的右下部，使球旋转过网。击球后还原成准备姿势。

（4）反手搓球。

动作要领：移动到位，反手握拍，前臂稍上举，手腕前屈至网高处，形成手背高于拍面。搓球时，主要是用小臂的外旋和手腕内收并外展的合力，搓击球托的右后侧底部，使球侧旋滚动过网，击球后还原成准备姿势。

注意事项：

◇ 握拍要放松，击球时体会到手指的捻动发力，使动作协调，自然而流畅。

◇ 手臂不可完全伸直，需要有一定的伸缩距离。

◇ 选定正确的击球部位很重要。

（5）正手挑高球。

动作要领：向来球方向移动，最后保证右脚在前，脚尖外展并指向球的落点，侧身向网，左手自然后伸，球拍前伸，手腕向外展开，球拍置于身体右前下方。击球时前臂内旋，展腕发力，用正拍面击球托下方，向前上方挥动，随挥至左肩上方。击球后，随惯性还原成准备姿势（图 5-2-17）。

视频：正手挑高球示范动作

图 5-2-17 正手挑高球

（6）反手挑高球。

动作要领：运用正确步法向来球方向移动，最后一步右脚在前，脚尖展开，反手握拍置于胸前，同时右肩对网，屈肘引拍至左肩旁。击球时，手腕由微屈至伸直，手臂从下向上划圆挥动击球，球距网较远时可多向前挥动；球距网较近时，拍面相对平一些，自下向上挥动。击球后，随惯性还原成准备姿势（图 5-2-18）。

注意事项：

◇ 根据球离网的远近，灵活调整拍面角度和用力方向。

◇ 保持好前臂与手腕的一致性，充分发挥向上方挑球的爆发力。

（7）正手推球。

正手推直线球动作要领：前臂随步法移动伸向来球，同时外旋手腕后伸，球拍随着向右下方后引，使球拍面正对来球，击球瞬间，前臂内旋带动手腕闪动，注意食指推压力量的运用，将球直线推出（图 5-2-19）。

正手推斜线球动作要领与推直线球相同，不同的是击球托的右后方，从而使球斜线飞出。

视频：反手挑高球示范动作

图 5-2-18　反手挑高球

视频：正手推直线球示范动作

图 5-2-19　正手推直线球

（8）反手推球。

反手推直线球动作要领：用前交叉步向左前方移动，移动过程中反手握拍，将球拍伸向来球，击球瞬间前臂稍外旋，中指、无名指、小指协调发力握紧球拍，大拇指顶压拍柄，击球点在左前方，球拍击打球托后部，使球较低弧度直线飞出（图 5-2-20）。

视频：反手推直线球示范动作

图 5-2-20　反手推直线球

反手推斜线球与反手推直线球动作要领一致，不同的是击球时击打球托左后方，使球向右前方斜线飞出。

注意事项：

◇ 掌握好推球技术的使用时机，击球点过低的球不建议用推球技术。

◇ 握拍放松，不能用小臂手腕发力，手指发力要短促快速。

◇ 提高击球点并控制好拍面角度。

（9）正手勾球。

动作要领：准备动作与正手搓球基本相同，运用正确步法移动至右网前，球拍伸向来球方向，击球瞬间，前臂稍内旋，并往左拉收，手腕由微伸至内收抖腕，手腕要控制好拍面角度，拨击球托的右侧下部，使球朝向对角网前方向飞行。击球后，还原成准备姿势（图 5-2-21）。

视频：正手勾球示范动作

图 5-2-21 正手勾球

（10）反手勾球。

动作要领：准备动作与反手搓球基本相同，运用正确步法移动至左网前，反手握拍，前臂随步法的移动，向左前方伸至距网顶 20 厘米左右位置，握拍时为保证击球时灵活运用手指、手腕，虎口与球拍要有一定空隙。击球时，上臂稍外旋，肘部突然下沉，手腕后伸抖腕，拇指内侧与中指向右转动拍柄，其他手指突然握紧拍柄，拨击球托的左侧下部，使球飞越过网至对角处。击球后，球拍往右侧前回收至准备姿势（图 5-2-22）。

视频：反手勾球示范动作

图 5-2-22 反手勾球

注意事项：

◇ 不可握拍过紧，影响手指灵活转动。

◇ 引拍动作要自然，这样容易控制勾球的角度和勾球的力量。

◇ 保证动作的一致性，否则容易被对方识破战机。

（11）正手扑球。

动作要领：左脚先蹬地，随后右脚发力蹬跃，使身体向球网右侧腾空跃起，球拍正对来球。同时前臂前伸稍外旋，腕关节后伸，放松握拍。击球时，前臂带动手腕和手指快速抖动发力。如球离网带上沿较近，可采用手腕从右向左将球压下的“滑动”式扑球方法，避免球拍触网犯规。击球后，要控制好身体重心，球拍随惯性回收，做好准备姿势（图 5-2-23）。

图 5-2-23 正手扑球

视频：正手扑球示范动作

（12）反手扑球。

动作要领：右脚跨至左前蹬跳上网，身体稍向右侧前倾，反手握拍上举至左前上方。击球时，手臂伸直并外旋，拇指顶压拍柄上端，假如来球靠近网带上沿，可将手腕外展由左向右拉切击球，以防触网。击球后，落地缓冲，回收球拍于体前（图 5-2-24）。

图 5-2-24 反手扑球

视频：反手扑球示范动作

注意事项：

◇ 扑球的关键在于击球瞬间的加速度。

◇ 一定要在高于网的部位击球。

◇ 蹬地上网快、出手快。在网上的最高点出手击球，干净利落地将球击出。

（三）基本步法

1. 上网步法

上网步法是完成网前球的步法。上网前的准备姿势基本相同，即两脚左右与肩同宽开立，脚尖朝向正前方，膝关节弯曲，身体前倾，脚跟提起前脚掌着地，球拍置于身前，目视前方。

（1）跨步上网步法。距离来球较近时，可采用左脚向来球方向跨一步，右脚再跨一大步的两步跨步上网步法。距离来球较远时，可采用右—左—右的三步上网步法。

（2）垫步＋蹬跨步上网步法。上网时右脚向来球方向跨一步，随后左脚向前垫一步，同时右脚向前蹬跨一大步。

（3）后交叉＋蹬跨步上网步法。上网时右脚向来球方向跨一步，左脚在右脚后侧跨一步，同时右脚向前蹬跨一大步。

注意事项：

◇ 根据球的落点、速度、距离采用合理的上网步法。

◇ 上网后注意后脚的拖带动作，这样才可以控制重心。

◇ 击球后采用垫步、交叉步退回中心位置。

2. 后退步法

后退步法是完成后场高、吊、杀、抽的上手击球动作步法。

（1）正手后退步法。

① 交叉步后退步法：这种步法的移动范围很大，一般回击端线附近的球多用交叉步后退步法。起动后，右脚向右后侧身退一步，髋部向右后转，随后左脚向右脚后侧交叉退一步，随即右脚后移至击球位置，侧身对网，此时，可以原地击球，也可以跳起击球。

② 并步后退步法：右脚向来球方向侧身后退一步，左脚用并步靠近右脚，右脚再向后移至击球位置。

（2）头顶后退步法。起动后，以左脚掌为支点，右脚向右后左侧方蹬转侧跨一步，转动时幅度要大一些，同时左脚用并步或交叉步后退一步，紧接着右脚再向左后场退一大步，重心移至右脚上，上体稍后仰。到位后可原地或跳起头顶击球。击球后，利用着地后身体的缓冲向中心位置回动。

（3）反手后退步法。根据人与球之间的距离可采用两步反手后退步法和三步反手后退步法。

① 两步反手后退步法：左脚先向左后方退一步，接着上体左转，右脚向左后方跨出一步，以背对网的形式到位击球或者右脚先向后退一步。左脚向左后方退一步，以侧身对网的形式到位击球。

② 三步反手后退步法：右脚首先向左脚并一步，左脚向左后方后退一步，然后向左转体，右脚向左后方跨一大步，形成背对球网的姿势。

3. 中场两侧移动步法

（1）向右侧蹬跨步法。这种步法主要用在球距身体较近时。起动后，两脚向上轻跳，重心移至左脚，左脚用力蹬地的同时，右脚向来球方向大跨一步，着地后右脚成弓箭步，上体前倾。击球后，以右脚前脚掌回蹬，回到中心位置。

（2）向右侧垫步步法。这种步法主要用在球距身体较远时。起动后，两脚向上轻跳，重心移至右脚上，左脚向右脚并一步，左脚一着地就用力蹬地，使右脚迅速向右跨一大步，右脚着地后即成弓箭步，上体前倾，击球后，右脚前脚掌回蹬，回到中心位置。

（3）正对球网移动步法。无论是正手还是反手击球，都可以采用这种步法。起动后，右脚用力蹬地，同时身体左转，左脚向左侧跨一步，重心移至左脚上，以脚趾制动，上体左倾，反手将球击出。击球后，左脚回蹬，顺势回到中心位置。

（4）背对球网移动步法。这种步法只能在反手击球时使用。当来球飞向左侧时，两脚轻跳，重心落在右脚上，右脚用力蹬地，经左脚前向左侧跨一大步，成背对球网姿势，右脚以脚掌制动，上身稍前倾，用反手击球。击球后，右脚回蹬转身，回到中心位置。

（5）背对球网垫步步法。起动后，左脚先向左跨一小步，身体左转，同时右脚用力蹬地，经左脚前向左后侧跨一大步，成背对球网姿势，上体前倾。右脚以脚掌制动后用力回蹬转身，回到中心位置。

注意事项：

◇ 根据不同的对手、不同的打法、不同的击球位置选择合理的步法。

◇ 加强准确判断球的落点的能力，确保以快速及时的步法移动到位，有充足的时间做完整的击球动作。

◇ 学会如何控制身体重心，以免造成步法与击球动作配合不协调、不默契。

◇ 步法使用应连贯，要增强及时返回中心位置的意识。

三、羽毛球基本战术

战术与打法的关系是很密切的。在实战中，战术是根据双方的打法和场上的具体情况而定的，尽量做到“以己之长，攻彼之短”。

（一）单打战术

1. 发球抢攻战术

该战术是比赛的重要得分手段，从发球的第一拍起，积极控制对方，以攻杀得分。发球抢攻战术一般分为发前场区球抢攻战术、发平高球抢攻战术、发平射球抢攻战术等。用这种战术对付应变能力较差的对手，或在比赛的关键时刻运用这种战术，效果往往很好。实施这一战术应以高质量的发球为前提，否则很难成功。

2. 单个技术的进攻战术

此战术包括重复平高球进攻战术、拉开两边平高球进攻战术、重复吊球进攻战术、慢吊结合快吊进攻战术、重复杀球进攻战术、长杀结合短杀进攻战术、重杀结合轻杀进攻战术、重复搓球进攻战术、重复推球进攻战术、两边勾球进攻战术等。

3. 组合技术的进攻战术

此战术包括以平高球开始组织进攻战术、以吊劈开始组织进攻战术、以杀劈开始组织进攻战术、以控制网前球开始组织进攻战术、以路线和区域组成进攻战术等。

4. 根据对手情况制定的单打战术

不同的对手要选择不同的比赛战术，通常有以下几种方法：根据对手步法优缺点制定的战术，根据对手手法上的弱点制定的战术，根据对手身材、体态及身体素质的优缺点制定的战术，根据对手心理上的弱点制定的战术，根据对手在打法上的弱点制定的战术。

（二）双打战术

双打比赛不仅仅是竞赛双方在技术、战术、体力上的较量，同时也是双打同伴相互配合程度的较量。因此，在学习双打战术之前，首先要了解两人之间站位形式上的配合。

一般情况下，站位分为两人一前一后站位和两人分边（左、右）站位两种形式。一前一后站位即在后场的人分管后半场的球，站在前场的人则负责前半场的球。这种站位形式有利于进攻，但不利于防守。因此，一般在本方进攻时多采用此站法。分边站位多在防守时采用，这样，各人分管半边场地，在防守时就没有什么空当了。

站位形式不是固定不变的，它在比赛中会随着进攻与防守的不断转换而变化。现举两例，简单加以说明：

例一：进攻转防守时两人之间的配合。甲方 A 队员在后场杀对角线，乙方一队员将球挡至网前；甲方 B 队员由于封网不及，被动上网挑高球，然后退至左半场，A 队员迅速从后场移至右半场，成分边站位准备防守。

例二：防守转进攻时两人之间的配合。甲方 A 队员将对方杀球挡至网前，对方被动挑后场；甲方 B 队员迅速从中场移至后场进攻，而 A 队员则移至网前准备封网，成前后站位。

双打轮转站位多在配对选手水平相差不大时采用。如果技术水平悬殊较大，则水平高者固定站在后场，他除了主要负责后半场的来球，同时还兼顾中场附近或前场的球。在混合双打中，这种前后固定站位形式是较普遍的（男队员站后场，女队员站前场）。

双打比赛对配对的要求较高，其配合的方法也较多，初学者要通过实战的练习，才能逐步掌握其规律。

1. 攻人战术

集中攻击对方中有明显弱点的人，并伺机攻击另一人忽而露出的空当，或对此人进行偷袭。双打比赛中配对选手的技术，一般为一人好，另一人稍差些。即便两人水平相差不多，但若能集中力量攻击其中一人，也会给其造成很大的心理压力，从而使其出现失误。

2. 攻中路战术

当对方分边站位防守时，将球攻击至对方两人的中间；当对方前后站位时，可将球下压或平推两边半场。这样可使对方防守时因互相争抢或互让而出现失误。

3. 攻后场战术

当对方扣杀能力较差，本方可采用平高球、推平球、接杀挑底线，把对方一人紧逼在底线两角移动。当对方被动还击时，则可抓住机会大力扣杀。如另一对手后退支援时，即可攻网前空当。

4. 后攻前封战术

当本方处于主动进攻前后站位时，站在后场的队员见高球就杀或吊网前球，迫使对方接球挡网前，这可以为本方前场队员创造封网扑杀机会。前场队员要积极封锁网前，迫使对方被动挑高球。一旦对手挑高球达不到后场，就可以为本方创造再进攻的机会。

5. 防守反攻战术

在防守中寻找反攻的机会，以便摆脱困境，转被动为主动。例如，挑底线高球，即不论对方从哪里进攻，本方都应设法把球挑到进攻者的另一边底线。如对方正手后场攻直线，就挑对角线，如对方攻对角线就挑直线。这是一种较容易争得主动的防守战术，在女子双打中运用更为有效。时机有利，即可运用反抽或挡网前回击对方的杀球，从而实现守中反攻，争得主动权。运用这一战术时，要注意挑高球一定要挑到底线，否则将会出现对方连续攻杀而本方无力反击的局面。

四、羽毛球竞赛规则简介

（一）场地

羽毛球场地呈长方形，长 13.4 米，单打场地宽 5.18 米，双打场地宽 6.10 米。球场外面两条边线是双打场地边线，里面的两条边线是单打场地边线，双打边线与单打边线相距 0.46 米。靠近球网 1.98 米与网平行的两条线为前发球线，离端线 0.76 米与底线相平行的线为双打后发球线。球场上各条线宽均为 4 厘米，用白色、黄色或其他易于识别的颜色画出。

（二）比赛方法及主要规则

1. 比赛的项目

羽毛球比赛项目分为男子单打、女子单打、男子双打、女子双打、混合双打、男子团体赛、女子团体赛。

2. 比赛的计分方法及规则

（1）比赛采用每球得分、21 分制，即双方分数先达 21 分者胜，三局两胜。每局双方打到 20 平后，一方领先 2 分即算该局获胜；若双方打成 29 平后，一方领先 1 分，即算该局取胜。

（2）得分者方有发球权，如果本方得单数分，从左边发球；得双数分，从右边发球。单打后发球线是底线。在第三局或只进行一局的比赛中，当一方分数首先达到 11 分时，双方交换场区。

3. 比赛中的站位

（1）单打。

① 发球员的分数为 0 或双数时，双方运动员均应在各自的右发球区发球或接发球。

② 发球员的分数为单数时，双方运动员均应在各自的左发球区发球或接发球。

③ 球发出后，双方运动员就不再受发球区的限制而可自由击到对方场区的任何位置，运动员的站位也可以在自己这方场区的界内或界外。

（2）双打。

① 一局比赛开始和获得发球权的一方，都应从右发球区开始发球。

② 只有接发球员才能接发球；如果他的同伴去接球或被球触及，发球方得一分。每局开始，首先接发球的运动员在该局本方得分为 0 或双数时，都必须在右发球区接发球或发球；得分为单数时，则应在左发球区接发球或发球。

③ 上述两条相反形式的站位适用于他们的同伴。

④ 任何一局的本方发球员失去发球权后，由该局首先发球员发球，然后首先发球员的同伴发球，接着由他们的对手之一发球，然后再由另一对手发球，如此传递发球权。

⑤ 队员不得有发球错误和接发球的错误，或在同一局比赛中有两次发球。

⑥ 一局胜方的任一队员可在下一局先发球，负方中任一队员可先接发球。

⑦ 球发出后就不再受发球区的限制了，运动员可在本方场区自由站位和将球击到对方场区的任何位置。

4. 比赛规则

（1）交换场区。

① 以下情况队员应交换场区：第一局结束，第三局开始，第三局中或只进行一局的比赛至一方达到 11 分时。

② 队员未按以上规则交换场区，已经发现立即交换，已得分数有效。

（2）合法发球。

① 发球时，任何一方都不允许非法延误发球。

② 发球员和接发球员都必须站在斜对角线发球区内发球和接发球，脚不能触及发球区的界限；两脚必须都有一部分与地面接触，不得移动，直至将球发出。

③ 发球员的球拍必须先击中球托，与此同时整个球必须低于发球员的腰部。

④ 击球瞬间球杆应指向下方，从而使整个拍头明显低于发球员的整个握拍手部。

⑤ 发球开始后，发球员的球拍必须连续向前挥动，直至将球发出。

⑥ 发出的球必须向上飞行过网，如果不受拦截，应落入接发球员的发球区。

（3）羽毛球的违例。

① 发球不合法违例。

② 发球员发球时未击中球。

③ 发球时，球过网后挂在网上或停在网顶。

④ 比赛时：a. 球落在球场边线外；b. 球从网孔或从网下穿过；c. 球不过网；d. 球碰屋顶、天花板或四周墙壁；e. 球碰到队员的身体或衣服；f. 球碰到场地外其他人或物体；g. 球拍或球的最初接触点不在击球者网的这一方（击球者击球后，球拍可以随球过网）。

⑤ 比赛进行中：a. 队员球拍、身体或衣服触及网或网的支持物；b. 队员的球拍或身体以任何程度侵入对方场区；c. 妨碍对手，如阻挡对方仅靠球网的合法击球。

⑥ 比赛时，队员故意分散对方注意力的任何举动，如喊叫、故作姿态等。

⑦ 比赛时：a. 击球时，球夹在或停滞在拍上紧接着又被拖带；b. 同一队员两次挥拍连续击中球两次；c. 同一方两名队员连续各击中球一次；d. 球碰球拍继续向后场飞行。

⑧ 队员违反比赛连续性的规定。

⑨ 队员行为不端。

（4）重发球。

① 遇到不能预见或意外的情况，应重发球。

② 除发球外，球挂在网上或停在网顶，应重发球。

③ 发球时，发球员和接发球员同时违例，应重发球。

④ 发球员在接发球员未做好准备时发球，应重发球。

⑤ 比赛进行中，球托与球的其他部分完全分离，应重发球。

⑥ 司线员未看清球的落点，裁判员也不能做出决定时，应重发球。

⑦ 重发球时，最后一次发球无效，原发球员重发球。

（5）死球。

① 球撞网并挂在网上，或停在网顶上。

② 球撞网或网柱后开始在击球这一方落向地面。

③ 球触及地面。

④“违例”或“重发球”。

（6）发球区错误。

① 发球顺序错误。

② 从错误的发球区发球。

③ 在错误的发球区准备接发球，且对方球已发出。

第三节　网球运动

一、网球运动概述

（一）网球运动的起源及演变

网球运动的由来和发展可以用四句话来概括：孕育在法国，诞生在英国，开始普及和形成高潮在美国，如今盛行于全世界。

现代网球运动的历史是从 1873 年开始的。这一年，英国少校温菲尔德在羽毛球运动的启发下，改进了早期网球的打法，将场地移向草坪，并于同年出版了《草地网球》一书，创造了一套接近于现代网球的打法。1874 年，在规定了球网的大小和高低后，英国创办了简易的草地网球比赛。1875 年，英国板球俱乐部修订了网球比赛规则，并于 1877 年 7 月举办了第一届温布尔顿草地网球锦标赛。后来，该组织把网球场地定为长 23.77 米（78 英尺）、宽 8.23 米（27 英尺）的长方形，发球线距球网 7.92 米，球网中央的高度为 99 厘米（在这之前，球网中央的高度是 1.42 米），并确定了每局采用 15、30、40 的计分方法。1884 年，英国伦敦玛丽博恩板球俱乐部又把球网中央的高度定为 91.4 厘米。至此，现代网球正式形成，并很快在欧美盛行起来，成为一项深受大众欢迎的球类运动。

（二）网球运动的发展

1913 年 3 月 1 日，澳大利亚、比利时、法国等 12 个国家的网球协会代表在巴黎成立了国际网球联合会（International Tennis Federation，ITF），简称国际网联。国际网联的成立，标志着网球运动由游戏、娱乐阶段开始过渡到竞技、职业阶段。1972 年，60 名男子职业网球运动员组成了世界男子职业网球协会（Association Tennis Professional，ATP）。协会的会员是名列世界前 200 名的男子运动员，该协会的目的是维护职业网球运动员的利益，为他们提供职业比赛的机会和高额的奖金，并发行《国际网球周刊》。1973 年，女子职业网球协会（Woman's Tennis Association，WTA）宣布成立。其宗旨也是为女子网球运动员提供职业比赛机会和奖金，帮助她们获得健康保险和伤残保险。在奥林匹克大家庭中，网球运动也占有一席之地，早在 1896 年雅典举行的第一届现代奥林匹克运动会上，网球的男子单打和双打就是正式比赛项目，后来由于国际奥委会和国际网球联合会在“业余运动员”的定义上有分歧，已连续 7 届奥运会都进行的网球比赛被迫取消，直至 1992 年巴塞罗那奥运会，网球才重新被列为奥运会正式比赛项目。

（三）我国网球运动概况

19世纪后期，英、美、法等国商人、传教士和士兵将网球运动带入中国。随后在上海、广州、北京等城市开展起来，后来在教会学校中也开始出现。

1981年，中国网球协会被接纳为国际网球联合会正式会员。随着我国网球运动水平的不断提高，我国有多位运动员进入过世界排名前50位，如李娜、郑洁、晏紫、易景茜、李芳和彭帅等。虽然我国网球运动整体水平与欧美国家相比还有一定的差距，但中国选手的每一次进步和突破都具有历史意义，并极大地推动了我国网球运动的发展。

二、网球基本技术及练习方法

（一）握拍（以右手持拍为例）

1. 东方式握拍法

（1）东方式正手握拍法。

动作要领：左手先握住拍颈，使拍子与地面垂直，然后手掌也垂直于地面，手握拍柄好像与人握手，故亦称“握手式”握拍法。准确地说，用右手掌根与拍柄右上斜面贴紧，拇指第一指节握住拍柄的左垂直面，食指微离中指，食指下关节压住拍柄右下斜面。由此拇指与食指呈“V”形，对准球拍柄的右上斜面和上平面的中间位置。

（2）东方式反手握拍法。

动作要领：从正拍握法把手向左转动（即把拍子向右转动），使拇指与食指呈“V”形，对准拍柄左上斜面与左垂直面的中间条线。用手掌根压住拍柄的左上斜面，拇指贴在左垂直面上，食指下关节压在右上斜面上。

使用特点：该握拍法非常适宜底线正、反拍击球，对各种高度的来球及各种旋转球的打法具有广泛的适应性。用东方式反手握拍法进行发球及发球上网、网前截击球时不用再转换握拍法。虽然东方式正、反手握拍法转动不大，但当球打到身体的另一侧，即正拍或反拍区时，必须变换握拍法去迎击球。注意在准备动作时变换握拍法，用左手扶住球拍颈部，在球拍向后摆动准备击球之前，握拍法必须调整完毕。

2. 大陆式握拍法

动作要领：与东方式握拍法不同，大陆式握拍法在进行正、反拍击球时都无须变换握拍法。握拍时，用手掌根贴住拍柄上部的平面，食指与其余三指稍微分开，食指上关节聚贴在右上斜面上，拇指根贴在拍柄的左垂直面上。

使用特点：由于该握拍法不需要变换握拍位置，因此具有简便灵活的特点。该握拍法适合处理低球，对上网截击也很有利。但对于腰部以上的来球，不易控制拍面，故打高球不太方便，同时也打不出强有力的上旋球。

3. 西方式握拍法

动作要领：握拍手手掌心朝下，手掌的大部分放在拍柄的底部，手掌根贴在拍柄的右下斜面上，拇指压在拍柄的上部手面，食指的下关节握住拍柄的右下斜面。拇指与食指的“V”形对准握柄的右垂直面。握拍的形状好似“一把抓”。

使用特点：该握拍法有利于抽击出强有力的上旋球，特别适合打腰部及腰部以上的来球。由于握拍手在球拍柄的下方，因此对比较低的来球，正、反拍都比较难处理。

（二）发球（以右手持拍为例）

1. 动作要领

（1）站位。站在端线后，身体自然放松，两脚开立与肩同宽，前脚与端线成45°，左肩侧对发球方向。拿起球和球拍，放在与胸同高的位置上，眼睛看对方是否做好接发球准备（图 5-3-1）。

（2）抛球与引臂。抛球手沿垂直于地面的直线上举抛球，同时，持拍臂大弧度地环绕向后引拍，抬肘外展，双膝微屈，腰呈弓形，重心移到右脚，两臂动作协调而有节奏（图 5-3-2）。

（3）挥拍击球。挥拍时，使球拍充分向后引，当球拍在背后时，肘关节收缩，发球时，屈膝屈体，转动球拍，加速挥拍。击球点在最高点刚开始下落瞬间，握拍臂充分伸直击球（图 5-3-3）。

（4）随挥跟进。击球后，球拍继续做弧形运动，交叉经过身体的左侧，并且脚步随惯性自然跟进，完成发球的随挥动作（图 5-3-4）。

图 5-3-1　站位

图 5-3-2　抛球与引臂

图 5-3-3　挥拍击球

图 5-3-4　随球跟进

视频：发球示范动作

2. 发球的分类与方法

（1）平击发球。平击发球在诸种发球中是球速最快的发球法，也称为炮弹式发球。该发球不但球速快，而且反弹低。如果身材高大就可以借助高点击球的空中优势直接进攻对方；如身材较矮小或女选手则不宜使用平击发球。这种发球虽然力量大、球速快、威胁大，但命中率较低。

平击发球时，击球点应在身体的右眼前上方，以拍面中心平直对准球，击球的后中上部。因此手腕的向前拌甩和前臂的“旋内鞭打”非常重要，身体充分向上、向前伸展，以获得最高击球点，提高发球命中率。

（2）切削发球。这是一种以右侧旋转（略带下旋）为主的发球法，即由球的右上往左下切削击球。由于切削发球的飞行轨迹及弹跳方向所定，该发球不但球速快、威胁大，而且容易提高发球命中率，为此该发球法被世界各国多数运动员所采纳。

发球时把球抛到右侧斜上方，球拍快速从右侧中上方向左下方挥动。击球部位在球的中部偏右侧，使球产生右侧旋转。

（3）上旋发球。这是以上旋为主、侧旋为辅的发球法。由于球的上旋成分多于切削发球，使球产生一个明显的从上向下的弧形飞行轨迹过网，发力越强，旋转成分越多，弧形就越大，命中率也越高；落地后高反弹到对方的左侧，迫使对方离位接球，会给对方造成很大压力，同时也可为发球上网带来足够的时间。

上旋发球时，把球抛到头后偏左的位置，击球时身体尽量后仰呈弓形，利用杠杆力量对球加旋转，球拍快速从左向右上方挥动，从下向上擦击球的背面，并向右带出，使球产生右侧上旋。

练习方法：

（1）掌握正确的发球握拍法，即大陆式或东方式反手握拍法，只有这种握拍法，才能发出不同旋转的球。

（2）重视抛球练习，好的发球都有一个准确而又稳定的抛球，因此要反复练习抛球。

（3）徒手做发球前的准备姿势，模仿抛球及发球的完整动作，多体会放松、准确、协调、完整、舒展的发球动作。

（4）在场地上用多球进行抛球与击球相结合的练习（即抛打结合），边模仿，边练习，边体会。

（5）先练习发不定点球，后练习发定点球，逐步提高难度，即在发球区内不同的落点设立目标练习“打靶”，以提高命中率和准确性。

（6）教练在安排练习发球时，可要求在规定的时间内命中一定的数量或在一定的数量内达到一定的命中率，以此来提高发球的命中率和准确性。

（7）练习发各种不同性能的球，并熟练掌握。

（三）击球

1. 正手击球

（1）动作要领。

① 准备姿势。面对球网，双脚向前，自然分开与肩同宽，双膝微屈，身体略向前倾，重心落在双脚的前脚掌上，右手握拍，左手轻托拍颈，双肘微屈，球拍舒适地放在身前，拍面垂直于拍头指向对方，两眼注视对方来球，做好击球准备（图 5-3-5）。

② 后摆引拍。当判断来球需用正拍回击时，转动双脚，左脚跟抬起并向右倾前方上步，右脚向右转 90° 与底线平行，同时转肩、转髋带动右手向后摆动引拍（此为关闭式步法，适用于初学者转体；另一为开放式步法，左脚不必上步，两脚平站但需要更多的向右转体动作），引拍时肘部弯曲、自然下垂，拍头低于膝盖，左手伸向前方，保持身体平衡，后摆引拍时身体重心移向右脚，左肩对着右侧的网柱，手腕固定，挥拍转动约 180°，拍头指向后挡网（图 5-3-6）。

③ 击球动作（前挥击球）。从后摆进而向前挥动时紧握球拍，手腕后伸、固定，用力蹬脚，转动身体和挥拍，正拍的击球点在身体的右侧前方不超过腰的高度，击球时的挥拍速度最快，球打在拍面的中心，击球挥拍时的拍头是自上而下的，臂挥动使球稍带上旋（图 5-3-7）。

④ 随挥跟进。球触拍后，使拍面平行于网的时间尽量长些，挥拍沿着球飞行的方向前送，重心前移落在左脚，身体也随着转向球网，挥拍动作在左肩上方结束，拍头指向上方高出头部。随挥跟进的动作要比后摆的动作大而充分，保证击球的稳定性，随挥跟进结束，立即恢复准备姿势，准备下一次击球（图 5-3-8）。

图 5-3-5　准备姿势

图 5-3-6　后摆引拍

图 5-3-7　前挥击球

图 5-3-8　随挥跟进

视频：正手击球示范动作

（2）正手击球的分类和方法。

① 上旋球。

动作要领：正拍上旋球是球拍自后下方向前上方挥动摩擦整个球体使球由后下方朝前上方转动，故叫作上旋球。这种打法是在击球时，加大向上提拉挥动的幅度，使球产生较为急剧的上旋。上旋球的特点是飞行幅度高、下降快、落地弹起的反射角度较小、前冲力较大。打上旋球最大的优点是便于加力控制，是正手击球中既能发力重大，又能控制进入场区、减少失误的击球方法。由于在快速跑动中调整精确的击球点很难，而击上旋球有较大的把握，其他击球法容易失误，另外，正拍上旋球的飞行路线呈彩虹状，过网后有急剧下降的特点，可以打出短的斜线球，把对方拉出场外回击取得主动。上旋球还是破坏对方上网的有力武器。较低的上旋球落在对方上网人的脚下，往往使其难于还击。

② 下旋球。

动作要领：和上旋球相反方向的是下旋球，俗称“削球”。击球时，球拍稍向后倾斜，挥拍时由后上方至前下方打球的后下部，使球产生下旋转，球由前上方向后下方旋转并向前飘行，过网时很低，落地后弹起也很低，并伴有回弹现象。下旋球的落点较容易控制，也可以打到对方的深区，常用于随击上网，可以协调连贯地把随击与上网结合起来，利用球的飞行时间和深而准的落点冲至网前截击；也可以作为变换旋转和节奏的打法，扰乱对方的节奏，使之失误。

③ 平击球。

动作要领：挥拍击球的路线向上较平缓，击球时拍面几乎垂直地面，击球的正后部，用同样的力量击球。平击球的球速最快，球落地后前冲力大，球的飞行路线较平直，但其准确性和控制力较差，因此这种击法在比赛中较少使用。

④ 侧旋球。

动作要领：击球时球拍由后部向内侧平行挥动（也称“滑击”），使球产生由外向内的侧旋转，故称侧旋球。这种球飞行路线呈水平向外侧的弧线飞行，落地后向外跳，常用于正拍直线进攻。在实践中，球的旋转常是混合性的，球的旋转与来球的方向和力量、旋转速度、击球时的挥拍路线、触球时的拍面角度等因素有关。因此，掌握正手击球的不同旋转球方法，需要在平时反复练习。

2. 反手击球

（1）动作要领。

① 握拍与准备姿势。东方式反手握拍法，准备动作与底线正手准备动作相同。当判断出对方来球方向是反拍时，握拍由东方式正手握拍法或东西方混合式正手握拍法转换成东方式反手握拍法。

② 后摆动作。左手轻托球拍的颈部，转动双肩。右肩侧身对网，几乎是背对球网，同时右脚向左侧前方约 45° 跨出，全身自然放松，注意力集中，握拍手肘关节弯曲并贴近身体。

③ 击球动作。要把球打得既凶又准，必须要向前迎击球，击球点在轴心脚右脚的侧前方，双手握拍反手击球点在左脚的侧前方。击球时，力争打上升球，因为上升球比下降球有较快的速度和较大的力量可以借助，所以回击球的速度也比较快。向前挥拍击球时，朝着球网回身转腰，拍面垂直于地面，肘关节稍屈并外展，手腕紧锁，并由下向上方奋力挥出。将要击球时，身体重心由后脚移向前脚，使身体重心顺畅地移到击球中去。

④ 随挥动作。由于腰的扭转，击球后使身体面向球网。为了控制球，跟进动作时，球拍应向上挥到肩或头部的高度，同时保持身体平衡，并准备下一拍击球。

⑤ 移动步法。开始的第一步是左脚迈出一小步，同时，转动上体开始挥拍。左脚的位置确定后，根据来球迈出右脚，做出击球的姿势。同时注意重心移动，这时的重心移动要比正手击球时更早些。

（2）反手击球的分类和方法。

① 底线反手上旋球击球法。

动作要领：向后拉拍要早，左手轻扶拍颈，借助转体，右肩侧身对左侧网柱（背对网），右脚向前方跨出，持拍手肘关节微屈并靠近身体，充分向后引拍。当球落地跳起，持拍手借助腰的回转，球拍由后下方向前上方挥出，击球点在身体侧前方（右脚尖前方），击球时拍面垂直地面，击球的中部偏下。击球后动作要向正前上方挥出，重心也由左脚移到右脚，同时正面对网，结束动作要放松并顺其自然。

② 底线反手下旋球击球法。

动作要领：击球前的后摆动作与上旋球的后摆动作有所区别，不同点在于削球动作的后摆是持拍手借助转肩侧身向后上方摆拍，拍头约与头部同高，持拍手肘关节微屈并靠近身体。右脚向前上方跨出，重心在左脚。击球点同样在右脚的侧前方，如果想打斜线，击球点要提前一些；如若想打直线，击球点可稍后些。向前挥拍击球时，朝着球网回身转腰，肘关节外展，手臂伸直，手腕紧固，身体重心由左脚移到右脚，膝关节微屈。击球时，拍面要微展开（后仰），球拍由后上向前下方挥动做切削动作，击球点在球的中部或中部偏下。击球后，球拍的随挥动作应由下稍微向上呈弧形挥动到肩或头部的高度并面向球网。

③ 底线双手反拍抽击球。

动作要领：双手反拍握拍击球，两只手都是东方式握拍法，如果是右手握拍者，右手以东方式反手握拍法握拍，手掌根靠近球拍柄的端部，左手以东方式正手握拍法握在右手的上方。侧身转肩背朝网，向后充分引拍，以获得必要的击球力量，右脚向前跨出，身体重心在右脚，后引动作靠近身体腰部。击球时回身扭腰，球拍由后下向前上方挥出，拍面垂直，触球的中部或中部偏下，使球产生上旋，击球点在右脚侧前方，利用双臂的伸展以增加击球力量，身体重心移向右脚。击球后面向球网，随挥动作由后下向前上，动作在肩部结束（图 5-3-9）。

图 5-3-9　底线双手反拍抽击球

视频：底线双手反拍抽击球示范动作

练习方法：

（1）根据底线正、反手击球的技术和步法要求，可先进行徒手或持拍挥拍练习，体会挥拍时向后拉拍、转肩、腰部扭转和重心交换等动作要领。

（2）挥拍时可先进行单个动作的分解练习。

（3）在原地练习挥拍的基础上，结合步法做挥拍练习，体会步法与手法的协同配合。

（4）对球进行底线正、反手击球练习，此练习方法对初学者来说效率高、效果好，初学者能较好地体会动作和球感。

（5）由教练送多球，进行单个动作的击球练习。

（四）接发球

1. 接发球站位与准备姿势

两脚自然开立，两膝微屈，上体稍向前倾，两臂屈肘，两手持拍置于腹前，拍头向上翘起，拍面垂直于地面或稍开些放，拍头上缘于眼的高度平起，身体重心放在两脚前脚掌上，不停轻轻跳动或摇晃身体，使自己保持待发的机动状态。

2. 接发球握拍技术要点

接发球时，握拍要松弛，引拍和前挥也要保持松弛，但从拍接触球的一刹那，要紧紧握住球拍，特别是拇指、无名指和食指要用力抓拍。加之手腕固定保证拍面稳定，即使不能有力还击对手凶猛来球，也可用牢固的拍面顶住来球，或者以合适的角度控制还击方向。

3. 接发球的击球

击球时动作与正常击球基本相同，只是没有明显的后引，特别是对于快速来球，回球多数采用阻挡式动作，和解击球打法类似，不要做过大的挥动。判断来球，迅速移动，向预测击球点起动时，双肩与身体重心同时移动，并向击球方向踏出异侧步，转肩时要使肘部离开身体，持拍臂腋下约有一个球的空隙。向前挥击时尽量使拍子运行轨迹由高处向下再向上，但上下幅度要小。击球点在提前稍侧略高于胸部位置。击球后很少有随挥动作，拍头竖起，打势结束在较高处。身体重心停在前脚掌上，后脚可以略抬起，一般不要离开地面，以便迅速复位准备接球。

练习方法：

（1）两人一组，一个练习发球，一个练习接发球。

（2）两人同时发球对两人接发，接发接斜线，并争取10球的来回，两边一定次数后轮转。

（3）两个发球者同时站在中线发球，接发者要求回直线，每次击完之后交换方位，每发10次后交换发球与接发球。

（五）截击球

1. 动作要领

（1）握拍法。打截击球最好采用大陆式握拍法，但对初学者和腕力不足的女性来说，使用西方式握拍法则较为合适。到了中级水平，可以使用东方式握拍法，而水平高的人则可以使用大陆式握拍法，这样不论是打正手还是反手都不用改换握拍法。

（2）准备姿势。准备姿势与一般击球大体相同，距球网2~3米，在对手击球前保持静止，精神集中，身体放松稍向前倾。

（3）后摆。无论是正手还是反手，都应注意转体。收拍的动作要大，到了肩部即停止，这时要注意的是，拍头不能低于手腕。

（4）击球。后摆之后，正手击球要向右斜前方迈左脚，反手击球则向左斜前方迈右脚，身体重心向前移，击球时手腕固定，拍面与地面保持垂直。反手击球时，击球点比正手要更靠前。

（5）随挥。截击球随挥动作幅度不能像击落地球时那样大，稍向前送出即可。正手击球时以右脚为轴，反手击球时以左脚为轴，通过迈出相反一侧的脚来帮助移动重心。下巴或右脸颊应能贴到右肩，眼睛盯住球，不要仰头，脸保持向前的状态，待双臂挥动至脸部正面并完全伸直时，随挥动作即为结束。这时的身体重心从右脚完全移到左脚，身体面向打球的方向，将球拍收回，进入再次击球的准备姿势。

2. 截击球的分类和方法

截击球技术包括中场截击和近网截击，低球截击和高球截击。正、反拍截击球的握拍法应均为东方式反拍握拍法或大陆式握拍法。

（1）中场截击。

正拍中场截击动作要领：面对球网，两脚分开与肩同宽，膝关节微屈，重心在两脚前脚掌上，在对方击球时脚跟提起，转胯转肩（右手握拍者为准），左脚向侧前方做45°跨步，以转肩来带动球拍后摆，后摆动作不超过肩，肘关节微屈，手腕形成45°，拍面略开。截击时手腕紧固，击球点在左脚尖的延长线上，以短促而有力的动作向前迎击来球，触球部位为球的中下部。由于中场截击球距离较长，因此击球后的跟进动作随着球的行进路线要稍长些，但不能太长，否则会影响下一段击球的准备动作。然后向网前迈进，准备近网截击或高压（图5-3-10）。

反拍中场截击动作要领：准备动作与正拍中场截击相同。判断来球后，向左侧转肩转胯，同时左手托拍颈向后引拍，拍面略开至身体前面，后引动作不超过左肩。击球时，右脚向侧前方45°跨出，重心前移在后脚上，同时向前、向下截击来球，击球点位于右脚尖前面，手腕固定，肘关节微屈，利用前臂与手腕向前下方击球。击球后的跟进动作与中场正拉一样，稍长一些，随时准备截击下一板球。不论正拍还是反拍截击中场球，拍面都应随着对方来球高度随时进行变化调节。截击中场高球，拍面应垂直向前、向下击球，截击中场低球拍面应打开些，击球的中下部向前搓顶过去（图 5-3-11）。

图 5-3-10　正拍中场截击

视频：正拍中场截击示范动作

图 5-3-11　反拍中场截击

视频：反拍中场截击示范动作

（2）近网截击。

近网正手截击动作要领：判断清楚对方来球的质量，包括球速、球离网高度及球的角度，以便于迅速起动调整位置，控制拍面。如来球快而平，拍面应稍开，击球中下部，手腕紧固，以短促的动作向前、向下顶撞来球；如来球快而高并略带上旋，拍面应竖起垂直，击球中部，以短促的动作向下、向前顶撞球，手腕紧固。后摆动作要小，身体重心向前，转体同时带动完成后摆动作，击球点在身体侧前方。击球时，左脚应向侧前方跨出，同时重心落在左脚上，肘关节与身体距离不应太远（除扑击球外），以便顶住重球。动作短促简单，随球动作小，并迅速准备下一板截击球。

近网反手截击球动作要领：前期准备动作与近网正手截击动作相同，要求重心向前，后摆动作小，根据来球高低，调整后摆及挥拍高低，以肩和肘关节为轴，由上向下或由后向前顶撞击球，手腕紧固，以前臂发力控制落点。击球时右脚跨出，重心在后脚上，随击动作短小有力。

（3）近身截击（中路球截击）。

动作要领：准备动作与正、反手截击动作一致，两膝微屈，面对球网，重心落在前脚掌上，拍子放在身前注视对手。当球朝着偏正拍中路来时，左脚向左侧迅速横移一步，重心落在左脚上，右脚跟进同时转体侧身，球拍始终保持在身体前面。另一种方法是当球朝中路来时，右脚迅速向左后侧退一步，重心落在右脚上。如中路球朝偏反拍方向来时，动作准备要点与正拍中路球相同，步法则相反（也有两种步法）。击球时手腕要固定并紧握拍子，根据来球高低向前或向下撞击球。击球后的随击动作要小，并迅速回到原来位置，准备截击下一板球。

练习方法：

（1）先徒手做模仿挥拍练习，然后再持拍做挥拍练习，并逐渐结合步法做挥拍练习。

（2）用多球进行单个动作的网前截击练习，以体会动作和球感。

（3）由两名队员在场上发球线附近进行截击球练习，练习反应判断能力及正、反手的相互变换。

（4）在网前中场或近网对底线进行截击球练习，先单线定点，后可加大难度进行左右移动截击或不定点截击。

（5）通过技术组合练习截击球。如发球上网或随球上网练习中场和近网截击，提高实战中的截击能力。

（6）网前一人截击球，底线两人破网，提高截击者的难度，练习反应、判断能力。

（六）高压球

动作要领：高压球的动作与发球动作相似，握拍也与发球握拍相同。当对方挑高球时，应立即侧身转体并用短促的垫步向后退，同时侧身，持拍手上举至头部位向后引拍，重心在两脚前脚掌上，后腿弯曲，随时准备扣杀。准备击球时，非持拍手上举指向来球的方向和高度，击球与发球时击球一样，击球点在右眼前上方。如果跳起高压，由后脚起跳，转体、收腹，击球后用左脚着地，同时右脚向前跨，准备再上网截击。近网高压球击球点可偏前，便于下扣动作的完成，远网后场高压球的击球点可稍后些，击球动作向前下方挥击，以防下网。击球后的跟进动作尽量像发球那样完整，起跳高压时要保持身体平衡。

练习方法：

（1）持拍做模仿练习。

（2）结合后脚跳起步法做挥拍练习，体会击球的时间和空间感。

（3）用多球进行各种高压球练习，逐渐加大难度，先用手抛，后用拍送抛球，先近网，后后场，先定点，后不定点。

（4）一人或两人底线挑高球，另一人在网前练习高压球。

（七）挑高球

1. 进攻性挑高球

准备姿势：与正、反手击球动作一样，尽可能使挑高球的突然性增大，获得最佳效果。击球过程中精力高度集中，忘掉对方在网前的威胁。

挥拍击球：击球过程中手腕绷紧，拍面与球接触是进攻性挑高球技术的关键，击球面应在球底部后 1/4 处，并把球向上击入空中，使球越过对方的球拍。

视频：挑高球示范动作

随挥动作：击球后，球拍应充分送出，以保证球能越过对方球拍，继续做随挥动作，直到球拍在空中对着球的飞行方向为止（图 5-3-12）。

图 5-3-12　进攻性挑高球

2. 防守性挑高球

准备姿势：向球的方向跑动时，就应把球拍举起放在后面，充分引拍，动作与抽球时动作一样。

挥拍击球：移动的同时完成引拍动作，直到它指向身后的围栏；向前挥拍击球时，球拍打在球的下部。整个击球过程中，都要保持手腕绷紧，紧握球拍，不需要手腕的扣击，也不能加上某些轻轻弹击球的动作，尽可能向上、向外延长击球时间。发力要恰到好处，使球落在对方场地端线附近。

随挥动作：随挥动作是把球挑到足够高度的关键。因此，应加长击球时间，顺着球的飞行路线向上做随挥动作，球拍尽可能送远，在身体前面的高处结束随挥动作。

练习方法：

（1）循序渐进，在掌握底线正、反手上旋球、下旋球的抽击技术后，练习上旋或下旋挑高球。

（2）利用多球进行专门的挑高球练习，先定点练习，然后在跑动中进行不定点练习，逐渐加大难度。

（3）网前一人进行高压，另一人在底线练习挑高球。

（4）按照双打要求，对方两人在网前进行截击或高压以练习挑高球及防守反击技术。

（八）放短球

动作要领：眼睛看球，小臂放松；在击球的瞬间减慢挥拍速度，同时拍面向上转动，击球的下半部以增强摩擦力，减少向前的力量。

练习方法：

（1）站在原地，将球抛起，高于头顶约 0.5 米；用反手切球方式，让拍面沿半圆的轨迹凌空切球；注意不要让球落地，重复上面的动作。如果一开始的感觉不准，不好控制球的话，也可以先让球落地，待它反弹后再切球，随后重新抛球，尝试凌空直接切到球。

（2）自己抛球待落地反弹后，用下旋方式切球。注意要将球控制在自己一侧的球场内，别过网，且落地后能产生向后反弹的效果。

（3）站到球场中间区域，自己抛球待落地反弹后，用下旋方式将球切过球网。注意要让球过网后落在距离球网 2~3 米内，且落地后能产生向后反弹的效果。

（九）反弹球

动作要领：

（1）尽量用大陆式握拍方法击球。

（2）拍面的方向随反弹球的位置和远近而有所变化。一般离球网越近，拍面就稍向后仰；离网球越远，拍面就越接近垂直。

（3）随挥动作的大小，也因反弹球的位置不同而不同。一般离球网越近，随挥动作就越小、越短；反之，随挥动作就越大、越长。

（4）击球时，手腕一定要固定、锁住，并且尽量让拍头不低于手腕，保持球柄与地面平行。

（5）击球时，侧身对来球，跨出前脚，重心前移，并稳定肩膀，稍夹紧上臂。

练习方法：

（1）两人一组，一人发球，一人练习正手的反弹球。

（2）两人一组，一人发球，一人练习反手的反弹球。

（3）两人一组，一人发球，一人练习网前的反弹球。

（4）两人一组，一人发球，一人练习底线的反弹球。

（十）基本步法

为了适应激烈比赛的需要，步法训练越来越受到教练员和运动员的重视。没有灵活的步法，就不可能抢占有利的击球位置并有效地回击来球。网球运动中有句俗语：手法是基础，步法是关键，由此可见步法在网球运动中的重要性。步法的好坏与专项身体素质练习及技术水平也有一定的关系，因此在进行步法训练时，必须与专项身体素质练习及技术训练相结合。

1. 底线进攻型步法

底线进攻型打法可分为反拍控制球然后正拍侧身攻和正反拍两面攻两种。

前一种打法的运动员是以正拍进攻式、正拍侧身攻为其主要得分手段，反手位的球大多用提拉式切削来控制落点，以便寻找正拍的进攻机会。因此，这种打法运动员的站位和基本活动区域是在场地底线附近偏左的范围。

后一种打法的运动员是以正反拍两面攻为其主要得分手段，反手位的球用反拍进攻，有时也结合正拍侧身攻。因此，正反拍两面攻运动员的站位和基本活动范围是在底线附近中间稍偏左的范围。

但是这两种打法都是以底线进攻为主，因此基本步法的移动也有很多相同之处。底线进攻型运动员的步法有以下几种：

（1）在来球角度不大的情况下，正、反拍击球大多采用“关闭式”步法，即以前脚掌为轴，另一脚向前 45° 跨步的击球步法。

（2）正拍击球时，还有一种步法叫“开放式”步法，即两脚平行站立，以右脚掌为轴，转胯转体的击球步法。

（3）在来球速度较快、角度较大的情况下击球时，正、反拍的击球步法应是向来球方向斜插跑动。以正拍为例，左脚随转体向右侧跨出，然后是右—左—右—左地向击球方向移动。正拍大角度击球步法分为“开放式”和“关闭式”，反拍击球的移动方式与正拍相同，也可采用“开放式”和“关闭式”步法击球。

（4）在来球速度较慢、落点位于中场发球线附近时，大多采用跑动迎上的击球步法，正拍有“开放式”和“关闭式”两种步法，反拍为“关闭式”。

（5）在来球速度较慢、落点在反拍区时，正拍突出的运动员大都采用正拍侧身攻，其步法为左脚向左跨，右脚跟进，然后做侧滑步，到击球位时，左脚迅速向左上方跨出，右脚随即向右后方移动。

（6）当对方来球速度快、落点深时，正、反拍击球一般采用先后退再迎上的步法。即先快速向后退，然后再脚跨出向前击球。

2. 网前进攻型步法

网前进攻型步法可分为发球上网和随球上网两种步法，网前有中场截击、近网截击和高压球步法。

由于发球上网和随球上网都同于网前进攻打法，所以二者的进攻活动范围都在发球线附近和网前，二者的网前步法也基本类似。

发球上网和随球上网的步法如下：

（1）发球上网有单脚起跳和双脚起跳两种起步方式，第一种是发球时左脚支撑并向前上蹬起，右脚随发球跳进场地；第二种是发球时左右脚同时支撑并向前向上蹬起，随发球左脚先蹬跳进场地，冲至中场发球线附近做一急停以判断来球。

（2）随球上网的步法正拍可使用“开放式”或“关闭式”步法，反拍采用“关闭式”步法，类似中场迎上击球步法。

练习方法：

（1）学习掌握步法移动中的基本要领和基本步法，如滑步、跑步、跨步、踮步、交叉步等。

（2）徒手练习前后、左右移动脚步动作。

（3）结合挥拍动作练习步法。

（4）利用多球进行步法练习。练习中应注意由慢到快、由易到难。

（5）教练员在计划安排上要有目的、有针对性地把技术训练和步法练习结合起来。

（6）步法练习要和专项身体训练结合起来，以增强下肢起动速度和力量。

（7）在练习某一项步法时，可以规定组数和次数，或要求在规定时间内完成一定的组数和次数。

三、网球基本战术

（一）单打战术

1. 发球战术

（1）右区发球。站在右区发球时，应站在靠近中点发球，第一发球一般采用平击大力发球，发向对手右发球区中线附近，迫使对手用反拍接发球。第一发球发向对手反拍有以下好处：对手用反拍回球较困难，也减少了自己封网的角度，绝大多数选手反拍接发球时打直线，如果自己是用右手握拍，也应当做好反拍截击的准备。如果第一发球失误，则第二发球一般采用侧旋发球，发球速度相对慢些，以避免失误，可发向对手右发球区边线附近，利用侧旋球迫使对手离开场区接球，使对手不能打出快速有力的回球，发球上网的选手就很容易上网截击。如果发球不上网，也可以占据场中有利位置等待对手回击。

（2）左区发球。站在左区发球时，应站在离中点1~1.5米处发球；第一发球一般应发向对手的左边线附近，即对手的反手边，让对手用反拍来接球。

2. 接发球战术

接发球的站位很重要，一般来说，在右区接发球时，右脚靠近单打边线；在左区接发球时，可以离单打边线远些，因为右手握拍的选手在左区发球时不可能把球拉出很远。接第一发球时，集中精力使它过网，尽量做到少失误；接第二发球时，可以不时地避开反拍而以正拍进攻，把球击向对手端线两角，随即上网截击或留在端线附近接对手的回球。

当对手发球上网时，最有效的方法是在对手上网跑动过程中把球击向他的脚部，即把球击向发球线附近。如果对手上网速度快、已占据了网前有利位置，则有三种破网方法：一是把球斜线击向对手的发球区边线附近；二是直线击向另一发球区边线附近；三是挑高球击向对手左底角附近。

3. 底线对抽战术

在网球比赛中，双方有大部分时间都处于底线对抽局面，这时要不断变换击球方法，如采用上旋和下旋结合，使对手不适应而造成失误；斜线直线结合，用大角度调动对手，使对手左右跑动。不要让对手有规律地移动，有些球交替打两个角，有些则打回头重复落点，使对手总是在猜测，判断。一旦对手打出一个浅球，就向前打随击球上网。

4. 改变不利打法战术

有些选手习惯在端线上很耐心地一拍一拍地将球打过来，对付这样的对手时，应注意改变打法。如处理浅球时，不要总是打随击球，应回打一个浅球或放一个小球，迫使对手上网，如果他的截击技术不是很好，就可以使其失误。放小球会使他感到意外，即使命中率不高，也可以试一下。放小球后，要像打随击球一样，继续向前上网，准备截击得分。

（二）双打战术

双打与单打的区别首先在于场地扩大了、人员增多了，其次在于击球的线路和落点不同，因此，双打时，应注意以下几点：

1. 互相鼓励，协作配合

双打时，要求两个队员配合得像一个人，这样才能把两个人的长处结合起来，打出比任何一个人单打水平都高的比赛。由于双打战术机动灵活，其变化比单打复杂得多。双打战术成功与取胜的关键在于两个队员默契配合。默契配合是建立在双方互相信任的基础上，并通过长期合作锻炼出来的。两个队员要紧密合作，互相鼓励，如同伴打出一个好球就要祝贺他。战术不对头时多商量，切记不要埋怨。因此，双打的根本是两个人如同一个整体，无论如何都要并肩战斗，移动要一致，相互间的距离不能拉开 3.5 米以上。

2. 双打站位

（1）发球、接发球时的双打站位。双打比赛时，一般是能够控制网前的队容易得分。如图 5-3-13 所示，发球员 A 应站在中点和单打线的中间，发球后直接上网。发球员的同伴 B 站在发球线和球网之间稍偏向单打线，应做到只向两侧各移动一步，就能封住单打与双打的狭道以及球场中央的斜线球。接球员 C 在接右区发球时，应站在端线靠近单打线处（以右手为例）；在接左区发球时，则应稍靠中间站一些。接球员的首要任务是将球打过去，然后考虑上网。接球员的同伴 D 应站在发球线前，偏近中线，目的是警戒对方网前选手 B 打来的中路球。当接球员击球后向前时，接球员的同伴应移动到自己那半场的中间靠近球网的位置。

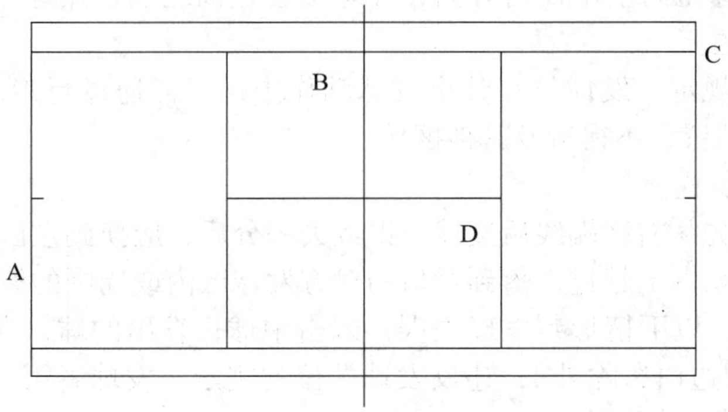

图 5-3-13　双打发球、接发球时的站位

（2）不同水平选手的双打站位。双打比赛讲究的是默契配合。一般来说，正拍较好的选手应站在右区，反拍较好的选手宜站在左区。击球技术更凶狠和更有决断的选手应站在左区，而较稳健和不易失误的选手则应站在右区。事先，还要商量好由谁打中间的来球。在通常情况下，正拍选手打中路球，或者站在对方击球者斜对面的选手准备接中路球。虽然双打的关键是控制网前（特别是发球方），但也不要闷着头往前冲，要注意始终盯着球。

四、网球竞赛规则简介

（一）场地规则

网球球场为长 23.77 米，宽 8.23 米的矩形，中间由一张挂在最大直径为 0.8 厘米粗的钢丝绳上的球网分开（图 5-3-14）。

（1）全场除端线可宽至 10 厘米外，其他各线宽在 2.5~5 厘米。

（2）各区的丈量都从各线的外沿计算。中点线长 10 厘米，宽 5 厘米。

（3）球网两边的网柱高为 1.07 米，网中间高度为 0.914 米。

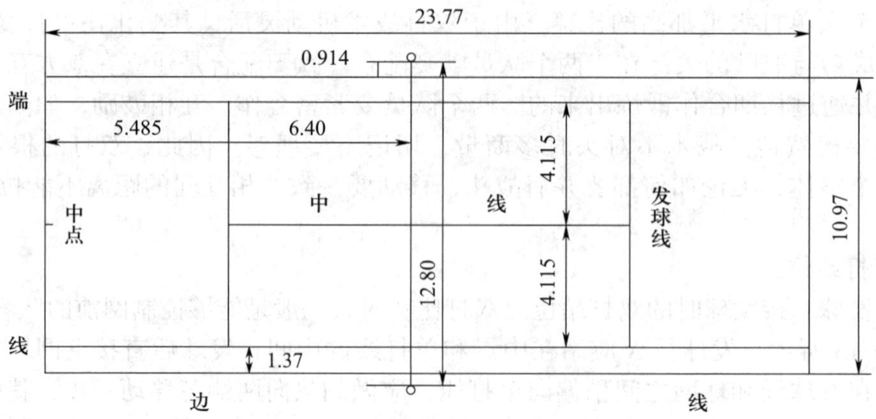

图 5-3-14 网球比赛场地（单位：米）

（二）竞赛规则

1. 发球

（1）发球前的规定。发球者在发球前应站在端线后、中点和边线的假定延长线之间的区域里，用手将球抛向空中任何方向，在球接触地面之前，用球拍击球。球拍与球接触时，完成球的发送。

（2）发球时的规定。发球员在整个发球动作中，不得通过行走或跑动来改变位置。两脚只准站在规定位置，不得触及其他区域。

（3）发球者的位置。

① 每局开始，先从右区端线后发球，得或失一分后，应换到左区发球。

② 发出的球应从网上越过，落到对角的对方发球区内或周围的线上。

（4）发球失误。以下情形判发球失误：未击中球；发出的球，在落地前触及固定物（球网、中心带和网边白布除外）；违反发球站位的规定。发球者第一次发球失误后，应在原发球位置进行第二次发球。

（5）发球无效。发球触网后仍落到对方发球区内或接球者未做好接球准备均应重发球，此时判定发球无效。

（6）交换发球。第一局比赛终了，接球者成为发球者，发球者成为接球者。以后每局终了，均互相交换，直至比赛结束。

2. 通则

（1）交换场地。双方应在每盘的第一、三、五等单数局结束后，以及每盘结束双方局数之和为单数时，交换场地。

（2）失分。发生下列任何一种情况，均判失分：

① 在球第二次着地前，未能还击过网。

② 还击的球触及对方场区界线以外的地面、固定物或其他物件。

③ 还击空中球失败。

④ 故意用球拍触球超过一次。

⑤ 运动员的身体、球拍在活球期间触及球网。

⑥ 过网击球。

⑦ 抛拍击球。

（3）压线球。落在线上的球都算界内球。

3. 双打

（1）双打发球次序。每盘第一局开始时，由发球方决定由何人首先发球，对方则同样地在第二局开始时，决定由何人首先发球。第三局由第一局发球方的另一球员发球。第四局由第二局发球方的另一球员发球。以下各局均按此次序发球。

（2）双打接发球。先接球的一方，应在第一局开始，决定何人先接发球，并在这盘单数局，继续先接发球。对方同样应在第二局开始时决定由何人先接发球，并在这盘双数局继续先接发球。他们和同伴应在每局中轮流接发球。

（3）双打还击。接发球后，双方应轮流由其中任何一名队员还击。如球员在其同队队员击球后再触球，则判对方得分。

4. 计分方法

（1）胜 1 局。

① 每胜一球得 1 分，先胜 4 分者胜 1 局。

② 双方各得 3 分时为“平分”，平分后，净胜 2 分为胜 1 局。

（2）胜一盘。

① 一方先胜 6 局为胜一盘。

② 双方各胜 5 局，一方净胜 2 局为胜一盘。

（3）决胜局计分制。为了控制比赛时间，近些年普遍采用平局决胜制，即当局数为 6∶6 时，只再打一局来决胜负。在这一局中，谁先赢得 7 分者即胜一盘。如果在此局中打成 5∶5 平分，一方仍须净胜对方 2 分才算胜此局，即胜此盘。

① 首先发球员只发第一分球，对方发第二、三分球，然后轮流发两分球，直至比赛结束。

② 第一分球在右区发，第二分球在左区发，第三分球在右区发，以下各分均按此序发球。

③ 每六分球都要交换场地。

思考题

1. 简述乒乓球作为国球，在我国外交史上发挥了怎样的作用。
2. 中国羽毛球教父的是哪位，当时回国执教的时代背景是什么？
3. 简述网球比赛局分如何计算，在比赛中主要有哪些情况会失分。

第六章 健身塑形的时尚运动

本章导言

本章以科学健身为理论基础，以健身塑形为现实目标，以运动技能为支撑，使学生在课程中“提高认知”，“学会做事”，“学会共处”，“学会快乐”，切实达成“享受乐趣、增强体质、健全人格、锤炼意志”的目标，养成健康生活方式，掌握科学健身知识和锻炼技能。通过本章内容的学习，学生得到的不仅仅是身形上的改善，更是心理素质、学识、自律与自强能力的提高。

第一节　健身健美运动

健身健美运动是在 19 世纪初由德国人尤金·山道创立，20 世纪 30 年代中期加拿大的乔·韦德和本·韦德兄弟将其发扬光大。韦德兄弟于 1946 年在加拿大蒙特利尔成立了国际健美联合会（IFBB），制定了健美比赛国际规则，现有 196 个会员。1969 年国际健美联合会加入国际单项体育联合会总会，1998 年 1 月 31 日得到国际奥委会的临时承认。国际健美联合会总部位于加拿大。中国健美协会于 1985 年 11 月 2 日加入国际健美联合会。

健身健美运动是一项有益于身体健康的体育运动，是专门探求身体建设的学科。“爱美之心，人皆有之”，健身健美既符合人们“爱美”的心理，又是强壮体格、健美塑形的有效手段，现已成为人们所热爱的体育运动项目之一。

>>> 知识链接

健美运动创始人尤金·山道（Eugen Sandow），幼时瘦弱多病，常常被蛮横的同学欺辱。10 岁那年跟随父亲到意大利首都罗马旅游，被美术馆中古希腊的雕塑深深吸引，他开始每天锻炼身体，在使用杠铃、哑铃锻炼的实践中摸索出一整套强壮肌肉的方法。到 22 岁时，他的全身肌肉已非常发达，在英国、澳大利亚、新西兰和南美洲等地进行表演，展示他发达的肌肉，受到广泛赞誉。尤金·山道在 1901 年组织了世界首次健美大力士比赛，在 19 世纪后期开始推广健美运动，被称为“现代健美之父”。

一、健身健美运动的定义

健身运动是指通过各种身体练习手段，达到增强器官系统的机能，提高身体素质和基本运动能力，延缓人体衰老目的的运动。狭义的健美运动是在健身运动的基础上，为提升身体形态美，形成良好的体型和姿态而进行的锻炼。健美锻炼的针对性较强，如为了发展肌肉体积，可采用举重和器械练习；为了养成端庄优美的体型，增加协调和韵律感，可采用自体重、弹力带、小哑铃等轻器械或通过艺术体操、健美操等练习达到锻炼目的。广义的健身运动包括健美运动，健美运动促进健身运动的发展。二者的目的均是提高身体素质，健身运动更注重身体健康，健美运动更注重体型体态。

二、健身健美运动的特点和分类

健康匀称的人体是天赐的艺术品，是健、力、美的统一。早在2000多年前，古希腊人为使国家强盛，鼓励人人锻炼出强健体魄，极为重视体育运动，十分崇尚人体美。这一点可从《荷矛者》《掷铁饼者》等希腊雕刻艺术的代表作上体现出来。在当时的奥林匹亚竞技会上，古希腊人为了展现他们优美的线条和结实弹性的肌肉，还在全身涂上橄榄油，裸体进行角逐，这就是健身健美运动的雏形。此后，随着人类文明的进步和社会经济的发展，人们对健康的体魄和健美的体型有了新的要求，健身健美运动也进入了快速发展时期，体现出新的特点和形式。

我国体育美学学者胡小明根据中国人的实际情况提出了如下人体美的标准：骨骼发育正常，关节不显粗大突出；肌肉匀称发达，皮下脂肪适当；五官端正，与头部配合协调；双肩对称，三角肌宽大且圆；脊柱正视垂直，侧看弯度正常；胸廓隆起，正、背面略呈V形，女性胸廓丰满而有明显曲线；腰细而结实呈圆柱形；腹部扁平，男子有腹肌垒块隐现；臀部圆满适度；腿修长，大腿线条柔和，小腿腓部突出，足弓高。

（一）健身健美运动的特点

1. 健康美与运动美的统一

从古至今，人们都执着地追求人体美，但由于时代、文化、阅历、性别、年龄等的差异，对美的看法各不相同。

美不一定要白，经过太阳“洗礼”的麦色皮肤也可以很美；美不一定非要瘦，皮肤紧致微胖也是美；美也不一定要“幼”，女性可以有女性特有的前凸后翘之美，男性可以有充满力量的肌肉之美。健身健美运动让我们发现有肌肉、有力量、有智慧的多元审美。瑕疵的皮肤，健壮的身躯，不屈的眼神……展现了身体之美、精神之美、意志力之美。“运动美”需要科学，只有合理、科学、规律运动才能获得“健康美”。

2. 力学美与线条美的统一

最美的体型应该是力学美和线条美的统一体。力学美包括发达的肌肉，具有一定张力的皮肤和分布匀称的皮下脂肪。线条美包括各部位恰当的比例，以及起伏鲜明而又自然吻合的边界轮廓。

健身健美运动就是既要求“健”，又要求“美”。它包含生长发育健康而又完美的机体，发达有力的肌肉，优美的人体外形和健康向上的精神气质。男子的健美体型具体体现在丰富发达的肌肉，协调优美的曲线；女性的曲线美则来自胸、腰、臀构成的三围的适当比例。人体的健康美越来越体现于全身各部位肌肉的均衡发展，优美的姿态，外在的强健与内在机敏的和谐统一。

（二）健身健美运动的分类

健身健美运动的内容很多，根据运动目的和任务的不同，可分为大众健身健美运动和竞技健身健美运动两类。

1. 大众健身健美运动

大众健身健美运动的目的和任务在于增进锻炼者身体健康，促进身体正常发育，改善身体形态，使肌肉发达。健身健美运动锻炼手段众多，徒手、器械都可行，且有着广泛的适应性，不同年龄、性别、体质、爱好和锻炼水平的人可以根据自己的情况有选择地进行锻炼，塑造健美的形体。

2. 竞技健身健美运动

竞技健身健美运动是在身体健康和全身肌肉发达匀称的基础上，按照规则的规定，比较肌肉的围度、匀称度、造型的一种竞赛项目。正规的比赛有严格的裁判标准、动作要求以及特定的比赛项目、内容、级别和评分方法。国际健美联合会承认的各种职业比赛和业余比赛，对参赛选手的资格有严格的要求和限制。

三、人体主要肌肉的锻炼方法

（一）肩颈部

1. 锻炼方法（表 6-1-1）

表 6-1-1 肩颈部常用锻炼方法

<table>
<tr><th colspan="2">动作名称</th><th>器械</th><th>身体姿态</th><th>主要锻炼部位</th></tr>
<tr><td rowspan="4">侧平举类</td><td>单臂侧平举</td><td rowspan="2">哑铃</td><td rowspan="2">站姿、坐姿</td><td rowspan="2">三角肌中束、肩袖肌</td></tr>
<tr><td>双臂侧平举</td></tr>
<tr><td>俯立侧平举</td><td>哑铃</td><td>俯立</td><td>三角肌后束、上背部肌群</td></tr>
<tr><td>拉力器侧平举</td><td>拉力器</td><td>站姿</td><td>三角肌中束</td></tr>
<tr><td rowspan="5">前平举类</td><td>单臂前平举</td><td>哑铃</td><td rowspan="4">站姿、坐姿</td><td>三角肌前束、胸大肌上部、斜方肌</td></tr>
<tr><td>并握哑铃前平举</td><td>哑铃</td><td>三角肌前束、胸大肌上部、肱二头肌短头</td></tr>
<tr><td rowspan="2">双臂前平举</td><td>杠铃</td><td>三角肌前束、胸大肌上部、冈下肌</td></tr>
<tr><td>哑铃</td><td>三角肌前束、胸大肌上部、斜方肌</td></tr>
<tr><td>直立提拉</td><td>杠铃、哑铃</td><td>站姿</td><td>三角肌、斜方肌上部、肱三头肌</td></tr>
<tr><td rowspan="5">上举类</td><td>哑铃耸肩</td><td>杠铃、哑铃</td><td>站姿</td><td>斜方肌、颈肌、上背肌群</td></tr>
<tr><td>颈后推举</td><td>杠铃、曲臂杠铃</td><td>站姿、坐姿</td><td>三角肌中束、斜方肌上部、肱三头肌、前锯肌</td></tr>
<tr><td>颈前推举</td><td>杠铃、哑铃</td><td>站姿、坐姿</td><td>三角肌前束和中束、肱三头肌、胸大肌上部、斜方肌上部、前锯肌</td></tr>
<tr><td>窄握颈前推举</td><td>杠铃</td><td>站姿、坐姿</td><td>三角肌前部、胸大肌上部</td></tr>
<tr><td>宽握颈前推举</td><td>杠铃</td><td>站姿、坐姿</td><td>三角肌前部和中部</td></tr>
</table>

续表

动作名称		器械	身体姿态	主要锻炼部位
上举类	哑铃推举	哑铃	单臂坐姿	三角肌前束、斜方肌上部、前锯肌、肱三头肌
			双臂坐姿	三角肌中束、肱三头肌、胸大肌上部、斜方肌上部、前锯肌
	史密斯机颈后推举	杠铃	站姿、坐姿	三角肌前束、肱三头肌、斜方肌中部和下部、肱三头肌、前锯肌

引自：吴廉卿. 现代健美运动［M］. 武汉：武汉大学出版社，2020：210.

2. 技术要领

（1）直立提拉。

主要锻炼肌肉：三角肌、斜方肌上部、肱三头肌。

动作过程：两脚开立，与肩同宽，上体正直，窄握杠铃，持杠铃下垂于体前，然后以肩带肌群向上收缩的力量，带动两上臂贴身向上提杠铃至下颌位置，保持顶峰收缩1~3秒后慢慢放下还原（图6-1-1）。

视频：直立提拉示范动作

动作要点：拉引杠铃应贴近身体，两肘尽量上抬，高于肩，前臂和手腕下垂。

提示：也可用哑铃进行练习。

（2）站立前平举。

主要锻炼肌肉：三角肌前束、胸大肌上部、斜方肌。

动作过程：两脚开立，与肩同宽，上体正直，两手持哑铃下垂于体前，然后两肘微屈，经体前举起略高于肩，保持顶峰收缩1~3秒后慢慢放下还原（图6-1-2）。

视频：站立前平举示范动作

动作要点：肘关节微屈，这样有利于三角肌的收缩。举起时上体不要后仰。

图6-1-1 直立提拉

图6-1-2 站立前平举

（3）站立侧平举。

主要锻炼肌肉：三角肌中束、肩袖肌。

动作过程：两脚开立，与肩同宽，上体正直，两手拳心向前，持哑铃下垂于体侧，然后两肘微屈，两手持哑铃向两侧上方提起至与头部齐高位置，保持顶峰收缩1~3秒后慢慢放下还原（图6-1-3）。

动作要点：肘关节微屈，举起时上体不要后仰。

图6-1-3 站立侧平举

视频：站立侧平举示范动作

提示：可用拉力器或橡皮条侧平举，也可采用单手进行练习。

（4）俯立飞鸟。

视频：俯立飞鸟示范动作

主要锻炼肌肉：三角肌后束、上背部肌群。

动作过程：两脚开立，略比肩宽，上体前屈与地面平行，挺胸紧腰，两手拳心向前，持哑铃直臂下垂于腿前，然后两肘微屈，两臂向两侧提举至最高点，保持顶峰收缩 1~3 秒后慢慢放下还原（图 6-1-4）。

动作要点：挺胸紧腰，两手持哑铃举起时肘关节微屈。

提示：可用拉力器或橡皮条进行练习，也可做俯卧飞鸟动作。

（5）哑铃坐姿颈前推举。

视频：哑铃坐姿颈前推举示范动作

主要锻炼肌肉：三角肌前束和中束、肱三头肌、胸大肌上部、斜方肌上部。

动作过程：坐于凳上，上体正直，挺胸紧腰，两手握哑铃，掌心朝前，屈肘于胸前锁骨和两肩上，然后将哑铃垂直向上推起至两臂伸直，保持顶峰收缩 1~3 秒后慢慢放下还原（图 6-1-5）。

图 6-1-4　俯立飞鸟

图 6-1-5　哑铃坐姿颈前推举

动作要点：上推时，上体不要后仰。

提示：可用杠铃进行练习，也可采用站立式，但应避免借助腿部等力量。

（6）杠铃坐姿颈后推举。

主要锻炼肌肉：三角肌中束、斜方肌、肱三头肌、上胸部肌群等。

视频：杠铃坐姿颈后推举示范动作

动作过程：坐于凳上，上体正直，挺胸紧腰，把杠铃置于颈后肩上，两手比中握距略宽握住横杠，然后将杠铃垂直向上推起至两臂伸直，保持顶峰收缩 1~3 秒后慢慢放下还原（图 6-1-6）。

动作要点：握距不同，锻炼部位也有所不同，宽握距侧重练习三角肌，窄握距侧重练习肱三头肌。

提示：可用哑铃进行练习，也可采用站立式，但应避免借助腿部等力量。

（7）哑铃耸肩。

视频：哑铃耸肩示范动作

主要锻炼肌肉：斜方肌、颈肌、上背肌群。

动作过程：两脚开立，与肩同宽，上体正直，两手持哑铃同肩宽并下垂于体侧，两肩放松下垂，然后以斜方肌的收缩力量持哑铃向上，耸起两肩，下落或做前后旋转（图 6-1-7）。

动作要点：两臂在动作过程中始终不动。

提示：可用杠铃进行练习。

图 6-1-6　杠铃坐姿颈后推举

图 6-1-7　哑铃耸肩

3. 训练方案（表 6-1-2）

表 6-1-2　肩颈部各阶段训练方案

训练阶段	训练量				训练组合实例	
	动作数/个	总组数/组	次数/次	每周练习次数/次	动作	组数 × 次数
初级阶段（1~6 个月）	2~3	6~10	6~10	3	直立上拉 站立推举	4×（9~12） 2×（9~10）
中级阶段（7~12 个月）	3~5	12~30	6~12	2~3	坐姿颈后推举 侧平举 俯立侧平举	3×（6~9） 4×（6~9） 4×（6~9）
高级阶段（12 个月以上）	5~7	12~30	8~20	2~3	坐姿哑铃推举 俯立侧平举 坐姿转腕推举 哑铃交替前平举 哑铃耸肩	3×（9~10） 2×（9~12） 3×（9~12） 2×（9~12） 2×（9~12）

（二）胸部

1. 锻炼方法（表 6-1-3）

表 6-1-3　胸部肌群常用锻炼方法

动作名称		器械	身体姿态	主要锻炼部位
推举类	平卧推举	杠铃 哑铃	平卧	胸大肌外侧和上下缘、三角肌前束、肱三头肌
	上斜推举		30°~45° 上斜	胸大肌中上部、肱三头肌、三角肌前束
	下斜推举		15°~30° 上斜	胸大肌中下部、肱三头肌、三角肌前束
飞鸟类	平卧飞鸟	哑铃	平卧	胸肌外侧、三角肌前束、肱三头肌
	上斜飞鸟		30°~45° 上斜	胸大肌上部
	下斜飞鸟		15°~30° 上斜	胸大肌下部、三角肌前束、前锯肌、喙肱肌
	扩胸		站姿	胸大肌外侧缘

续表

动作名称		器械	身体姿态	主要锻炼部位
拉力器夹胸	高握把	重锤拉力器	站姿、坐姿	胸大肌上部
	低握把			胸大肌中下部
	坐姿夹胸器夹胸	夹胸器	坐姿	胸大肌、喙肱肌、肱二头肌短头
俯卧撑	脚与腰部齐平	俯卧撑器	俯卧	胸大肌外侧翼、下缘沟
	脚高于腰部位置			三角肌前部和中部
屈伸	臂屈伸	双杠	站姿	胸大肌下部、三角肌前束、肱三头肌为主，兼练背阔肌、斜方肌、前锯肌等
仰卧上拉	仰卧直臂上拉	杠铃、哑铃	平卧	胸大肌靠人体中线边沿（胸大肌中间沟）
	仰卧屈臂上拉	杠铃、哑铃		胸大肌上部、前锯肌、肱三头肌、三角肌

2. 技术要领

（1）平卧推举。

主要锻炼肌肉：胸大肌外侧和上下缘、肱三头肌、三角肌前束。

动作过程：仰卧在卧推凳上，两手握杠铃，虎口相对，握距与肩同宽或稍宽于肩，杠铃横杠置于胸部最高点上约 1 厘米处，以胸大肌发力将杠铃向上推起，保持顶峰收缩 1~3 秒后慢慢放下至原位（图 6–1–8）。

视频：平卧推举示范动作

图 6–1–8 平卧推举

动作要点：杠铃推起直臂支撑时，胸廓挺起两肩胛向下沉。上背部、臀部、后脑接触凳面，腰部应始终紧张，不触及凳面，身体成桥形。

提示：平卧推、上斜卧推和下斜卧推也可用哑铃进行练习，动作过程、动作要点等与持杠铃基本相同，持哑铃时哑铃分别置于胸部两外侧。

（2）上斜卧推。

主要锻炼肌肉：胸大肌上部、肱三头肌、三角肌前束。

动作过程：头高脚低仰卧在与地面成 30°~40° 角的斜卧推凳上（图 6–1–9），其他动作要领同平卧推举。

动作要点：横杠放在锁骨处。注意凳面与地面应小于 30°，如小于 30° 的斜卧推，用力点集中于外侧翼中上部，大于 40° 时用力点转移到三角肌前束。

提示：也可做下斜卧推，头低脚高仰卧在与地面约成 20° 的斜凳上，横杠放置于胸部最高点下约 2 厘米处，其他动作要领同平卧推举。主要锻炼肌肉：胸大肌中下部、肱三头肌、三角肌前束。

图 6-1-9　上斜卧推

视频：上斜卧推示范动作

（3）平卧飞鸟。

主要锻炼肌肉：胸大肌外侧、三角肌前束、肱三头肌。

动作过程：平仰卧在长凳上，两手握哑铃，掌心相对，两臂自然伸直于胸部上方，挺胸沉肩，然后两手持哑铃向体侧慢慢屈肘下降，直至两臂不能再降为止，使胸部充分拉开，保持顶峰收缩 1~3 秒后，以胸大肌的收缩力量持铃由原下降线路向上举起至直臂还原（图 6-1-10）。

图 6-1-10　平卧飞鸟

视频：平卧飞鸟示范动作

动作要点：仰卧于凳子上应以背部、臀部、后脑接触凳面，腰部要收紧用力悬空挺起。两臂持哑铃应屈肘下降，下降时速度要缓慢平稳，随下降幅度加大两上臂与前臂之间的夹角约成 120° 。

（4）斜卧飞鸟。

斜卧飞鸟可分为上斜飞鸟（图 6-1-11）和下斜飞鸟，其主要锻炼肌肉同上斜卧推和下斜卧推，动作过程、要点则同平卧飞鸟。

（5）仰卧屈臂上拉。

主要锻炼肌肉：胸大肌上部、前锯肌、肱三头肌、三角肌。

动作过程：两肩胛至于长凳一侧，两手虎口交叉，托哑铃内沿，两臂伸直于胸部上方，然后两臂屈肘向头后落至最低点，使胸部充分拉开，随即以胸大肌的收缩力使两臂屈肘向上拉起至原位（图 6-1-12）。

动作要点：下落速度应缓慢，充分拉伸胸大肌，上拉利用胸大肌力量，动作过程不得借力。

视频：斜卧飞鸟示范动作

图 6-1-11 斜卧飞鸟

视频：仰卧屈臂上拉示范动作

图 6-1-12 仰卧屈臂上拉

（6）拉力器夹胸。

主要锻炼肌肉：胸大肌。

动作过程：上臂抬起稍高于肩位或与肩齐，肩关节放松，两手肘稍屈，手腕稍向内扣，充分伸展胸大肌，并集中以胸大肌的收缩力，由上向下拉引至握把处于胸部上方或小腹前位，同时使胸大肌处于“顶峰收缩”位，1~3 秒后慢慢还原至起始位（图 6-1-13）。

动作要点：收缩胸肌，双手以宽弧形在胸部上方或小腹前相互靠近，在动作顶部努力挤压。在放松力量前呼气，然后按照原路返回到初始位置。不要让拉力器将肘部向后

视频：拉力器夹胸示范动作

图 6-1-13 拉力器夹胸

拉得过远。

提示：握把位置的高低不同，锻炼胸大肌的部位也不同。高把位练胸大肌上部，低把位练胸大肌中下部。

（7）器械夹胸。

主要锻炼肌肉：胸大肌、喙肱肌、肱二头肌短头。

动作过程：上身保持直立，坐于器械凳上，背部紧贴靠垫，双手对握器械手柄，肘部微屈，不要锁死；保持腰背挺直，核心收紧，两手带动握柄向前聚拢；动作过程中感受胸肌的发力收缩，至动作顶端，顶峰收缩1~3秒；控制肌肉发力，缓慢下放，重复进行（图6-1-14）。

图6-1-14　器械夹胸

视频：器械夹胸示范动作

动作要点：保证身体坐于器械的中央位置，并保持上身直立。

（8）俯卧撑。

主要锻炼肌肉：胸大肌上部、肱三头肌。

动作过程：两手直臂支撑在地上，手指向前，两手间距与肩同宽或略宽于肩，两上臂贴近体侧，以脚尖支于平凳上，脚高于腰部位置，两脚并拢或稍分开，全身挺直，头稍抬起，然后屈臂使身体下降至两臂完全弯曲，随即以胸大肌发力，带动两臂伸直还原（图6-1-15）。

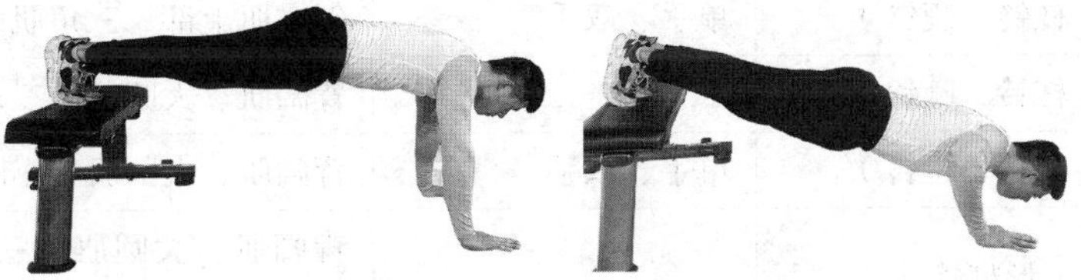

图6-1-15　俯卧撑

视频：俯卧撑示范动作

动作要点：直臂支撑时两肩应略超过两手掌的支撑点。以胸大肌发力向上伸臂时，应使两肩向前，两臂伸直时应挺胸，不能耸肩，在整个动作过程中身体始终挺直，不能有含胸、塌腰等动作。

提示：根据不同运动水平和锻炼目的还可做斜立俯卧撑（头高脚低）、下斜俯卧撑（头低脚高）、支架俯卧撑和跪姿俯卧撑等，斜立和跪姿俯卧撑适合女性初练时做。

做一般俯卧撑和下斜俯卧撑时用力点集中在三角肌前束和肱三头肌上。男性徒手俯卧撑能准确做15次以上时，可提高练习难度，做下斜俯卧撑或背上负重俯卧撑。

3. 训练方案（表 6-1-4）

表 6-1-4 胸部肌群各阶段训练方案

方案	初级		中级		高级	
	动作	组数 × 次数	动作	组数 × 次数	动作	组数 × 次数
方案一	平卧杠铃推举 上斜哑铃卧举	3×（8~12） 2×（8~12）	上斜杠铃卧举 双杠双臂屈伸 仰卧飞鸟 卧式屈臂上拉	3×（8~10） 3×（8~10） 2×（8~12） 2×（10~15）	上斜杠铃卧举 负重双臂屈伸 窄握距平卧推 仰卧屈臂上拉 平卧飞鸟	4×（8~10） 3×（8~12） 3×（8~10） 2×（10~15） 2×（8~12）
方案二	平卧杠铃推举 上斜哑铃卧举	（3~4）×（8~12） （2~3）×（8~12）	上斜杠铃卧举 双杠双臂屈伸 仰卧飞鸟	4×（8~10） 3×（8~12） 3×（10~15）	上斜杠铃卧举 平卧杠铃推举 下斜哑铃推举 仰卧屈臂上拉	5×（6~15） 4×（6~12） 3×（6~12） 3×（10~15）

（三）背部

1. 锻炼方法（表 6-1-5）

表 6-1-5 背部肌群常用锻炼方法

动作名称		动作变化	主要锻炼部位
划船类	站姿划船（杠铃、哑铃）	单手、双手	斜方肌上部、三角肌中后束
	坐姿划船（杠铃、哑铃）		背阔肌、大圆肌、三角肌后束等
	俯身划船（杠铃、哑铃）	单手、双手	背阔肌、大圆肌、小圆肌
	俯卧划船（T 形杠铃）		背阔肌、大圆肌、三角肌后束、菱形肌、斜方肌
引体向上类	单杠引体向上（体前）	宽握距（正握）	背阔肌
		窄握距（正握）	背阔肌上部
		宽握距（反握）	肱二头肌
		中握距（反握）	背阔肌中上部
	单杠引体向上（颈后）	中握距	背阔肌
		宽握距	背阔肌中下部
下拉类	坐姿胸前下拉	宽握距（正握）	背阔肌中部、斜方肌中下部
		正下拉（反握）	背阔肌
		斜下拉（反握）	小圆肌、背阔肌
		平拉（对握）	背阔肌、大圆肌

续表

动作名称		动作变化	主要锻炼部位
下拉类	坐姿颈后下拉	宽握距	背阔肌、大圆肌、肱三头肌长头
	坐姿单臂下拉	反握	单侧背阔肌、前臂屈肌、肱二头肌等
耸肩类	站姿杠铃耸肩	曲柄杠铃	斜方肌
	体后握杠铃耸肩		斜方肌
	站姿哑铃耸肩	单臂哑铃	斜方肌中上部、肩胛提肌、菱形肌
	体后握哑铃耸肩		斜方肌
侧举躬身类	体前屈两臂侧举	哑铃	背阔肌、斜方肌、菱形肌、大圆肌
	站姿颈后侧举	杠铃、哑铃	背阔肌、斜方肌、三角肌前群
躬身类	俯身杠铃躬身	直腿、屈膝	下背肌（骶棘肌等）
	俯卧挺身	俯身挺身	竖脊肌、骶棘肌等腰背部肌群
	俯卧转体挺身		腰侧背肌群
硬拉类	直腿硬拉 屈腿硬拉 罗马尼亚硬拉 垫木硬拉	握距：宽握距、中握距、窄握距，并握；握法：正握、反握、正反握	竖脊肌、腿部与臀部肌肉

2. 技术要领

（1）杠铃俯立划船。

主要锻炼肌肉：背阔肌中下部、斜方肌、冈下肌、三角肌后束等。

视频：杠铃俯立划船示范动作

动作过程：两脚开立，与肩同宽，上体前屈与地面平行，两手直臂下垂，宽握杠铃于腿前，肩关节放松，挺胸塌腰，略抬头，上体不动，然后以背阔肌发力，贴身将杠铃提至小腹位，保持顶峰收缩1~3秒后慢慢循原路还原（图6-1-16）。

图6-1-16　杠铃俯立划船

动作要点：背部保持平直，头稍抬起。

（2）坐姿划船。

主要锻炼肌肉：背阔肌、大圆肌、三角肌后束等。

动作过程：双脚至于器械踏脚处，挺胸收腹，略抬头，保持脊柱正直，手握把杆，虎口相对。发力时利用背阔肌的收缩力量，身体稍后仰，双手屈肘平行向后拉动把杆至双肘超过身体平面，双肘贴近体侧向脊柱夹紧，保持顶峰收缩1~3秒后慢慢放下还原（图6-1-17）。

动作要点：注意脚部、腿部的动作，放腿时膝关节适度弯曲但不锁死。身体后仰拉动把杆时，上体不要过度后仰，以免影响背阔肌的锻炼效果。

视频：坐姿划船示范动作

图 6-1-17 坐姿划船

（3）哑铃俯撑划船。

主要锻炼肌肉：背阔肌、大圆肌、小圆肌等。

视频：哑铃俯撑划船示范动作

动作过程：一手握哑铃，拳眼向前，成单侧跪撑，上体前屈与地面平行，单手持哑铃，肩关节放松下垂，持哑铃一侧的腿伸直支撑地面，然后集中背阔肌收缩用力，把哑铃由腿侧向上提起至肩高度，保持顶峰收缩 1～3 秒后慢慢放下还原（图 6-1-18）。一臂练完，再练另一臂。

动作要点：当哑铃提起至最高点时，同时使上体稍向另一侧转体，以利于上背部肌群的彻底收缩。

提示：为使背阔肌集中用力，减少两腿和腰背肌群的负担，还可采用杠铃俯卧划船和俯卧拉，以提高锻炼效果。

（4）引体向上。

主要锻炼肌肉：背阔肌、肱二头肌。

视频：引体向上示范动作

动作过程：悬垂正握单杠，两手握距稍宽于肩，腰部以下放松，两腿可并拢悬垂或两小腿交叉向后弯起，然后集中背阔肌和肱二头肌收缩力量屈肘引体向上到横杠至胸为止，保持顶峰收缩 1～3 秒后两臂伸肘缓慢下落还原（图 6-1-19）。

动作要点：在引体向上过程中，使背部的肩胛骨收拢，然后让身体慢慢下落。

提示：做单杠颈后引体向上，即在做引体时将横杠拉至颈后肩部，动作过程和用力特点同胸前引体向上。女性或力量较弱者，可做辅助引体向上。

图 6-1-18 哑铃俯撑划船

图 6-1-19 引体向上

（5）坐姿胸前下拉。

主要锻炼肌肉：背阔肌中部、对斜方肌中下部。

动作过程：面向训练器坐下，上半身微微后倾，将膝部抵于固定轴下，双手正握把手，握距略宽于肩；集中背部肌群和肱二头肌收缩力量屈肘将把手下拉至锁骨上方，保持顶峰收缩 1~3 秒后两臂伸肘缓慢将把手恢复原位（图 6-1-20），重复进行。

动作要点：动作过程中保持身体稳定，上半身不要过分后仰和摆动借力。

视频：坐姿胸前下拉示范动作

图 6-1-20　坐姿胸前下拉

（6）坐姿颈后下拉。

主要锻炼肌肉：背阔肌、大圆肌、小圆肌。

动作过程：面向训练器坐下，上半身微微前倾，将膝部抵于固定轴下，双手正握把手，握距略宽于肩；集中背部肌群和肱二头肌收缩力量屈肘将把手下拉至斜方肌上方，保持顶峰收缩 1~3 秒后两臂伸肘缓慢将把手恢复原位（图 6-1-21），重复进行。

动作要点：动作过程中保持身体稳定，上半身不要过分前倾。

视频：坐姿颈后下拉示范动作

图 6-1-21　坐姿颈后下拉

（7）俯卧挺身。

主要锻炼肌肉：竖脊肌、骶棘肌等腰背部肌群。

动作要领：小腹和大腿上部俯卧在罗马椅或长凳上，两腿向后伸直，固定两脚跟，上体向前慢慢弯曲至下背肌群完全伸展，然后以腰背肌群的收缩力量使上体向上挺起超过水平位，保持顶峰收缩 1~3 秒后上体慢慢下降还原（图 6–1–22）。

提示：俯卧挺身也可在垫子上练习。练习过程中两臂伸直或抱于后脑或置于背部，在挺身过程中也可以附加左右转体。此外练习到每组能做 20 次以上时，可以在颈后负杠铃片来进行练习。

视频：俯卧挺身示范动作

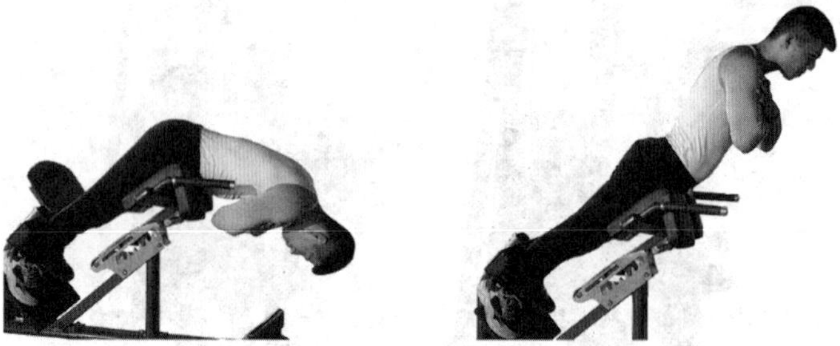

图 6–1–22 俯卧挺身

（8）直腿硬拉。

主要锻炼肌肉：竖脊肌、骶棘肌等腰背部肌群。

动作过程：两脚开立，与肩同宽，两手一正一反握杠，握距略比肩宽，挺胸紧腰，然后直腿用腰背肌群力量慢慢把杠铃拉至全身立状，挺胸向前送髋，保持顶峰收缩 1~3 秒后慢慢下降杠铃至开始状态（图 6–1–23）。

动作要点：上体前俯过程中速度要慢，始终要保持挺胸收腹紧腰。

提示：可采用屈膝来做硬拉。在做引体向上、杠铃耸肩、硬拉等背部动作时可使用助力带，这样有助于集中注意力和使用较大的力量，达到较好的训练效果。

视频：直腿硬拉示范动作

图 6–1–23 直腿硬拉

3. 训练方案（表 6-1-6）

表 6-1-6　背部肌群各阶段训练方案

训练阶段		方案一		方案二	
		动作	组数 × 次数	动作	组数 × 次数
初级阶段 （1~6 个月）	1~3 个月	中握划船 俯身弯起	3×（8~12） 2×（12~15）	宽握划船 负重转体	3×（8~12） 3×（12~15）
	4~6 个月	引体向上 并握划船 俯卧挺身	3×（12~15） 3×（10~15） 2×（12~15）	宽握划船 直腿硬拉 哑铃单手划船	3×（8~12） 3×（6~10） 2×（8~12）
中级阶段 （7~12 个月）		引体向上 并握划船 俯卧挺身	4×（8~12） 2×（8~10） 2×（12~15）	颈后引体向上 哑铃单手划船 直腿硬拉	2×（12~15） 3×（8~12） 3×（8~10）
高级阶段 （12 个月以上）		颈后引体向上 哑铃划船 正握重锤胸前下拉 俯卧挺身	3×（8~12） 3×（8~10） 3×（8~10） 2×（12~15）	宽握划船 对握重锤胸前平拉 正握重锤颈后下拉 直腿硬拉	3×（8~10） 3×（8~10） 3×（8~12） 3×（8~10）

（四）臂部肌群的常见练习

1. 锻炼方法

肱二头肌的训练动作主要是利用哑铃、杠铃做胸前弯举类动作，主要动作环节是肘关节屈伸，身体其他部位保持固定（表 6-1-7）。

表 6-1-7　肱二头肌常用锻炼方法

动作名称	器械选择	身体姿态	主要锻炼部位
杠铃胸前弯举	杠铃、屈臂杠铃	坐姿	肱二头肌
		站姿	肱二头肌突起
哑铃胸前弯举	哑铃	坐姿	肱二头肌长头
		站姿	肱桡肌、肱肌、肱二头肌、三角肌前束
交替弯举	哑铃	坐姿、站姿	肱二头肌长头
坐姿斜板弯举	杠铃	坐姿	肱二头肌下部
	哑铃		肱二头肌短头
俯姿托肘弯举	哑铃、曲臂杠铃	俯姿	肱二头肌后段和尖峰
仰卧弯举	拉力器	仰卧	肱二头肌中部

续表

动作名称	器械选择	身体姿态	主要锻炼部位
俯坐弯举	哑铃	俯姿	肱二头肌
俯身拉力器弯举	拉力器	俯身	肱二头肌
低位拉力器弯举	拉力器	站立	肱二头肌
高位拉力器弯举	拉力器	站立	肱二头肌长头、肱肌
反握引体向上	单杠		肱二头肌突起

肱三头肌的训练动作主要是利用哑铃、杠铃等器械做以肘关节为轴的屈伸类动作，主要动作环节是做屈伸动作（表 6–1–8）。

表 6–1–8 肱三头肌常用锻炼方法

动作名称	器械	身体姿态	主要锻炼部位
双手颈后臂屈伸	杠铃、屈臂杠铃	坐姿	肱三头肌上部、外侧部
	哑铃	站姿	肱三头肌长头
颈后单手臂屈伸	哑铃	坐姿	肱三头肌长头
固定器械臂屈伸	固定器械	坐姿、站姿	肱三头肌
仰卧臂屈伸	杠铃、屈臂杠铃	仰卧	肱三头肌
	哑铃		肱三头肌三个头
俯身臂屈伸	哑铃	俯姿	肱三头肌上部
重锤下压臂屈伸	重锤	坐姿	肱三头肌
窄握仰卧臂屈伸	杠铃	仰卧	肱三头肌外侧头、三角肌前束、胸大肌上部
双臂屈伸	双杠	俯身	肱三头肌上部、三角肌、胸大肌、背阔肌
俯卧撑		俯身	肱三头肌、三角肌、前锯肌

2. 技术要领

（1）杠铃站立弯举。

主要锻炼肌肉：肱二头肌突起。

动作过程：两脚自然开立，上体正直，两手中握杠铃于体前，直臂下垂，上臂紧贴体侧并微前移，然后以肱二头肌的力量屈肘弯起前臂，使肱二头肌完全收缩，保持顶峰收缩 1~3 秒后慢慢伸肘下落还原（图 6–1–24）。

动作要点：在动作过程中，整个上体与上臂不得移动，手腕固定，不要弯曲，下放杠铃动作要慢。

提示：可采用哑铃进行单手、双手或交替练习，也可站立或坐姿练习。

视频：杠铃站立弯举示范动作

（2）哑铃俯坐弯举。

主要锻炼肌肉：肱二头肌。

动作过程：俯身坐在凳子上，两脚着地，分开比肩宽，一手持哑铃下垂，上臂外侧贴于持铃侧大腿内侧面，另一手支撑在另一腿上，持铃向上弯起至胸前，上臂与地面保持垂直，上臂不准移动，紧贴大腿内侧，保持顶峰收缩 1~3 秒后慢慢放下还原（图 6-1-25）。左右交替练习。

动作要点：在动作过程中，肱二头肌必须持续处在张紧力的状态中。

图 6-1-24 杠铃站立弯举

图 6-1-25 哑铃俯坐弯举

视频：哑铃俯坐弯举示范动作

（3）托肘弯举。

主要锻炼肌肉：肱二头肌后段和尖峰。

动作过程：两手反握杠铃，将整个上臂平贴在斜板上，双臂肘关节微屈，腕关节伸直，与小臂呈一条直线，收缩肱二头肌，屈肘，将前臂弯举至动作顶端，顶峰收缩 1~3 秒；控制肌肉发力，缓慢下放（图 6-1-26），重复进行。

视频：托肘弯举示范动作

动作要点：在整个动作过程中，保持上臂始终平贴在斜板上。

（4）哑铃颈后臂屈伸。

主要锻炼肌肉：肱三头肌长头。

动作过程：站立或坐姿，两手虎口相对托住哑铃，两臂伸直上举，然后上臂固定不动，慢慢屈肘，使哑铃下落至头后最低点，接着肱三头肌用力，两臂伸肘上举还原（图 6-1-27）。

视频：哑铃颈后臂屈伸示范动作

动作要点：伸肘时上臂固定不动，贴近耳侧，肘尖朝上。

提示：可采用杠铃或拉力器进行单手练习。

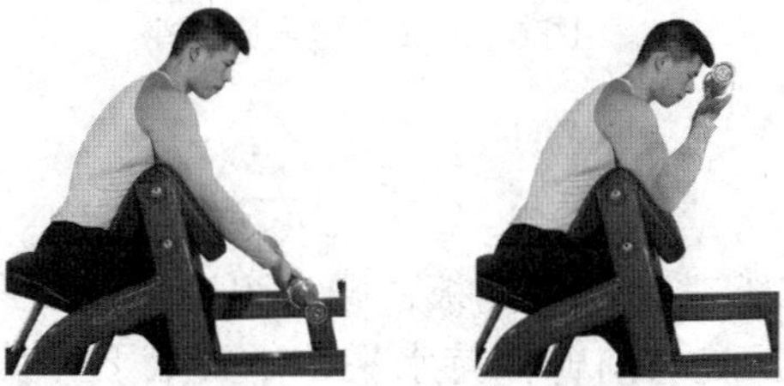

图 6-1-26 托肘弯举

图 6-1-27 哑铃颈后臂屈伸

（5）俯撑臂屈伸。

主要锻炼肌肉：肱三头肌上部。

动作过程：单腿跪撑在长凳上，拳眼向前握住哑铃，下垂体侧，稍抬头，上臂和肘关节紧贴体侧，肩关节固定不能上下移动，以肱三头肌的收缩力，持哑铃举起至全臂伸直，保持顶峰收缩 1~3 秒后慢慢放下还原（图 6-1-28）。左右手交替练习。

动作要点：上臂和肘关节紧贴体侧，上臂固定。

视频：俯撑臂屈伸示范动作

图 6-1-28 俯撑臂屈伸

（6）站立背后腕弯举。

视频：站立背后腕弯举示范动作

主要锻炼肌肉：前臂肌群。

动作过程：两脚自然开立，两臂下垂背后，与肩同宽握杠，掌心向后，前臂屈肌群收缩，屈腕，保持顶峰收缩 1~3 秒后慢慢放松还原（图 6-1-29）。

（7）坐姿腕弯举（正握、反握）。

主要锻炼肌肉：前臂肌群。

动作过程：坐在凳子上，两脚着地，分开与肩同宽，上体略前倾，两手掌心向前正握杠铃（或手背向前反握杠铃），屈肘前臂贴住大腿，手腕下垂，然后两腕向上弯起做屈伸动作（图 6-1-30）。

视频：坐姿腕弯举示范动作

动作要点：在动作过程中，两上臂紧贴体侧，不得前后移动。

提示：可站立做，或两手臂固定在凳上进行练习。

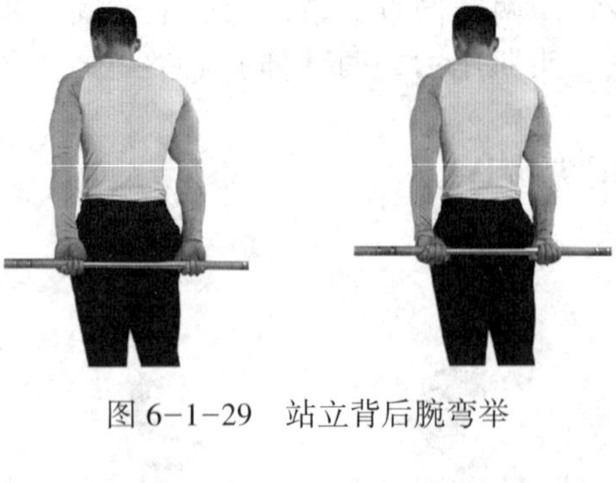

图 6-1-29 站立背后腕弯举

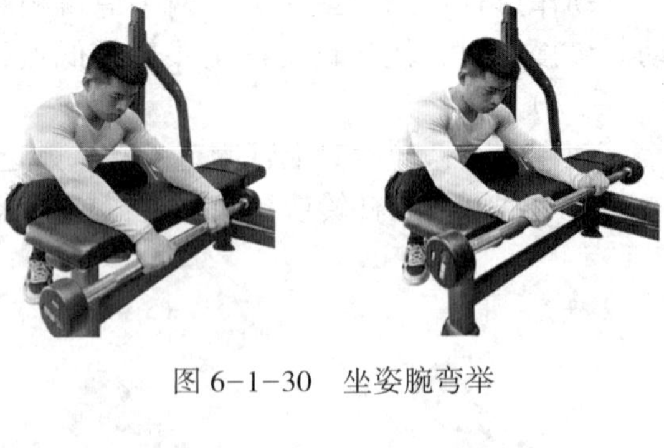

图 6-1-30 坐姿腕弯举

（8）反握弯举。

主要锻炼肌肉：前臂肌群。

动作过程：两手背向前反握杠铃，上臂靠托于固定斜托板，腰背挺直坐在凳子上，两脚稍开。吸气，持铃向上弯起至肩前，注意手腕与前臂保持水平，不要上下弯动，保持顶峰收缩 1~3 秒后慢慢放下还原（图 6-1-31）。

图 6-1-31　反握弯举

视频：反握弯举示范动作

3. 训练方案

臂部肌群的训练方案分为肱二头肌群各阶段训练方案（表 6-1-9）、肱三头肌群各阶段训练方案（表 6-1-10）、前臂肌群各阶段训练方案（表 6-1-11）。

表 6-1-9　肱二头肌群各阶段训练方案

训练阶段	训练量				训练组合实例	
	动作数/个	总组数/组	次数/次	每周练习次数/次	动作	组数 × 次数
初级阶段（1~6 个月）	1~2	5~6	8~12	3	站立杠铃弯举 托肘弯举（杠铃）	（3~4）×（8~12）
中级阶段（7~12 个月）	2~3	7~10	8~12	2~3	哑铃交替弯举 哑铃弯举（哑铃）	3×（8~12） 2×（8~12）
高级阶段（12 个月以上）	4~5	10~15	8~20	2~3	站立杠铃弯举 托肘弯举（杠铃） 斜坐弯举（哑铃）	3×（6~10） 2×（8~12） 2×（8~12）

表 6-1-10　肱三头肌群各阶段训练方案

训练阶段	训练量				训练组合实例	
	动作数/个	总组数/组	次数/次	每周练习次数/次	动作	组数 × 次数
初级阶段（1~6 个月）	1~2	4~6	9~12	3	坐姿颈后臂屈伸 双杠双臂屈伸	4×（9~12） 2×（9~10）
中级阶段（7~12 个月）	2~3	7~10	9~12	2~3	窄握仰卧臂屈伸 拉力器胸前下推	3×（6~9） 4×（6~9）
高级阶段（12 个月以上）	4~5	10~15	9~20	2~3	坐姿颈后臂屈伸 双杠双臂屈伸 重锤下压臂屈伸 窄握仰卧臂屈伸	3×（9~10） 2×（9~12） 3×（9~12） 2×（9~12）

表 6-1-11 前臂肌群各阶段训练方案

训练阶段	训练量				训练组合实例	
	动作数/个	总组数/组	次数/次	每周练习次数/次	动作	组数 × 次数
初级阶段（1~6 个月）	1~2	5~6	8~12	3	坐姿杠铃正握腕弯举 坐姿杠铃反握腕弯举	4×（9~12） 2×（9~10）
中级阶段（7~12 个月）	2~3	7~10	8~12	2~3	坐姿哑铃正握腕弯举 站立杠铃背后腕弯举 坐姿哑铃反握腕弯举	3×（6~9） 4×（6~9） 4×（6~9）
高级阶段（12 个月以上）	4~5	10~15	8~20	2~3	坐姿正握腕弯举 坐姿反握腕弯举 哑铃站立正旋腕关节 站立背后腕弯举	3×（9~10） 2×（9~12） 3×（9~12） 2×（9~12）

（五）腿部

1. 锻炼方法

腿部锻炼方法分为大腿肌群常用锻炼方法（表 6-1-12）、小腿肌群常用锻炼方法（表 6-1-13）。

表 6-1-12 大腿肌群常用锻炼方法

动作名称			主要锻炼部位
深蹲类	杠铃深蹲	杠铃颈后深蹲	股四头肌、臀肌、内收肌群、竖脊肌、腹肌、腘绳肌
		杠铃颈后宽站距深蹲	股四头肌、臀部肌群、大腿内收肌群、腘绳肌
		杠铃颈前深蹲	股四头肌、臀肌、股二头肌、竖脊肌、腹肌
	史密斯机深蹲		股四头肌、股二头肌、臀大肌
	蹲起架颈后下蹲	臀后深蹲、腹前深蹲、骑铃深蹲（跨蹲）	股四头肌、臀肌、大腿内收肌群
	杠铃半蹲（坐蹲）		股四头肌、股二头肌
	剪蹲	弓步蹲	臀部肌群、股四头肌、股二头肌、腘绳肌
	斜板深蹲		股四头肌、臀肌、大腿收肌群
	哑铃下蹲起立		股四头肌、臀肌

续表

动作名称			主要锻炼部位
腿屈伸类	坐式腿屈伸		股四头肌
	仰卧小腿屈伸 斜卧小腿屈伸		股四头肌、臀大肌、股二头肌、半腱肌、大收肌
	俯卧小腿屈伸、单腿俯卧屈小腿 俯卧长凳屈小腿		大腿后群肌、腓肠肌和深层的腘肌
	站姿腿弯举		大腿后群肌（半腱肌、半膜肌、股二头肌长头和短头）
	坐式腿屈伸		大腿后群肌、腘肌、腓肠肌
内收类	低位拉力器直腿内收		大腿收肌
	健身机大腿内收		大腿收肌
硬拉类	直腿硬拉 屈腿硬拉 罗马尼亚硬拉 垫木硬拉	握距：宽握距、中握距、窄握距，并握 握法：正握、反握、正反握 站距：宽站距、中站距、窄站距	竖脊肌、臀大肌、大腿后群肌（股二头肌短头除外）

表 6-1-13 小腿肌群常用锻炼方法

动作名称		主要锻炼部位
提踵类	站姿杠铃提踵	比目鱼肌、腓肠肌
	坐姿杠铃提踵	比目鱼肌
	站姿哑铃单腿提踵	主要锻炼腓肠肌，进一步分离小腿肌
	站姿史密斯机提踵（前置、后置） 站姿器械提踵	比目鱼肌、腓肠肌内侧头和外侧头
	坐姿史密斯机提踵	主要锻炼腓肠肌，进一步分离小腿肌
	拉力器提踵	小腿内侧肌肉
	驴式提踵（骑人提踵）	深层肌肉
	反向提踵	胫前伸肌，分离小腿内侧与外侧肌肉

2. 技术要领

（1）深蹲。

主要锻炼肌肉：股四头肌、臀大肌、下背肌群、小腿肌等。

动作过程：两脚开立，与肩同宽，脚尖稍向外分开，肩负杠铃，挺胸立腰，略抬头，然后两腿下蹲至最低点，保持顶峰收缩 1~3 秒后股四头肌用力，起身还原（图 6–1–32）。

动作要点：蹲起时始终保持挺胸收腹立腰，杠铃运行路线应是直上直下，切勿在起身时把臀部先抬起，这样会使杠铃重心前移，增加颈部与腰背肌的负担，影响练习效果。如在深蹲过程中感到很难掌握身体重心平衡，可在两脚跟下垫一块 5 厘米左右厚的木板进行练习。

视频：深蹲示范动作

图 6–1–32　深蹲

（2）仰卧蹬腿。

主要锻炼肌肉：股四头肌、臀大肌等。

动作过程：仰卧在专用器械的躺椅上，双脚与髋同宽，脚尖指向 11 时、13 时方向踩实踏板，膝盖对准脚尖，头部、上背部、臀部、贴紧躺椅，核心部位绷紧。随后蹬腿向上至双腿伸直不锁死，保持顶峰收缩 1~3 秒后，双腿下落至最大幅度，但臀部不离开躺椅（图 6–1–33）。

动作要点：过程中腰椎骨盆保持稳定，膝盖始终对准脚尖，不内扣。

视频：仰卧蹬腿示范动作

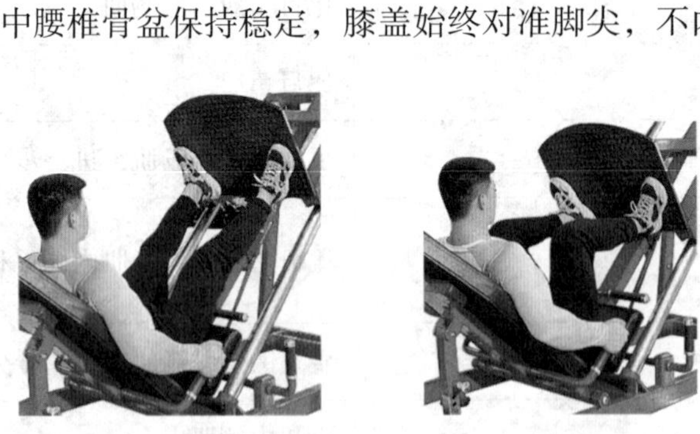

图 6–1–33　仰卧蹬腿

（3）坐姿腿屈伸。

主要锻炼肌肉：股四头肌。

动作过程：端坐在专用健身器械腿屈伸架上，小腿下垂固定于器械下，然后股四头肌用力收缩伸直膝关节，保持顶峰收缩 1~3 秒后慢慢屈膝放下小腿还原（图 6–1–34）。

动作要点：动作过程中把脚跟转向内或转向外侧练习，使股四头肌得到全面锻炼。

提示：在专用健身器械腿屈伸架上进行练习更为方便有效。

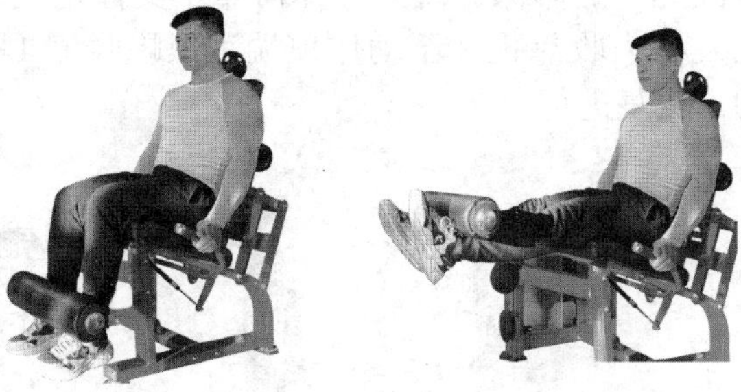

视频：坐姿腿屈伸示范动作

图 6-1-34　坐姿腿屈伸

（4）俯卧腿弯举。

主要锻炼肌肉：股四头肌、臀大肌、股二头肌等。

动作过程：俯卧在综合训练器的腿屈伸架上，两腿并拢伸直，两手固定在综合训练器的腿屈伸架的一端，然后股二头肌用力使两小腿做屈膝向上弯起，保持顶峰收缩 1~3 秒后慢慢伸膝还原（图 6-1-35）。

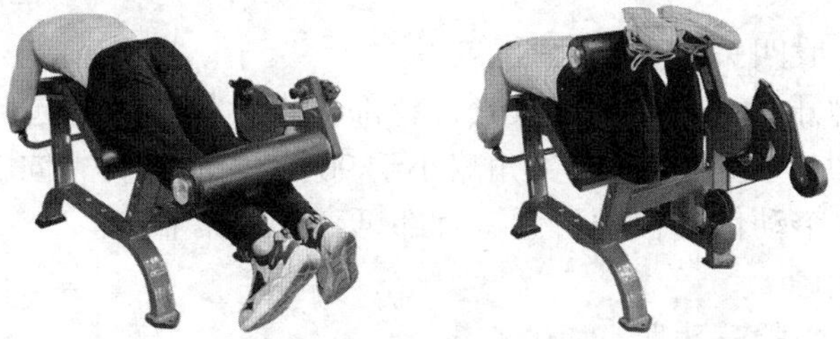

视频：俯卧腿弯举示范动作

图 6-1-35　俯卧腿弯举

（5）坐姿髋外展。

主要锻炼肌肉：臀中肌、臀小肌和大腿侧面的肌群。

动作过程：坐在器械上，上体保持直立，并倚靠于支撑垫上，双腿并拢，小腿外侧贴放在外展板上。臀腿发力外展，至动作顶端，顶峰收缩 1~3 秒；控制肌肉发力，缓慢下放，重复进行（图 6-1-36）。

视频：坐姿髋外展示范动作

图 6-1-36　坐姿髋外展

（6）坐姿大腿内收。

主要锻炼肌肉：臀中肌、臀小肌和大腿内侧的肌群。

动作过程：坐在器械上，上体保持直立，并倚靠于支撑垫上，双腿分开，小腿内侧贴放在内收板上。大腿发力内收靠拢，至动作顶端，顶峰收缩 1～3 秒；控制肌肉发力，缓慢下放（图 6-1-37），重复进行。

视频：坐姿大腿内收示范动作

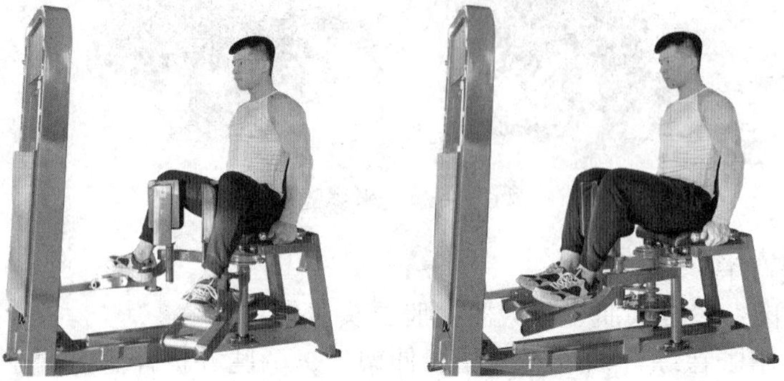

图 6-1-37 坐姿大腿内收

视频：哈克深蹲示范动作

（7）哈克深蹲。

主要锻炼肌肉：股四头肌、臀大肌等。

动作过程：两脚开立，保持腰腹收紧，背部挺直，将器械举起；然后慢慢降低身体，屈膝下蹲，下蹲至大腿与小腿之间的夹角略小于 90°；臀腿发力，向上蹬起（图 6-1-38）。

动作要点：在整个动作过程中，保持背部挺直，贴紧靠垫。

（8）站立负重起踵。

视频：站立负重起踵示范动作

主要锻炼肌肉：小腿三头肌。

动作过程：肩负杠铃并脚直立，两脚掌前垫一块约 5 厘米厚的木板，然后小腿三头肌收缩提踵，尽量将两腿跟向上提起至最高点，保持顶峰收缩 1～3 秒后慢慢下落脚跟还原（图 6-1-39）。

提示：提踵过程中，两脚跟应始终并拢，小腿三头肌有充分的伸展感。

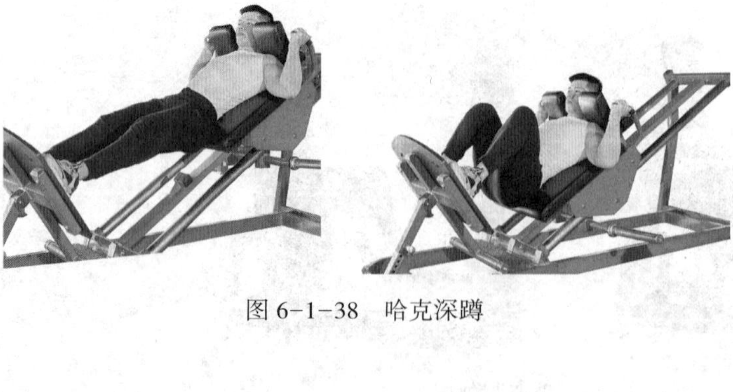

图 6-1-38 哈克深蹲

图 6-1-39 站立负重起踵

3. 训练方案（表 6–1–14）

表 6–1–14　不同阶段的腿部训练方案

训练阶段	训练量	训练案例	
		动作	组数 × 次数 / 组
初级阶段 （1~6 个月）	大腿：1~2 个动作，每个动作 3~4 组 小腿：1~2 个动作，每个动作 2~3 组	深蹲 俯卧腿弯举 坐姿提踵	（3~5）×（8~12） （3~4）×（8~12） （2~3）×（10~15）
中级阶段 （7~12 个月）	大腿：2~3 个动作，每个动作 3~5 组 小腿：1~2 个动作，每个动作 4~5 组	深蹲 腿屈伸 站立腿弯举 直立提踵 坐姿提踵	（4~5）×（8~10） （3~4）×（8~12） （3~4）×（8~12） （3~4）×（10~15） （3~4）×（10~15）
高级阶段 （12 个月以上）	大腿：3~4 个动作，每个动作 2~6 组 小腿：1~2 个动作，每个动作 4~5 组	深蹲 腿屈伸 俯卧腿弯举 站立腿弯举 坐姿提踵（双脚外分、内收、向前）	（5~6）×（6~10） （3~4）×（8~10） （3~4）×（8~10） （2~3）×（8~10） （3~5）×（25~30） （3~5）×（25~30） （3~5）×（25~30）

（六）腰腹部

1. 锻炼方法（表 6–1–15）

表 6–1–15　腰腹部肌群常用锻炼方法

动作名称		主要锻炼部位
仰卧起坐类	平板仰卧起坐、直臂仰卧起坐、双脚固定仰卧起坐	腹直肌上部、髋关节屈肌、腹部斜肌
	半仰卧起坐、直背 3/4 起坐	腹直肌上部
	蛙式仰卧起坐、元宝收腹	腹直肌
	转体仰卧起坐	腹直肌、腹外斜肌、对侧腹内斜肌
	屈膝仰卧起坐	腹直肌
	小腿搁凳仰卧起坐	腹直肌、腹斜肌
	罗马椅后仰起坐	腹直肌
	斜板仰卧起坐	腹直肌、屈髋肌群
	斜凳仰卧起坐	腹直肌、髂腰肌、阔筋膜张肌、股直肌

续表

动作名称		主要锻炼部位
卷腹类	仰卧卷腹、反向卷腹、斜卧卷腹、交叉卷腹、触臂卷腹、触腿卷腹、瑜伽球卷腹	仰卧卷腹主要锻炼腹直肌上部，卷腹的变化动作锻炼腹直肌、腹外斜肌和对侧腹内斜肌
腿上举类	悬垂直腿上举	下腹部肌肉
	悬垂屈膝举腿	腹直肌、髂腰肌、阔筋膜张肌
	斜板仰卧直腿上举、仰卧直腿上举	下腹部肌肉
	坐姿屈膝上举、坐姿直腿上举	锻炼屈髋肌，特别是髂腰肌、腹部斜肌和腹直肌
侧举类	直腿侧举、屈膝腿侧举、侧卧前举	腹内外斜肌、肋间肌
体转类	站姿负重转体、转体机站姿负重转体	腹外斜肌、对侧腹内斜肌、腰直肌、对侧竖脊肌
	坐姿负重转体、转体机坐姿转体	右肩转向前时主要锻炼右侧腹外斜肌、左侧深层腹内斜肌，其次是右侧腹直肌、腰直肌和左侧脊柱伸肌
	悬垂屈膝转体、负重屈体左右转体	腹外斜肌、肋间肌
体侧屈类	哑铃体侧屈（哑铃躯干侧屈）	腹外斜肌、腰直肌、腰方肌
	高位拉力器躯干侧屈、低位拉力器躯干侧屈	腹外斜肌、腹内斜肌、腹直肌、背深肌、腰方肌
	跪膝重锤侧收腹下拉	腹直肌
支撑类	俯身平板支撑、侧身支撑、反向支撑、平板支撑转体、平板支撑动作变化	核心肌群，包括腹横肌、腹斜肌、腹直肌、臀部肌肉

2. 技术要领

（1）仰卧起坐。

主要锻炼肌肉：腹直肌上部。

动作过程：仰卧在垫子上，两脚并拢伸直（或屈腿），两手抱头后（或双手交叉于胸前），然后收缩上腹部肌群使躯干向上弯起至上体接近腿部，静止数秒钟，接着上体慢慢后仰还原（图 6-1-40）。

图 6-1-40 仰卧起坐

动作要点：当屈体收腹时，下背部应紧贴地面。

提示：仰卧起坐如能准确做 20 次以上，可在颈后负重或头低脚高的斜板上做仰卧起坐练习，也可将两腿搁在凳上做仰卧起坐。

（2）仰卧举腿。

主要锻炼肌肉：腹直肌下部、大腿上部。

动作过程：仰卧在地上或凳上，两手于头后握住其他固定物，两腿伸直并拢，然后以下腹部肌群收缩的力量使两腿上举至垂直于地面，再慢慢放腿还原（图 6–1–41）。

动作要点：举腿时背部应始终紧贴地面。

提示：根据锻炼水平还可选择做头高脚低的斜板仰卧举腿。

图 6–1–41　仰卧举腿

视频：仰卧举腿示范动作

（3）悬垂屈膝举腿。

主要锻炼肌肉：腹直肌，特别是腹直肌下部。

动作过程：两手与肩同宽正握单杠（或肋木），两腿并拢，身体悬垂，然后两腿屈膝向上收腹，使大腿靠近胸部，接着慢慢放腿还原（图 6–1–42）。

视频：悬垂屈膝举腿示范动作

（4）悬垂屈膝转体。

主要锻炼肌肉：腹外斜肌，腹内斜肌，也包括腹直肌群。

动作过程：两手与肩同宽正握单杠（或肋木），两腿并拢，身体悬垂，然后两腿屈膝向斜上方收腹，使大腿靠近胸部，接着慢慢放腿还原（图 6–1–43）。

提示：也可悬垂屈膝收腹旋转。

图 6–1–42　悬垂屈膝举腿

图 6–1–43　悬垂屈膝转体

视频：悬垂屈膝转体示范动作

3. 锻炼案例（表 6-1-16）

表 6-1-16 腹部肌群各阶段训练方案

训练阶段	训练量			训练课实例	
	动作数/个	组数/组	每周练习次数/次	动作	组数 × 次数/组
初级阶段（1~6 个月）	3	1~2	2~3	屈膝仰卧起坐 悬垂屈膝上举 坐姿直腿上举 站立转体	（3~4）×8 （2~3）×（12~15） 3×（20~30） 2×（30~40）
中级阶段（7~12 个月）		2~4	2~3	悬垂屈膝上举 坐姿直腿上举 斜板仰卧起坐 站立转体	3×（15~20） 3×（20~30） 2×（20~30） 4×（30~40）
高级阶段（12 个月以上）	隔天训练一次	2~4	4~5	斜板仰卧起坐 坐姿直腿上举 悬垂屈膝上举 站立转体	4×（20~30） 4×（20~30） 4×（20~30） 2×（20~30）

（七）臀部

1. 锻炼方法（表 6-1-17）

表 6-1-17 臀部肌群常用锻炼方法

动作名称		器械	主要锻炼部位
躬身类（挺身）	杠铃直腿躬身 杠铃屈腿躬身 坐姿躬身 俯卧挺身	杠铃 徒手	臀大肌、竖脊肌、大腿后群肌（股二头肌短头除外）
分腿蹲（弓箭步蹲）	侧弓步蹲 跨步分腿蹲（剪蹲） 保加利亚分腿蹲	杠铃 哑铃	臀大肌、股四头肌
髋关节外展	站姿髋关节外展	健身机 拉力器 胶皮带 徒手	臀部三角肌，主要是臀中肌和臀小肌深层
	侧卧髋关节外展		臀中肌、深层臀小肌
	跪撑屈膝大腿侧上举		臀中肌、臀小肌、阔筋膜张肌、臀部深层旋外肌群

续表

动作名称		器械	主要锻炼部位
伸髋	站姿伸髋	胶皮带 拉力器	臀大肌、大腿后群肌（股二头肌短头除外）
	跪姿伸髋		
	俯卧伸髋		
抬臀	仰卧双腿抬臀	徒手 负重	臀大肌、腘绳肌
	仰卧单腿抬臀		
	仰卧长凳搁脚抬臀 仰卧搁小腿抬臀		
蹲类	窄站距杠铃深蹲 窄站距杠铃半蹲	杠铃	臀大肌、股四头肌、股二头肌、小腿三头肌、屈足肌群
硬拉	直腿硬拉	杠铃 哑铃	骶棘肌、臀大肌、股二头肌、半膜肌、半腱肌、大收肌
	垫木直腿硬拉		
体侧屈	山羊侧身起坐	哑铃	同侧腹内斜肌、腹直肌、骶棘肌、臀中肌
体转	单臂上举体前屈	哑铃	同侧腹内斜肌、对侧腹外斜肌、对侧臀大肌

2. 技术要领

（1）箭步蹲。

主要锻炼肌肉：臀部肌群、股四头肌、股二头肌、腘绳肌。

动作过程：身体直立，两脚并拢，双手自然握持哑铃垂于身体两侧（或双手握住杠铃，置于颈后，掌心向前）。大腿带动小腿向前跨出一大步，脚后跟先着地，屈膝身体下蹲，直至大腿与地面基本平行，膝关节投影不过脚尖。前腿大腿、膝、踝呈 90°，后腿膝、踝呈 90°，足与地面呈 90°。稳定哑铃或杠铃，骨盆中立位，收腹挺胸，保持躯干正直。回到起始姿势，双腿交替练习（图 6-1-44）。

视频：箭步蹲示范动作

（2）保加利亚分腿蹲。

主要锻炼肌肉：臀大肌、股四头肌。

动作过程：选择一个与膝关节高度接近的平板凳，身体背对平板凳。一腿屈膝，将脚背放置在平板凳上，另一腿支撑体重。吸气时支撑腿屈膝、屈髋，臀部直接向下，下蹲的高度根据个人柔韧性而定，以大腿与地面保持平行为宜。膝关节允许向前移动，在大腿与地面平行时，注意重量放在支撑腿上，辅助腿尽可能松弛，承受的重量越少越好。吸气时辅助腿放松，支撑腿脚掌踩实地面，臀部和股四头肌发力并伸膝，使身体直立，保持顶峰收缩 1~3 秒后缓慢下放（图 6-1-45）。

视频：保加利亚分腿蹲示范动作

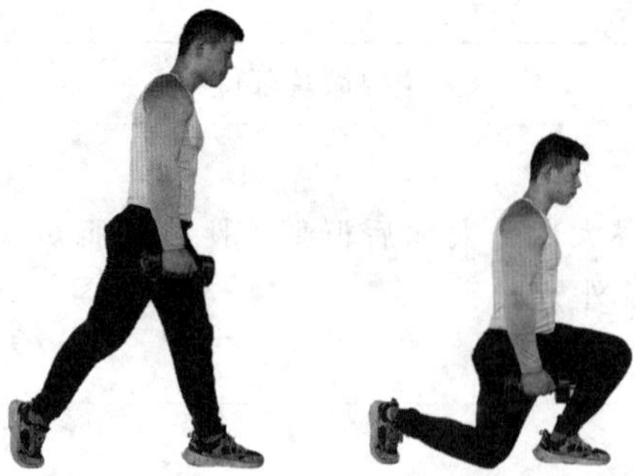

图 6-1-44　箭步蹲

图 6-1-45　保加利亚分腿蹲

（3）仰卧双腿抬臀。

主要锻炼肌肉：臀大肌、腘绳肌。

动作过程：仰卧于地面或凳上，膝关节弯曲，小腿与地面垂直，挺胸收腹，双手掌心向下，置于体侧。吸气，腹部绷紧收缩骨盆，臀部发力向上伸展髋关节，双腿用力向下推，慢慢向上抬臀直至腰背挺直，保持躯干稳定。从侧面看耳、肩、髋、膝呈一条直线，动作顶端尽量收紧，停留 1~3 秒，恢复到起始位置，动作完成后呼气，两腿交替进行（图 6-1-46）。

视频：仰卧双腿抬臀示范动作

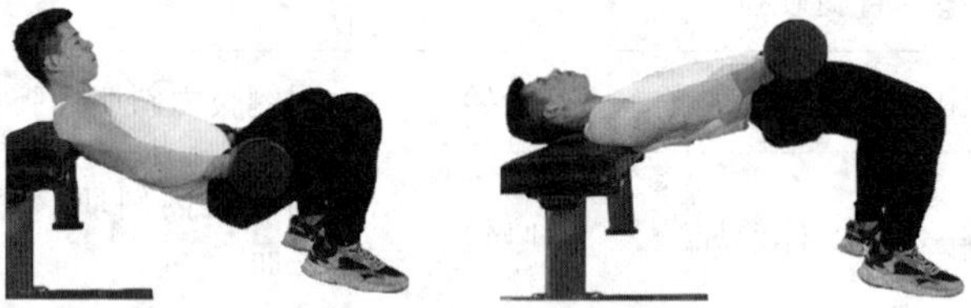

图 6-1-46　仰卧双腿抬臀

（4）俯身弯起。

主要锻炼肌肉：竖脊肌、骶棘肌等腰背部肌群。

动作过程：两脚自然分开，把杠铃置于颈后肩上，上体保持挺胸立腰，下背肌群始终控制住，上体前屈时应慢些，前屈至地面平行，然后以腰背部肌群力量使上体抬起还原（图 6-1-47）。

动作要点：腰背肌始终紧张，挺胸立腰，身体重心略向后移，上体在前屈时速度要缓慢平稳，避免引起腰背扭伤。

视频：俯身弯起示范动作

图 6-1-47　俯身弯起

（5）直腿硬拉。

主要锻炼肌肉：竖脊肌、臀大肌、大腿后群肌（股二头肌短头除外）。

动作过程：双脚平行站立与肩同宽，两腿伸直、屈髋，双臂放松下垂，两手正握杠铃。吸气挺胸、伸髋展体，上提杠铃，背部固定，髋关节倾斜，静止1~3秒，身体恢复到起始位置。上拉时，背部保持挺直，杠铃尽可能贴近身体，直立后收缩背部，保持上体挺直（图6-1-48）。

图6-1-48 直腿硬拉

视频：直腿硬拉示范动作

3. 训练方案

臀部肌群训练方案分为丰臀上翘力量训练方案（表6-1-18）和提臀塑形徒手训练方案（表6-1-19）。

表6-1-18 丰臀上翘力量训练方案

练习动作		组数/组	次数/次	重量（%max）	间歇时间	训练频率	备注
主要动作	深蹲（重心垂直）	6~7	15	85	组间休息30~60秒，动作之间休息60~90秒	每周训练三次，如周一、周三、周五或周二、周四、周六	动作间可循环交替进行练习
	深蹲（重心前移）	6~7	15	70~80			
	深蹲（重心后移）	6~7	15	70~80			
辅助动作	宽站距半蹲	5	15	80			
	臀桥	4	20	80			
协助动作	箭步蹲	4	30	60~65			左右腿各15次
	爬山机	1	1				1次30分钟，平均心率为100~110次/分

表6-1-19 提臀塑形徒手训练方案

方案A		方案B		备注
动作	时间/秒	动作	时间/秒	
箭步走	60	跪姿俯撑直腿单脚后抬腿	左右交替各20~30次	下蹲要慢，蹲起和侧抬腿要快。左右交替进行。每个动作8组及以上，组间不休息，每日训练1次
弓箭步换腿蹲	30	深蹲+侧抬腿		
侧步蹲	30	徒手相扑蹲		
自重深蹲（静态深蹲）	30	徒手半蹲		
跪姿后踢腿	30	后撤步蹲		
跳步蹲	30	前交叉步蹲		
跪姿侧展腿	30	深蹲提膝		
侧卧举腿	30	深蹲起+单腿直腿后摆		

第二节 体育舞蹈

体育舞蹈也称“国际标准交谊舞”，起源于文艺复兴时期欧洲宫廷的“社交舞”，是融合体育、舞蹈和音乐等多种元素为一体，以优美的艺术舞姿为表现形式的一种步行式双人舞。国际标准交谊舞分摩登舞、拉丁舞两大项群，十个舞种。摩登舞包括华尔兹、维也纳华尔兹、探戈、狐步和快步舞；拉丁舞包括伦巴、恰恰、桑巴、牛仔和斗牛舞。根据各舞种的乐曲和动作要求，组编成各自的成套动作。

一、体育舞蹈基本知识

（一）站立与持握姿势

正确的舞姿与持握姿势是跳好体育舞蹈的重要因素，这不仅与动作优美程度有关，还直接影响双方的协调、稳定和平衡。

1. 站立姿势

男女舞伴双足并拢，脚尖正对前方，相对平衡而立，双方将自己的右脚尖对准对方的双脚中线。间距 15 厘米，女伴偏向男伴左旁 1/3。做到肩平、背直、腰挺、膝松弛，女伴上体略向后倾。

2. 持握姿势（以闭式姿势为例）

男伴先将左手伸出，四指并拢、拇指分开，待女伴右手放在拇指和四指之间后，手指弯曲将女伴的手轻轻握住，握手的高度一般与女伴右耳峰同高为宜。男伴右手放在女伴左肩胛骨下部，手背向外，五指并拢，其右臂形成一个自然的弧度。女伴左手拇指张开，放在男伴上臂三角肌的部位。拇指在内侧，腕部和小臂放平，并把左手臂自然地放在男伴右手臂上。

（二）正确的舞姿

舞姿是舞蹈的姿态，是跳体育舞蹈时身体各部位规定的姿势。它给人以直观、一目了然的印象，也是一个人内在气质、修养的外在表现。初学者和提高者都应重视舞姿训练，养成良好的舞姿习惯。

舞姿包括预备姿势和舞中姿势。预备姿势有“闭式”“半闭式”“开式”三种。舞中姿势主要包括在整个动作过程中的“行步”“花步变化”“视觉方向”“移动中心”“上下肢动作协调”等。

运用这些舞姿时一定要重视以下几个问题：

（1）跳舞时双方都不能低头看脚。

（2）男伴手臂不要松弛下垂，左手臂不要上下震动或打拍子。

（3）要挺胸抬头。

（4）男女舞伴身体之间距离按不同舞种的要求，不能距离太远。

（三）舞步与音乐的配合

音乐是舞蹈的灵魂，舞蹈是音乐的再现，感受音乐在体育舞蹈中占有很重要的地位。舞步要体现舞者对音乐内涵的理解，舞步的变换原则也应以音乐为指导。所以学舞者要养成听音乐的习惯，在舞曲开始的前两小节，从鼓点声与低音贝斯的“砰砰”声中找到拍子后再起步，通过反复听、反复练才能使脚步踩在拍子上，才能体会到旋律流动在身体中的那种出神入化的感觉。

（四）基本领带方法

长期以来，在体育舞蹈中形成了男伴始终处于主导地位，女伴在男伴的引导下，随男伴的舞步变化而变化的习惯。

男伴的领带技巧主要通过右手、左手和右肩随身体移动的意识，向女伴传递或暗示信息，有效地控制女伴的身体重心，使舞步和舞姿沿着领带的方向进行与变化。例如，前进时右手松弛，右臂和身体稍推向前；后退时右手轻压女伴身体，左手和右肩随着整个躯干向后移动，向女伴传递微小的拉力等。

二、基本舞步

（一）伦巴的基本舞步

伦巴的音乐节奏为4/4拍，每分钟27～29小节，每小节四拍。乐曲律的特点是强拍落在每小节的第四拍。舞步从第4拍起跳，由一个慢步、两个快步组成。如伦巴方形步（图6-2-1）。

视频：伦巴的基本舞步示范动作

图6-2-1　伦巴方形步

（二）恰恰的基本舞步

恰恰最早由非洲传入拉丁美洲，后来在古巴发展起来，恰恰的音乐节拍是4/4拍，第一拍是重拍。恰恰是4拍跳5步，其运步方法要“先出胯，后出步”，口令为“2、3、4、1”。舞步的力度要在重拍上展现。如恰恰纽约步（图6-2-2）。

视频：恰恰的基本舞步示范动作

图6-2-2　恰恰纽约步

（三）牛仔舞的基本舞步

牛仔舞，又称为捷舞，是拉丁舞项目之一。牛仔舞原是美国西部牛仔跳的一种踢踏舞，盛行于二十世纪二三十年代。在第二次世界大战期间，美国士兵将牛仔舞带到了英国，由于战争的影响，人们及时行乐的情绪高涨，致使牛仔舞发展十分迅速。如牛仔后退摇摆步（图 6-2-3）。

视频：牛仔舞的基本舞步示范动作

图 6-2-3 牛仔后退摇摆步

第三节 啦啦操

啦啦操属于一项技能主导类表现难美性项目，是在音乐的衬托下，通过运动员完成高超的啦啦操特殊运动技巧并结合各种舞蹈动作，集中体现青春活力、健康向上的团队精神，并追求最高团队荣誉感的一项体育运动。啦啦操运动魅力独特，它融合了啦啦操、体育舞蹈、艺术体操等运动项目的某些特征，深受广大学生的喜爱和欢迎。通过舞蹈啦啦操和技巧啦啦操基本动作的学习，能够增加学生的动作素材储备，培养良好的集体配合意识，增强同学间的信任感和克服困难的毅力，发扬吃苦耐劳的精神。在校园中开展啦啦操运动，不仅能增强学生团结合作的能力，培养学生的啦啦操创编意识，充分展示大学生青春、阳光、健康的一面，增强并全面发展学生的身体素质，而且能够丰富学生的健身和表演等活动的内容，培养学生的自信和审美能力以及吃苦耐劳和勇于创新的精神。

一、啦啦操的分类

啦啦操运动分为技巧啦啦操和舞蹈啦啦操两类。

（一）技巧啦啦操

技巧啦啦操是运动员团体在音乐的伴奏下，做出跳跃、翻腾、抛接、托举、金字塔组合等技巧性动作，并配合口号、啦啦操基本手位和舞蹈动作，充分展示运动员的高超运动技能和技巧的团队竞赛项目。它主要分为集体技巧啦啦操和五人、双人配合技巧啦啦操。

1. 集体技巧啦啦操

集体技巧啦啦操的成套动作必须包含 30 秒口号、个性舞蹈、翻腾、抛接、托举、金字塔等内容，同时结合各种跳步动作、啦啦操基本手位动作、其他舞蹈元素和道具等，充分利用空间转换和队形变化，展现团队的技能技巧和啦啦操运动的特点。其技术特征包括：做肢体动作时，通过短暂加速和制动定位来展现技巧啦啦操特有的力度感；动作完成得干净利落：运动过程中重心稳定，动作平稳，身体控制精确、位置准确。

2. 五人、双人配合技巧啦啦操

五人、双人配合技巧啦啦操的成套动作以托举、抛接两类难度动作为主要内容，需要充分利用多种上架、下架动作和过渡连接动作，进行空间的转换及方向与造型的变化，从而展示五人组或双人组高超的技能和技巧。

（二）舞蹈啦啦操

舞蹈啦啦操是运动员团体在音乐的伴奏下，运用舞蹈动作组合，结合转体、跳步、平衡和柔韧动作等难度动作和舞蹈的过渡技巧，进行空间的转换及方向与队形的变化，从而展示团队运动舞蹈技能和团队风采的竞赛项目。它主要分为花球啦啦操、街舞啦啦操、爵士啦啦操和自由舞啦啦操。

1. 花球啦啦操

花球啦啦操的成套动作为手持花球做啦啦操基本手位、个性舞蹈动作、难度动作和舞蹈技巧等动作元素，展示整齐一致，层次、队形不断变换的视觉效果。其技术特征包括：做肢体动作时，通过短暂加速和制动定位来展现运动舞蹈特征和花球运用技术；为了突出运动员的爆发力，多选用跳步类难度动作。

2. 街舞啦啦操

街舞啦啦操的成套动作以街舞风格的舞蹈动作为主，注重动作的风格特征、身体各部位的律动与控制，要求动作的节奏与音乐和谐一致，同时也可结合一些难度动作，如结合跳步、动作变换和动作组合等。其技术特征包括：肢体动作要体现街舞特征，表现出街舞随意、洒脱的感觉；为了突出运动员的爆发力，多选用街舞里的难度动作，如地板动作。

3. 爵士啦啦操

爵士啦啦操的成套动作由爵士风格的舞蹈动作、难度动作和过渡动作等内容组成，主要是通过变换队形、空间和方向等表现运动员的激情、舞蹈能力和竞技实力。其技术特征包括：肢体动作要体现爵士舞特征，表现出松弛有度的感觉和由内向外的延伸感；为了突出运动员的爆发力，多选用爵士舞里的难度动作，如转体类动作。

4. 自由舞啦啦操

自由舞啦啦操区别于花球啦啦操、爵士啦啦操和街舞啦啦操，是结合其他风格、形式舞蹈的啦啦操，如具有民族舞风格特点的啦啦操。此类啦啦操的难度范围比较宽泛，可根据具体的舞风来进行动作创编。

二、啦啦操的基本要素

（一）口号

口号是啦啦操的基本技术，也是啦啦操的基本特征。口号是成套动作的重要组成部分，可以放在成套动作的前、中、后，一般放在成套动作的中间；口号要求体现团队积极向上的精神面貌；队伍的名称、吉祥物、学校名称、国家名称，以及简短的激励人心、鼓舞士气的词语或名言警句等都可以作为口号的内容；喊口号要简短有力，声音洪亮，用自己的热情来感染观众。

口号通常体现以下几个方面：① 来源：包括学校的名称、校训，队伍的名称、吉祥物和标志等；② 颜色：各学校通常都有代表性或象征性的颜色（如校旗的颜色），啦啦操队也可采用类似的颜色；③ 词语：指有激励、鼓舞含义的一系列词语，如加油、团结和拼搏等；④ 特定词语：指专门为特定事件、地域和比赛而设立的一些口号。

（二）音乐

音乐作为啦啦操的一个重要组成部分，在啦啦操中起到烘托气氛与激发灵感的作用。音乐是声音的艺术，它作为一种完整的艺术形式，有着自己独特、系统、完整的结构和完备的表达方式与方法。啦啦操的动作在音乐的衬托下，更加具有生命力与艺术性。如果说动作构成了啦啦操的原始竞技冲动，那么音乐则为啦啦操注入了灵魂，并促使运动员将内心的情感表现出来。

（三）基本手位

啦啦操手臂动作主要以肩关节为轴，其动作要求为：手臂伸展时应直臂，弯曲时应有一定的角度，手形多为握拳；动作要完成得清晰、有力，即在最短的时间内完成向下一个动作的转变，转变过程中不得有多余的无控制形态出现，手臂到达下一个动作所规定的位置时不能有明显的晃动现象；手臂动作应在移动迅速、定点准确的基础上，以拳带动发力，选择最短的路线到达下一个动作所规定的位置。啦啦操的 32 个基本手位如图 6-3-1 所示。

上 M　下 M　W　高 V　倒 V　T

斜线　短 T　前 X　高 X　低 X　曲臂 X　X

图 6-3-1 32 个基本手位示意图

（四）身体姿态

在啦啦操动作中，尤其是舞蹈啦啦操中从头部到髋部的身体部位动作较多，因此对胸部、腰部的柔软度和协调性要求较高，要求运动员用身体的关节和肌肉展示出激情和活力。

（五）步伐

啦啦操的步伐跟手位一样，要求在最短时间内到达动作所规定的位置，且发力、制动迅速，还要求踝关节始终保持收紧状态，每个步伐要清晰而有力。常见的几种步伐有锁步、吸腿站立、弓步和侧弓步等。

第四节 健美操

健美操是以人体自身为对象，以健美为目标，通过徒手、手持轻器械或专门器械的操化练习，达到健身、健美、健心的目的，配以流行的节奏音乐，达到有氧训练的体育运动项目。健美操在社会群众中有深远影响，同时也深受广大学生的喜爱和欢迎。通过学习健美操，不仅可以提高学生的自我锻炼能力，增强学生团结合作的能力，而且可以培养学生的创新意识，养成良好的健康生活方式。

根据健美操的目的和任务可以将其分为健身健美操、竞技健美操和表演性健美操三大类。经常参加健美操锻炼可使肌肉的力量得到增强，肌腱、韧带、肌肉的弹性得以提高，从而全面提高身体素质。

一、健美操的基本动作

健美操的基本动作是健美操的核心，是按照人体生理解剖结构分部位进行练习，各种动作都是在此基础上产生和发展的。健美操任何组合动作都是以基本动作为元素进行创编的，它内容丰富，动作相对比较简单，练习者易于练习和掌握。

（一）健美操的基本步伐

1. 无冲击步伐

双脚不离开地面的动作为无冲击步伐，主要包括弹动、半蹲、弓步、提踵。

2. 低冲击步伐

双脚依次离开地面的动作为低冲击步伐，主要有以下几类：

（1）踏步类：踏步、走步、一字步、V 字步、漫步。

（2）点地类：脚尖前点地、脚跟前点地、脚尖侧点地、脚尖后点地。

（3）迈步类：并步、迈步点地、迈步屈腿、迈步吸腿、迈步弹踢、侧交叉步。

（4）单脚抬起类：吸腿、踢腿、弹踢、后屈腿。

3. 高冲击步伐

双脚同时离开地面的动作为高冲击步伐，主要有以下几类：

（1）迈步跳起类：并步跳、迈步吸腿跳、迈步后屈腿跳。

（2）双脚起跳类：并腿纵跳、分腿半蹲跳、开合跳、并腿滑雪跳、弓步跳。

（3）单腿起跳类：吸腿跳、后屈腿跳、弹踢腿跳、摆腿跳。

（4）后踢腿跑类：后踢腿跑、侧并小跳（小马跳）。

（二）健美操的基本手型

1. 并掌

五指伸直，相互并拢。大拇指微屈，指关节贴于食指旁。

2. 分掌

五指用力伸直，充分张开。

3. 拳

握拳，拇指在外，指关节弯曲，紧贴于食指和中指。

4. 花掌

在分掌的基础上，小指伸直向掌心回弯到最大限度，无名指会随小指回弯。

5. 西班牙舞手式

五指用力，小指、无名指、中指自掌指关节处依次屈，拇指稍内扣。

6. 立掌式

五指伸直，手掌用力上翘。

7. 芭蕾手式

五指微屈，后三指并拢、稍内收，拇指内扣。

（三）健美操身体各部位的基本动作

1. 头颈动作

由屈、转、绕、绕环动作组成。

2. 肩部动作

由提肩、沉肩、绕肩、肩绕环动作组成。

3. 上肢动作

由举、屈、伸、摆、绕、绕环、振、旋等动作组成。

4. 胸部动作

由含胸、挺胸、移胸动作组成。

5. 腰部动作

由屈、转、绕、绕环动作组成。

6. 髋部动作

由顶髋、提髋和髋绕环动作组成。

7. 下肢动作

由弹、踢、蹲、屈伸、内旋和外旋动作组成。

（四）健美操的基本站姿

基本站立由立、弓步、跪立动作组成。立包括直立、开立、点地立、提踵立；弓步包括前弓步、侧弓步、后弓步；跪立包括双腿跪立、单腿跪立。

二、健美操的基本套路

套路示例：第三套《全国健美操大众锻炼标准》成人一级规定动作。

视频：第三套《全国健美操大众锻炼标准》成人一级规定动作示范

（一）组合一

组合一第一个八拍动作如表 6-4-1 和图 6-4-1 所示。

表 6-4-1　组合一第一个八拍动作说明

八拍	下肢动作	上肢动作
一	1—8 拍：从右脚开始，做两次一字步	1—2 拍：双臂胸前屈；3—4 拍：双臂后摆；5 拍：双臂胸前屈；6 拍：双臂上举；7 拍：双臂胸前屈；8 拍：双臂放于体侧

图 6-4-1 组合一第一个八拍动作示意图

组合一第二个八拍动作如表 6-4-2 和图 6-4-2 所示。

表 6-4-2 组合一第二个八拍动作说明

八拍	下肢动作	上肢动作
二	1—4 拍：从右脚开始，向前走 3 步，吸腿	1—3 拍：双臂经前举后摆至肩侧屈；4 拍：击掌
	5—8 拍：从左脚开始，向后退 3 步，吸腿	手臂同 1—4 拍

图 6-4-2 组合一第二个八拍动作示意图

组合一第三个八拍动作如表 6-4-3 和图 6-4-3 所示。

表 6-4-3 组合一第三个八拍动作说明

八拍	下肢动作	上肢动作
三	1—4 拍：从右脚开始，做两次侧并步	1 拍：右臂肩侧屈；2 拍：右臂还原；3 拍：左臂肩侧屈；4 拍：左臂还原
	5—8 拍：从右脚开始，向一侧连续并步两次	5 拍：双臂胸前平屈；6 拍：双臂还原；7—8 拍：同 5—6 拍动作

图 6-4-3　组合一第三个八拍动作示意图

组合一第四个八拍动作如表 6-4-4 和图 6-4-4 所示。

表 6-4-4　组合一第四个八拍动作说明

八拍	下肢动作	上肢动作
四	1—4 拍：左脚向左侧做十字交叉步	双臂自然摆动
	5—8 拍：从左脚开始，原地踏步 4 次	第 5 拍和第 7 拍胸前击掌，第 6 拍与第 8 拍双臂下放于身体两侧

图 6-4-4　组合一第四个八拍动作示意图

第五至第八个八拍同第一至第四个八拍，但方向相反。

（二）组合二

组合二第一个八拍动作如表 6-4-5 和图 6-4-5 所示。

表 6-4-5　组合二第一个八拍动作说明

八拍	下肢动作	上肢动作
一	1—8 拍：从右脚开始，双脚依次前点地 4 次	1 拍：双臂屈臂右摆；2 拍：还原，3 拍：双臂屈臂左摆；4 拍：还原；5 拍：右臂摆至斜上举，左臂胸前平屈，6 拍：还原；7—8 拍：同 5—6 拍动作，但方向相反

图 6-4-5 组合二第一个八拍动作示意图

组合二第二个八拍动作如表 6-4-6 和图 6-4-6 所示。

表 6-4-6 组合二第二个八拍动作说明

八拍	下肢动作	上肢动作
二	1—4 拍：从右脚开始，向右弧形走 270°	双臂自然摆动
	5—8 拍：并腿屈蹲两次	5 拍：双臂前平举；6 拍：右臂胸前平屈，上体右转；7 拍：还原成 5 拍动作；8 拍：双手放于体侧

图 6-4-6 组合二第二个八拍动作示意图

组合二第三个八拍动作如表 6-4-7 和图 6-4-7 所示。

表 6-4-7 组合二第三个八拍动作说明

八拍	下肢动作	上肢动作
三	1—4 拍：左脚上步，吸腿，右转体 90°；5—8 拍：右腿上步，吸腿	1 拍：双臂前举；2 拍：屈臂下拉；3 拍：前举；4 拍：还原；5—8 拍：同 1—4 拍动作

1 拍　2 拍　3 拍　4 拍　5 拍　6 拍　7 拍　8 拍

图 6-4-7　组合二第三个八拍动作示意图

组合二第四个八拍动作如表 6-4-8 和图 6-4-8 所示。

表 6-4-8　组合二第四个八拍动作说明

八拍	下肢动作	上肢动作
四	1—8 拍：从左脚开始，侧迈步后屈腿，完成 4 次	屈肘前后摆动

1 拍　2 拍　3 拍　4 拍

图 6-4-8　组合二第四个八拍动作示意图

第五至第八个八拍同第一至第四个八拍，但方向相反。

（三）组合三

组合三第一个八拍动作如表 6-4-9 和图 6-4-9 所示。

表 6-4-9　组合三第一个八拍动作说明

八拍	下肢动作	上肢动作
一	1—4 拍：右脚向右侧做交叉步	1—3 拍：双臂上举；4 拍：双臂胸前平屈
	5—8 拍：左脚向一侧迈步，成分腿半蹲	5—6 拍：双臂前平举；7—8 拍：放于体侧

图 6-4-9 组合三第一个八拍动作示意图

组合三第二个八拍动作如表 6-4-10 和图 6-4-10 所示。

表 6-4-10 组合三第二个八拍动作说明

八拍	下肢动作	上肢动作
二	1—4 拍：从右脚开始，侧点地两次	1 拍：右臂左前举，左臂屈肘于腰间；2 拍：双臂屈于腰间，3—4 拍：同 1—2 拍动作，但方向相反
	5—8 拍：右脚连续点地两次	5—8 拍：同 1—2 拍动作，重复两次

图 6-4-10 组合三第二个八拍动作示意图

组合三第三个八拍和第四个八拍动作如表 6-4-11 和图 6-4-11 所示。

表 6-4-11　组合三第三个八拍和第四个八拍动作说明

八拍	下肢动作	上肢动作
三	1—8 拍：从左脚开始，向前走 3 步，接吸腿 3 次	1 拍：双臂肩侧屈外展；2 拍：胸前交叉；3 拍：同 1 拍动作；4 拍：胸前击掌；5 拍：肩侧屈外展；6 拍：膝关节下方击掌；7—8 拍：同 3—4 拍动作
四	1—8 拍：从右脚开始，向后退 3 步，接吸腿 3 次	同上

1 拍　2 拍　3 拍　4 拍　5 拍　6 拍　7 拍　8 拍

图 6-4-11　组合三第三个八拍动作示意图

第五至第八个八拍同第一至第四个八拍，但方向相反。

（四）组合四

组合四第一个八拍动作如表 6-4-12 和图 6-4-12 所示。

表 6-4-12　组合四第一个八拍动作说明

八拍	下肢动作	上肢动作
一	1—8 拍：1—4 拍右脚做“V”字步，5—8 拍做“A”字步	1 拍：右臂侧斜上举；2 拍：双臂侧斜上举；3—4 拍：胸前击掌两次；5 拍：右臂侧斜下举；6 拍：双臂侧斜下举，7—8 拍：击掌两次

1 拍　2 拍　3 拍　4 拍　5 拍　6 拍　7 拍　8 拍

图 6-4-12　组合四第一个八拍动作示意图

组合四第二个八拍动作如表 6-4-13 和图 6-4-13 所示。

表 6-4-13 组合四第二个八拍动作说明

八拍	下肢动作	上肢动作
二	1—4 拍：从右脚开始，弹踢腿跳两次	1 拍：双臂前举；2 拍：下放；3—4 拍：同 1—2 拍动作
	5—8 拍：右脚连续弹踢两次	5 拍：双臂前举；6 拍：胸前平屈；7 拍：同 5 拍动作；8 拍：还原体侧

图 6-4-13 组合四第二个八拍动作示意图

组合四第三个八拍动作如表 6-4-14 和图 6-4-14 所示。

表 6-4-14 组合四第三个八拍动作说明

八拍	下肢动作	上肢动作
三	1—8 拍：左脚开始漫步两次	1—8 拍：双臂自然摆动

图 6-4-14 组合四第三个八拍动作示意图

组合四第四个八拍动作如表 6-4-15 和图 6-4-15 所示。

表 6-4-15　组合四第四个八拍动作说明

八拍	下肢动作	上肢动作
四	1—8 拍：左脚开始，迈步后点地 4 次	1—2 拍：右臂胸前平屈至左下举；3—4 拍：同 1—2 拍，但方向相反；5—6 拍：右臂侧斜上举至左下举；7—8 拍：同 5—6 拍，动作相反

1 拍　2 拍　3 拍　4 拍　5 拍　6 拍　7 拍　8 拍

图 6-4-15　组合四第四个八拍动作示意图

第五至第八个八拍同第一至第四个八拍，但方向相反。

思考题

1. 简述增强肌肉围度与提高运动成绩的力量练习有什么主要区别。
2. 如何根据自身的身体成分、基础代谢情况制订自身的训练方案？
3. 简述健美操技术中的基本步伐及要求。
4. 简述啦啦操的 32 个基本手位。
5. 体育舞蹈的基本舞步有哪些？

第七章 弘扬传统文化的民族传统体育

本章导言

民族传统体育是人类体育文化的重要组成部分，既带有民族特点，又颇具传统色彩，也是民族传统历史文化的重要内容。本章主要学习武术、太极拳、五禽戏、八段锦、柔力球的基本技术，理解传统健身项目的特点，掌握民族传统体育项目。

第一节 武术

一、武术的起源

武术的起源可以追溯到远古先民的生产活动中。远古时期，人们为了生存在狩猎的过程中逐渐学会了徒手和使用木棒、石头等器具击打野兽的方法。通过本能和无意识的身体动作积累，人类逐渐形成了比较合理的攻击与防守技能。此外，武舞也是原始社会时期集宗教祭祀、教育、娱乐以及搏斗训练为一体的活动方式，人们通过武舞来模拟在狩猎、战争场景中搏斗的动作，幻想产生一种超自然的力量来战胜对手。武舞现象既是对搏杀技能操练的一种形式，也是宣扬武威的一种手段。

随着狩猎工具的不断创新和生产力的发展，人类迈入了私有制的门槛，并且为了部落或民族利益，抑或为了满足贪欲，频繁发动战争。大量的生产工具转化为人类互相残杀的武器，在人与兽斗的过程中积累起来的本领也随之转变为人与人之间的搏杀格斗技能。这一时期，人类在踢、打、摔、拿、劈、砍、击、刺等技术上不断地加以强化，积累了丰富的经验，同时也具有了创造锋利工具的能动性和使用工具的主动性。这种在战争中运用格斗技术的自觉性，标志着武术的初步形成。

二、武术的发展概况

在古代夏、商、周时期，田猎和武舞是武技训练的主要手段。据《礼记·月令》载："天子乃教于田猎，以习五戎。"五戎即弓矢、殳、矛、戈、戟 5 种兵器。田猎是训练对各种武器的使用及驭马驾车，是集身体、技术、战术为一体的综合训练。这一时期的武舞由原始时期的武舞发展而来，将用于实战的格杀经验按一定程式来训练，是古代武术由感性认识向理性认识的升华、由支离破碎向系统化演进的象征。

春秋战国时期是我国封建社会转型的剧烈变化时代。频繁的战争推动了练兵习武的空前盛行，武术开始向多样化发展，手搏、角力在民间拥有广泛的市场。另外，在与文化的交融中，武术逐渐与养生相结合，形成了注重整体、强调精气、平衡阴阳的保健思想，这对武术的发展产生了重要影响。

近代中国面临来自各方面的挑战，从晚清开始走向衰弱。有许多爱国志士寻求救国救民的途径，提出了“强种强国”的思想。因此，武术作为一种尚武强国的重要教育手段被推向学校。一批武术家结合传统武术的内容与西方军事体操的特点，创编了《中华新武术》，为近代武术转型做了有益的尝试。

20 世纪 90 年代，随着我国体育体制改革的深化，武术呈现出新的发展趋势。在 1992 年全国武术工作会议上，提出了编写大、中、小学的武术教材，倡导将民族体育和现代体育联系起来进行教学，这些措施对于武术在学校的开展起到了较大的促进作用。更令人欣喜的是，为建立规范的全民武术锻炼体系，1997 年，国家体委批准颁布实施了“中国武术段位制”，该段位制将武术定为三级九段，为武术的发展作出了贡献。

1990 年，在北京举行的第 11 届亚运会上，武术列为正式比赛项目。1991 年，又在北京举办了首届世界武术锦标赛。这标志着武术成功转变为世界性的竞赛项目。

通过多方筹措与不懈努力，中国武术以奥运会非正式比赛项目的方式进入第 29 届奥运会，这表明作为中华民族传统体育项目的武术正逐渐被世界所接纳，竞技武术在世界的传播和影响已不容忽视，终于初步实现了竞技武术国际化的目标。

三、武术的特点

武术作为一项历史悠久的运动项目，汇聚了不同地域、不同民族的智慧，形成了拳种丰富、器械多样的运动形式。武术不同于其他任何体育项目，它具有浓厚的中国传统文化特点。

踢、打、摔、拿、击、刺、砍、劈等多种攻防动作是组成武术套路的主要内容，也是武术搏斗项目中经常使用的技术动作；武术自身的发展规律，集中体现了其技击性的本质；武术的习练讲究内外合一，形神兼备；在长期的历史演变中，武术又受到中国古代哲学、美学等方面的影响，形成了独具民族特色的运动形式。

四、武术的锻炼价值

长期坚持武术练习，能够加强人体肌肉、韧带的伸展性，扩大关节的活动度，提高人的反应速度、力量、灵巧、耐力，增强人体的免疫力，对治疗多种慢性疾病和调节人体内环境平衡均有良好的医疗保健作用。同时，掌握搏斗运动的技法和规律，能提高攻防格斗的意识，既可以增强体质，也可以防身自卫。

武术在长期的发展过程中，继承和发扬了中华民族重礼仪、讲道德的传统美德。“习武先习德”“武训”说明武术历来十分注重武德教育。“尚武”与“崇德”是武术习练过程中的两个重点，可以培养习武者尊师重道、讲礼守信、宽以待人、严于律己、坚韧不拔的品格。

武术具有很高的观赏价值。武术套路动迅静定的节奏美，踢、打、摔、拿、跌巧妙结合的方法美，内外合一、形神兼备的和谐美，给人们带来了强烈的视觉震撼和精神冲击，极大地丰富了人们的文化生活。

五、武术的内容与分类

武术按照形式分类，可分为功法、套路和格斗。

（一）功法

功法又称基本功，是以单个动作为主的练习，以提高武术套路和武术搏斗项目中身体某方面的能力。从锻炼的形式与功用来分，功法又可分为内功、外功、轻功和柔功。

1. 内功

通过站桩、静坐等练习方法，可使练习者达到精足、气壮、神明、内脏坚实、经络血脉通畅、内壮外强的功效。

2. 外功

通过击打、跌摔等练习方法，可使练习者达到强筋骨、壮体魄的功效。

3. 轻功

通过各种弹跳动作的练习，可使练习者达到蹦得高、跳得远的功效。

4. 柔功

通过压肩、压腿、下腰等练习方法，可使练习者达到提高身体关节活动度和肌肉伸展能力的功效。

（二）套路

套路是指以技击动作为内容，以攻守进退、动静疾徐、刚柔虚实等矛盾运动的变化规律为依据编成的整套练习。按照套路运动形式，又可分为单练、对练和集体演练。

1. 单练

单练是单人演练的套路，包括徒手的拳术和器械练习。

（1）拳术。它是徒手练习的套路运动。主要有长拳、太极拳、南拳、形意拳、通背拳、八极拳、八卦掌、劈挂拳、翻子拳、地躺拳、少林拳、象形拳等。

（2）器械。它是手持武术兵器练习的套路运动。器械的种类很多，可分为短器械、长器械、双器械和软器械 4 种。短器械主要有刀、剑、鞭等；长器械主要有枪、棍、大刀等；双器械主要有双刀、双剑、双钩、双枪等；软器械主要有三节棍、九节鞭、绳镖、流星锤等。

2. 对练

对练是两人或两人以上按照预定动作进行的假设性实战演练的套路形式，包括徒手对练、器械对练和徒手与器械的对练等。

3. 集体演练

集体演练是集体进行的徒手、器械和徒手与器械的演练。要求 6 人以上同时演练，队形整齐，动作协调一致，可变换队形并有音乐伴奏。

（三）格斗

格斗是两个人在一定条件下按照一定的规则进行斗智、较技、较力的对抗实战形式。

1. 散打

散打是以徒手的运动形式在擂台上进行的，使用踢、打、摔等方法制胜对方的竞技项目。

2. 推手

推手是以徒手的运动形式，使用掤、捋、挤、按、采、挒、肘、靠等技法，双方粘连粘随，通过肌肉感觉借劲发力将对方推出，以此决定胜负的竞技项目。

3. 短兵

短兵是两人手持一种特制的短器械，主要使用劈、砍、斩、刺等方法进行决胜负的竞技项目。

六、武术段位制简介

（一）武术段位制的概念

武术段位制，是中国武术协会制定并实施的一种全面评价习武者武术水平等级的制度。其设定的目的是为了增强人民体质，推动武术运动的发展，提高武术技术和理论水平，建立规范的全民武术锻炼体系。

（二）武术段位制的分级

根据个人从事武术锻炼和武术活动的年限，掌握武术技术和理论的水平、研究成果、武德修养，以及对武术发展所做出的贡献，设晋级和晋段两部分。

段前级：由低至高依次设置为一级、二级、三级。

段位：分初段位、中段位、高段位，由低至高依次设置如下：

初段位：一段、二段、三段。

中段位：四段、五段、六段。

高段位：七段、八段、九段。

（三）晋段标准

1. 初段位的晋升

凡参加武术套路基础锻炼年满 8 周岁或参加武术散打基础训练年满 13 周岁（仅限男子），入段资格技术考评成绩合格，并接受武德教育者，可取得入段资格。凡取得入段资格达 1 年以上，在规定的考评中，演练一段的一套拳术或散打基本技术，成绩合格，遵守武德者，可申请晋升一段。凡获得一段达 1 年以上，在规定的考评中，演练二段的一套拳术，成绩合格，或在散打攻防组合技术考评中，成绩合格，遵守武德者，可申请晋升二段。凡获得二段达 1 年以上，在规定的考评中演练三段的一套拳术、一套器械（长短任选），每项成绩均合格，或在散打实战技术考评中，成绩合格，遵守武德者，可申请晋升三段。

2. 中段位的晋升

凡获得三段达 2 年以上，在考评中，演练四段的一套拳术、一套器械；或在散打四段晋段实战考试中，成绩合格者，可申请四段。凡获得四段达 2 年以上，在考评中，演练五段的一套拳术、一套器械，或在散打五段晋段实战考试中，成绩合格者，可申请五段。凡获得五段达 2 年以上，在考评中，演练六段的一套拳术、一套器械，或在散打六段晋段实战考试中，成绩合格者，可申请六段。

3. 高段位的晋升

凡获得六段达 6 年以上，在工作业绩、武术理论研究、科研论著中取得一定成就，武德高尚者，可申请晋升七段。凡获得七段达 5 年以上，在工作业绩、武术理论研究、科研论著中取得突出成就，并对武术运动的发展作出较大贡献，武德高尚者，可申请晋升八段。凡获得八段以后，在工作业绩、武术科研论著、理论研究方面取得重大成就，并对武术运动的发展作出卓越贡献，影响极大，武德高尚者，可申请晋升九段。对武术事业的发展作出卓越贡献的知名人士，经国家体育总局武术运动管理中心审核后，可授予荣誉高段位。

七、五步拳

（一）五步拳简介

五步拳是武术入门套路，是武术运动员必须掌握和练习的基础拳法。其套路包含武术中弓步、马步、仆步、虚步、歇步五种基本步型和拳、掌、勾三种手型及上步、退步步法和搂手、冲拳、按掌、穿掌、挑掌、架打、盖打等手法，主要动作有预备式、弓步冲拳、弹腿冲拳、马步架打、歇步盖打、提膝穿掌、仆步穿掌、虚步挑掌、收势。

（二）五步拳完整演练

1. 预备式

动作过程：并步直立，双手抱拳于腰间，同时头向左摆（图 7-1-1）。

视频：五步拳完整演练

图 7-1-1　预备式

动作要领：抱拳、摆头要一致，精气神充足。

2. 弓步冲拳

动作过程：马步搂掌，转成左弓步，左手向左平搂收回腰间抱拳，冲右拳，目视前方（图 7-1-2）。

图 7-1-2　弓步冲拳

动作要领：马步变弓步时与出拳要协调一致，拳从腰间出。

3. 弹腿冲拳

动作过程：重心前移，右腿向前弹踢，同时冲左拳，收右拳，目视前方（图 7–1–3）。

图 7–1–3　弹腿冲拳

动作要领：弹腿时由屈变直，力达脚尖；冲拳与弹腿协调一致。

4. 马步架打

动作过程：右脚落地，向左转体 90°，下蹲成马步，同时左拳变掌，屈臂上架，冲右拳；目视拳的方向（图 7–1–4）。

图 7–1–4　马步架打

动作要领：架掌与冲拳时要腰马合一。

5. 歇步盖打

动作过程：左脚向右脚后插一步，同时右拳变掌向左下盖，掌外沿向前，身体左转 90°，收左拳；目视右掌。接着，身体下蹲成歇步，左拳向前冲出，右掌收于腰间，目视左拳（图 7–1–5）。

动作要领：盖掌与冲拳一气呵成，完成歇步时臀部触碰到脚跟。

图 7–1–5　歇步盖打

6. 提膝穿掌、仆步穿掌

动作过程：身体起立并左转，左腿屈膝提起；随即左拳变掌，顺势收至右腋下，右拳变掌，由左手背上穿出，手心向上。目视右手。重心下移，左腿向前铲出成左仆步；同时左手向前穿出，目视穿掌方向（图 7–1–6）。

动作要领：提膝要高于腰部，提膝脚的脚尖对准地面。

图 7-1-6 提膝穿掌、仆步穿掌

7. 虚步挑掌

动作过程：身体起立并稍左转，右腿向前虚点地成右虚步；左掌变勾手向后摆，右掌前挑，目视右掌方向（图 7-1-7）。

动作要领：挑掌、勾手、虚步协调一致。

8. 收势

动作过程：左脚向右脚靠拢成并步，同时左勾手、右掌均变拳，回收抱于腰间，头右摆，目视右侧（图 7-1-8）。

图 7-1-7 虚步挑掌

图 7-1-8 收势

动作要领：并脚抱拳与摆头一致。

第二节 太极拳

一、太极拳简介

太极拳将中华民族的辩证思维与武术、艺术、导引术、中医等相结合，它以中国传统儒、道哲学中的太极、阴阳辩证理念为核心思想，集颐养性情、强身健体、技击对抗等多种功能为一体。作为一种具有东方理念的运动形式，其锻炼意、气、形、神，符合人体生理和心理的锻炼要求，对人的身心健康以及人类群体的和谐共处具有重要作用。

太极拳的创始，目前主要有两种不同的说法。一种说法，太极拳创自陈王廷。陈卜善武艺，精拳械，曾设武学社于村中，开始陈氏世代习拳舞械之风。明朝末年，陈氏第九世陈王廷，依据祖传拳术，吸取民间诸优秀拳种之精华，结合导引、吐纳术、中医经络学，创编了一种新的内功拳种，按阴阳转换之意取名太极拳。陈氏十四世陈长兴，广开传拳之门，河北永年人杨露禅是其著名高徒。之后，陈氏太极拳逐步演变出“杨、武、吴、孙”等流派。另一种说法，张三丰创建了武当派，创始了内家拳。太极拳作为内家拳之首，尊称张三丰为祖师，是一种自然归属。张三丰创立的太极拳、八卦拳、形意拳、五行拳、混元拳、玄武棍等，都是从道教经书中汲取了精华，引申而来的。张三丰所创立的拳法有一个共同特点，即注重内功和阴阳变化，讲求意、气、力的协调统一，动作沉稳，姿势含蓄，劲力浑厚，神意悠然。这些特征无不与道家的清静柔弱、淡泊无为的主张和道教的“三宝修炼”（炼精化气、炼气化神、炼神还虚）相吻合，内以养生，外以却恶，可以说是留给后世的珍贵历史文化遗产。

二、太极拳的主要传承流派

17 世纪中叶，温县陈家沟陈王廷在家传拳法的基础上，吸收众家武术之长，融合易学、中医等思想，创编出一套具有阴阳开合、刚柔相济、内外兼修的新拳法，命名太极拳。

太极拳在陈家沟世代传承，自第十四世陈长兴起开始向外传播，后逐渐衍生出杨式、武式、吴式、孙式、和式等多家流派。

三百多年后，太极拳已由陈氏一家的独得之秘，衍变成了广播海内外的陈式、杨式、武式、吴式、孙式、和式等太极拳流派。

太极拳发源地温县流传的有陈式太极拳、和式太极拳、太极拳忽雷架、太极拳腾挪架、太极拳忽灵架，邯郸市永年区流传的有杨式太极拳、武式太极拳，北京市流传的有吴式太极拳、孙式太极拳，天津市武清区流传有李式太极拳。

太极拳成为东方文化的一种符号象征，成为促进东方文化与西方文化交流的桥梁和纽带。继承和保护太极拳，对于弘扬中国优秀传统文化、提高人类生活质量、弘扬民族传统美德、增强社会凝聚力、构建和谐社会等具有重要意义。

三、24 式太极拳

1. 动作说明

第一式：起势

两脚开立，两臂前举，屈膝按掌（图 7-2-1）。

第二式：野马分鬃

收脚抱球，左转出步，弓步分手；

后坐撇脚，跟步抱球，右转出步，弓步分手；

后坐撇脚，跟步抱球，左转出步，弓步分手（图 7-2-2）。

视频：24 式太极拳完整演练

图 7-2-1 起势

图 7-2-2 野马分鬃

第三式：白鹤亮翅

跟半步胸前抱球，后坐举臂，虚步分手（图 7-2-3）。

图 7-2-3 白鹤亮翅

第四式：搂膝拗步

左转落手，右转收脚摆臂，出步屈肘，弓步搂推；

后坐撇脚，跟步摆臂，出步屈肘，弓步搂推；

后坐撇脚，跟步摆臂，出步屈肘，弓步搂推（图 7-2-4）。

图 7-2-4 搂膝拗步

第五式：手挥琵琶

跟步展手，后坐挑掌，虚步合臂（图 7–2–5）。

图 7–2–5　手挥琵琶

第六式：倒卷肱

两手展开，提膝屈肘，撤步摆手，后坐推掌（图 7–2–6）。重复四次。

图 7–2–6　倒卷肱

第七式：左揽雀尾

右转收脚抱球，左转出步，弓步掤臂，左转随臂展掌，后坐右转下捋，左转搭腕，弓步前挤，后坐分手屈肘下按，弓步按掌（图 7–2–7）。

图 7-2-7　左揽雀尾

第八式：右揽雀尾

后坐扣脚、右转分手，收脚抱球，右转出步，弓步掤臂，右转随臂展掌，后坐左转下捋，右转搭手，弓步前挤，后坐分手屈肘下按，弓步推掌（图 7-2-8）。

图 7-2-8　右揽雀尾

第九式：单鞭

左转扣脚，右转收脚展臂，出步勾手，弓步推举（图 7-2-9）。

图 7-2-9 单鞭

第十式：云手

右转落手，左转云手，并步按掌，右转云手，出步按掌（图 7-2-10）。重复三次。

图 7-2-10 云手

第十一式：单鞭

斜落步右转举臂，出步勾手，弓步推掌（图 7-2-11）。

图 7-2-11 单鞭

第十二式：高探马

跟步后坐展手，虚步推掌（图 7-2-12）。

图 7-2-12 高探马

第十三式：右蹬脚

收脚收手，左转出步，弓步分手，合抱提膝，分手蹬脚（图 7-2-13）。

图 7-2-13 右蹬脚

第十四式：双峰贯耳

收脚落手，落步收手，弓步贯拳（图 7-2-14）。

图 7-2-14 双峰贯耳

第十五式：转身左蹬脚

后坐扣脚，左转分手，回体重合抱提膝，分手蹬脚（图 7-2-15）。

图 7-2-15 转身左蹬脚

第十六式：左下势独立

提膝合臂，仆步穿掌，弓步穿掌，提膝挑掌（图 7-2-16）。

图 7-2-16 左下势独立

第十七式：右下势独立

落脚左转摆臂，仆步穿掌，弓步穿掌，提膝挑掌（图 7-2-17）。

图 7-2-17 右下势独立

第十八式：左右穿梭
落步合手，跟步抱球，右转出步，弓步架推；
后坐合手，跟步抱球，左转出步，弓步架推（图 7-2-18）。

图 7-2-18　左右穿梭

第十九式：海底针
跟步落手，后坐提手，虚步插掌（图 7-2-19）。

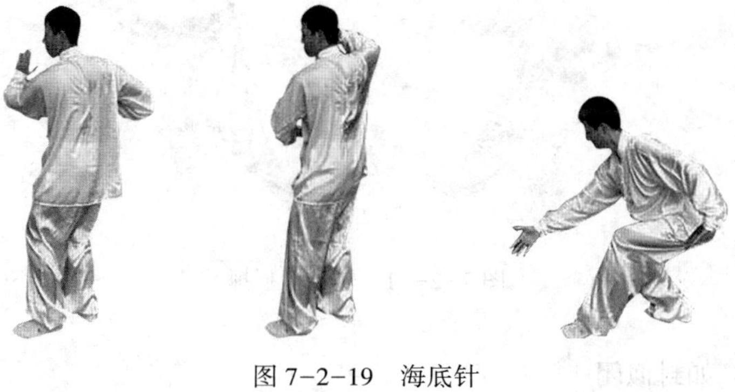

图 7-2-19　海底针

第二十式：闪通臂

收脚合臂，出步翻掌，弓步推架（图 7–2–20）。

图 7–2–20 闪通臂

第二十一式：转身搬拦捶

后坐扣脚，右转摆掌，收脚握拳，出步搬捶，跟步旋臂，出步拦掌，弓步打拳（图 7–2–21）。

图 7–2–21 转身搬拦捶

第二十二式：如封似闭

穿臂翻掌，后坐按掌，弓步推掌（图 7–2–22）。

图 7-2-22　如封似闭

第二十三式：十字手

后坐扣脚，右转撇脚分手，扣脚，移步合手（图 7-2-23）。

第二十四式：收势

旋臂分手，双手下落，并脚（图 7-2-24）。

图 7-2-23　十字手

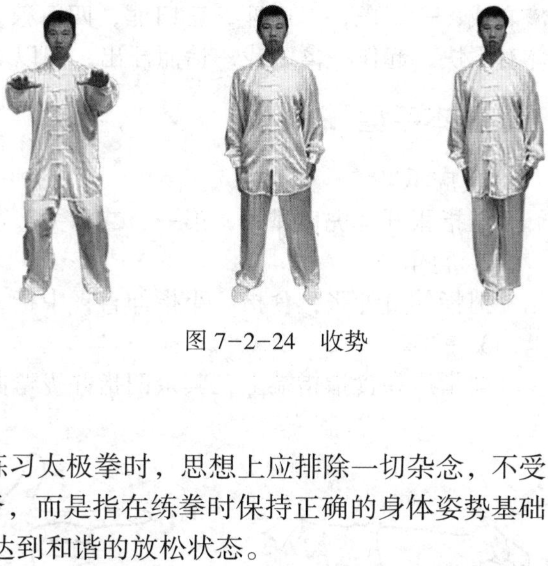

图 7-2-24　收势

2. 演练注意事项

（1）心静体松。所谓“心静”，就是在练习太极拳时，思想上应排除一切杂念，不受外界干扰；所谓“体松”，不是全身松懈疲沓，而是指在练拳时保持正确的身体姿势基础上，有意识地让全身关节、肌肉以及内脏等达到和谐的放松状态。

（2）圆活连贯。“心静体松”是对太极拳练习的基本要求，而是否做到“圆活连贯”是衡量太极拳水平的主要依据。太极拳练习所要求的“连贯”包括：① 肢体的连贯，即“节节贯穿”。肢体的连贯是以腰为枢纽的。在动作转换过程中，对于下肢动作，要以腰带胯，以胯带膝，以膝带足；对于上肢动作，要以腰带背，以背带肩，以肩带肘，以肘带手。② 动作与动作之间要衔接顺畅，即“势势相连”。也就是说，前一动作的结束就是下一个动作的开始，势势之间没有间断和停顿。而“圆活”是在连贯基础上的进一步要求，意指活顺、自然。

（3）虚实分明。在太极拳运动中，要做到“运动如抽丝，迈步似猫行”，首先要注意虚实变换要适当，肢体各部在运动中没有不稳定的现象。若不能维持平衡稳定，就根本谈不上“迈步如猫行”了。一般来说，下肢以主要支撑体重的腿为实，辅助支撑或移动换步的腿为虚；上肢以体现动作主要内容的手臂为实，辅助配合的手臂为虚。总之，虚实不但要互相渗透，还须在意识的指导下灵活变化。

（4）呼吸自然。太极拳练习的呼吸方法有自然呼吸、腹式顺呼吸、腹式逆呼吸和拳势呼吸。以上几种呼吸方法，不论采用哪一种，都应自然、匀细，徐徐吞吐，要与动作自然配合。初学者宜采用自然呼吸。

第三节 五禽戏

一、五禽戏功法简介

五禽戏是我国古代人进行身体锻炼的一种方法，创始人是东汉末年名医华佗。华佗总结了前人模仿鸟兽动作以锻炼身体的传统做法，创编了一套保健体操，包括虎、鹿、熊、猿、鸟的动作和姿态，也就是五禽戏。《三国志·华佗传》记载："吾有一术，名五禽之戏，一曰虎，二曰鹿，三曰熊，四曰猿，五曰鸟。亦以除疾，兼利蹄足，以当导引。体有不快，起作一禽之戏，怡而汗出，因以着粉，身体轻便而欲食。"

二、基本手型

1. 虎爪

五指张开，虎口撑圆，第一、二指关节弯曲内扣（图 7-3-1）。

2. 鹿角

拇指伸直外张，食指、小指伸直，中指、无名指弯曲内扣（图 7-3-2）。

3. 熊掌

拇指压在食指指端上，其余四指并拢弯曲，虎口撑圆（图 7-3-3）。

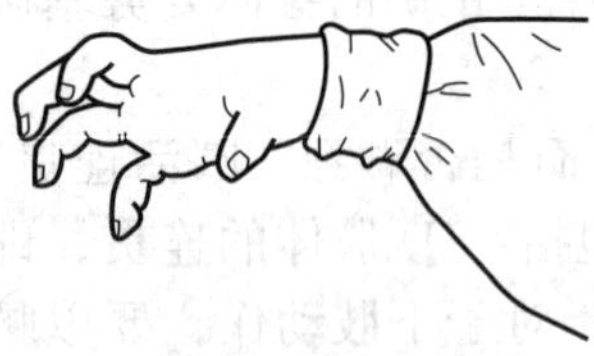

图 7-3-1 虎爪

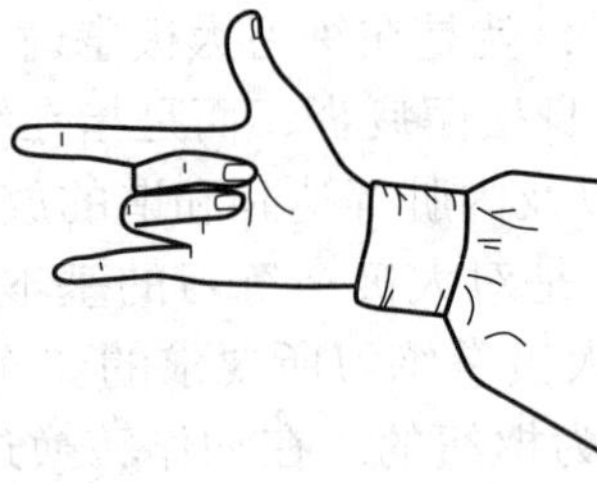

图 7-3-2 鹿角

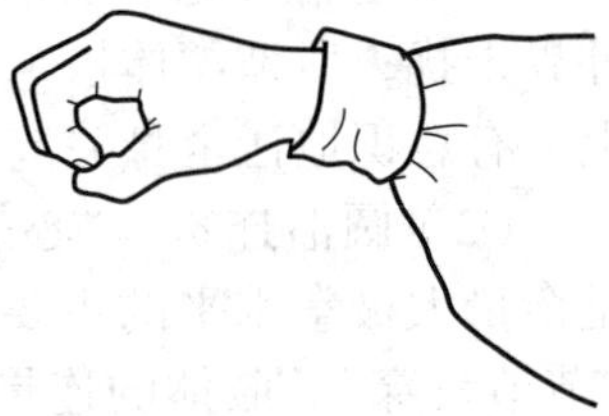

图 7-3-3 熊掌

4. 猿勾

五指指腹捏拢，屈腕（图 7-3-4）。

5. 鸟翅

五指伸直，拇指、食指、小指向上翘起，无名指、中指并拢向下（图 7-3-5）。

6. 握固

拇指抵掐无名指根节内侧，其余四指屈拢收于掌心（图 7-3-6）。

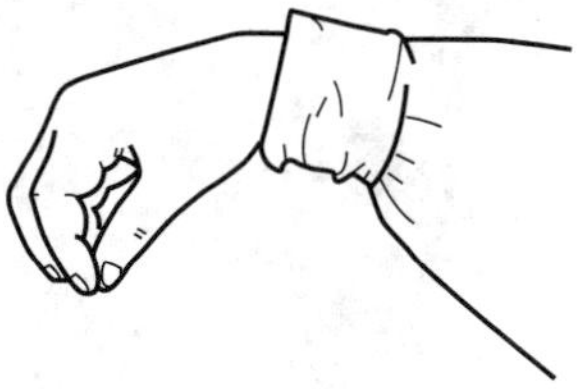

图 7-3-4　猿勾

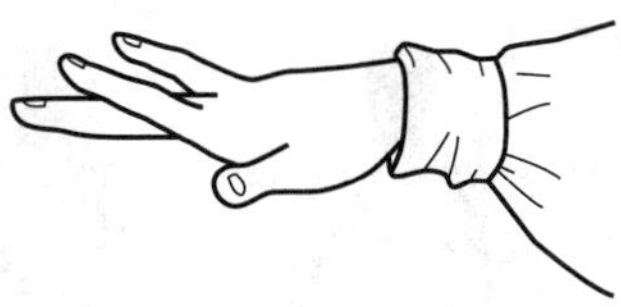

图 7-3-5　鸟翅

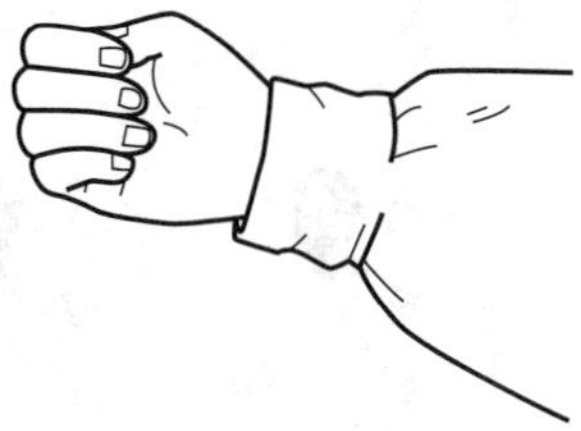

图 7-3-6　握固

三、五禽戏完整动作

1. 预备式：起势调息（图 7-3-7）

动作一：两脚并拢，自然伸直；两手自然垂于体侧；胸腹放松，头项正直，下颌微收，舌抵上腭；目视前方。

动作二：左脚向左平开一步，稍宽于肩，两膝微屈，松静站立；调息数次，意守丹田。

视频：五禽戏完整演练

动作三：肘微屈，两臂在体前向上、向前平托，与胸同高。

动作四：两肘下垂外展，两掌向内翻转，并缓慢下按于腹前；目视前方。两手自然垂于体侧。

图 7-3-7　起势调息

2. 虎戏

第一式：虎举（图 7-3-8）

动作一：两手掌心向下，十指撑开，弯曲成虎爪状；目视两掌。

动作二：随后，两手外旋，由小指先弯曲，其余四指依次弯曲握拳，两拳沿体前缓慢上提。至肩前时，十指撑开，举至头上方弯曲成虎爪状；目视两掌。

动作三：两掌外旋握拳，拳心相对；目视两拳。

动作四：两拳下拉至肩前时，变掌下按。沿体前下落至腹前，十指撑开，掌心向下；目视两掌。两手自然垂于体侧；目视前方。

这套动作中，两掌一升一降，疏通三焦气机，调理三焦功能；手由“虎爪”变拳，可增强握力，改善上肢远端。

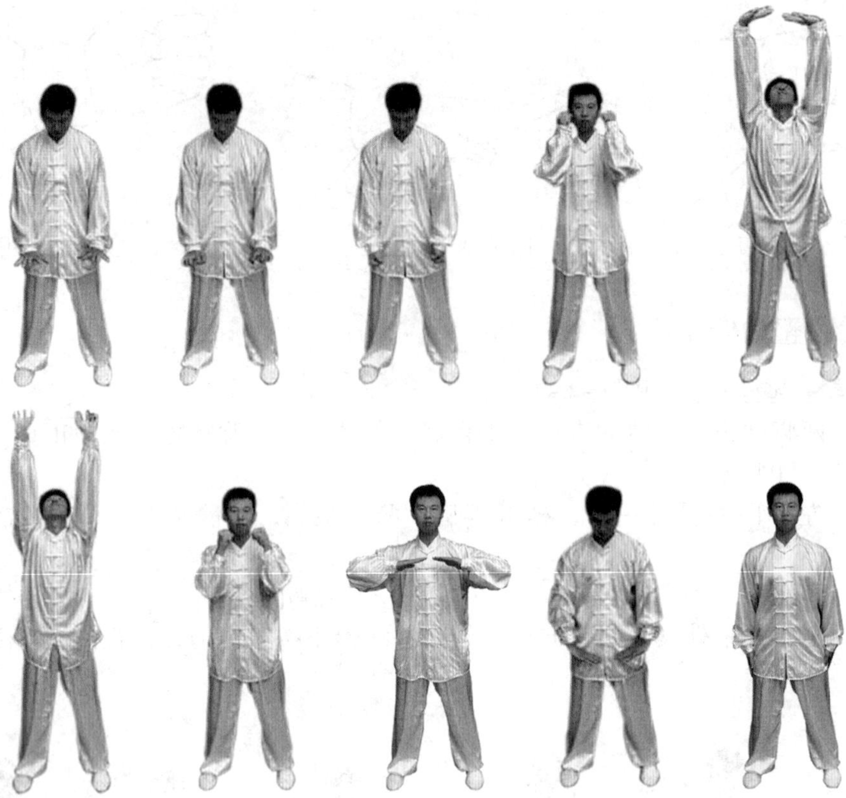

图 7-3-8 虎举

第二式：虎扑（图 7-3-9）

动作一：接上式。两手握空拳，沿身体两侧上提至肩前上方。

动作二：两手向上、向前划弧，十指弯曲成“虎爪”，掌心向下；同时上体前俯，挺胸塌腰；目视前方。

动作三：两腿屈膝下蹲，收腹含胸；同时，两手向下划弧至两膝侧，掌心向下；目视前下方。随后，两腿伸膝，送髋，挺腹，后仰；同时，两掌握空拳，沿体侧向上提至胸侧；目视前上方。

动作四：左腿屈膝提起，两手上举。左脚向前迈出一步，脚跟着地，右腿屈膝下蹲成左虚步；同时，上体前倾，两拳变“虎爪”向前、向下扑至膝两侧，掌心向下；目视前下方。随后上体抬起，左脚收回，开步站立；两手自然下落于体侧；目视前方。

动作五至动作八：同动作一至动作四，唯左右相反。

虎扑动作形成了脊柱的前后伸展折叠运动，能增强腰部肌肉力量，对常见的腰部疾病，如腰肌劳损、习惯性腰扭伤等病症有防治作用。同时，脊柱的前后伸展折叠，牵动任、督两脉，起到调理阴阳、流通经络、活跃气血的作用。

3. 鹿戏

第三式：鹿抵（图 7-3-10）

动作一：两腿微屈，身体重心移至右腿，左脚经右脚内侧向左前方迈步，脚跟着地；同时，身体稍右转；两掌握空拳，向右侧摆起，拳心向下，高与肩平；目随手动，视

图 7-3-9　虎扑

图 7-3-10　鹿抵

右拳。

动作二：身体重心前移；左腿屈膝，脚尖外展踏实；右腿伸直蹬实；同时，身体左转，两掌成“鹿角”，向上、向左、向后划弧，掌心向外，指尖朝后，左臂弯曲外展平伸，肘抵靠左腰侧；右臂举至头前，向左后方伸抵，掌心向外，指尖朝后；目视右脚跟。随后，身体右转，左脚收回，开步站立；同时两手向上、向右、向下划弧，两掌握空拳下落于体前；目视前下方。

动作三、四：同动作一、二，唯左右相反。

动作五至动作八：同动作一至动作四。

中医认为，“腰为肾之府”。尾闾运转，可起到强腰补肾、强筋健骨的功效。另外，鹿抵对于腰部的锻炼，还能增强腰部的肌肉力量，防治腰部的脂肪沉积，防治腰椎小关节紊乱等症。

第四式：鹿奔（图 7-3-11）

动作一：接上式。左脚向前跨一步，屈膝，右腿伸直成左弓步；同时，两手握空拳，向上、向前划弧至体前，屈腕，高与肩平，与肩同宽，拳心向下；目视前方。

动作二：身体重心后移；左膝伸直，全脚掌着地；右腿屈膝；低头，弓背，收腹；同时，两臂内旋，两掌前伸，掌背相对，拳变“鹿角”。

动作三：身体重心前移，上体抬起；右腿伸直，左腿屈膝成左弓步；松肩沉肘，两臂外旋，“鹿角”变空拳，高与肩平，拳心向下；目视前方。

动作四：左脚收回，开步直立；两拳变掌，回落于体侧；目视前方。

动作五至动作八：同动作一至动作四，唯左右相反。

鹿奔动作中，两臂内旋前伸，肩、背部肌肉得到牵拉，对颈肩综合征、肩关节周围炎等病症有防治作用；弓背收腹，能矫正脊柱畸形，增强腰肌。

图 7-3-11 鹿奔

4. 熊戏

第五式：熊运（图 7-3-12）

动作一：两掌握空拳成“熊掌”，拳眼相对，垂手下腹部；目视两拳。

动作二：以腰、腹为轴，上体做顺时针摇晃；同时，两拳随之沿右肋部、上腹部、左肋部、下腹部划圆；目随上体摇晃环视。

动作三、四：同动作一、二。

动作五至动作八：同动作一至动作四，唯左右相反，上体做逆时针摇晃，两拳随之画圆。

做完最后一动，两拳变掌下落，自然垂于体侧；目视前方。

活动腰部关节和肌肉，可防治腰肌劳损及软组织损伤。腰腹转动，两掌划圆，引导内气运行，可加强脾、胃的运化功能。运用腰、腹摇晃，对消化器官进行按摩，可防治消化不良、腹胀纳呆、便秘腹泻等病症。

图 7-3-12　熊运

第六式：熊晃（图 7-3-13）

动作一：接上式。身体重心右移；左髋上提，牵动左脚离地，再微屈左膝；两掌握空拳成“熊掌”；目视左前方。

动作二：身体重心前移；左脚向左前方落地，全脚掌踏实，脚尖朝前，右腿伸直；身体右转，左臂内旋前靠，左拳摆至左膝前上方，拳心朝左；右掌摆至体后，拳心朝后；目视左前方。

动作三：身体左转，重心后坐；右腿屈膝，左腿伸直；拧腰晃肩，带动两臂前后弧形摆动；右拳摆至左膝前上方，拳心朝右；左拳摆至体后，拳心朝后；目视左前方。

动作四：身体右转，重心前移；左腿屈膝，右腿伸直；同时，左臂内旋前靠，左拳摆至左膝前上方，拳心朝左；右掌摆至体后，拳心朝后；目视左前方。

动作五至动作八：同动作一至动作四，唯左右相反。

身体左右晃动，意在两肋，调理肝脾。提髋行走，加上落步的微震，可增强髋关节周围肌肉的力量，提高平衡能力，有助于防治老年人下肢无力、髋关节损伤、膝痛等病症。

图 7-3-13 熊晃

5. 猿戏

第七式：猿提（图 7-3-14）

动作一：接上式。两掌在体前，手指伸直分开，再屈腕撮拢捏紧成“猿勾”。

动作二：两掌上提至胸，两肩上耸，收腹提肛；同时，脚跟提起，头向左转；目随

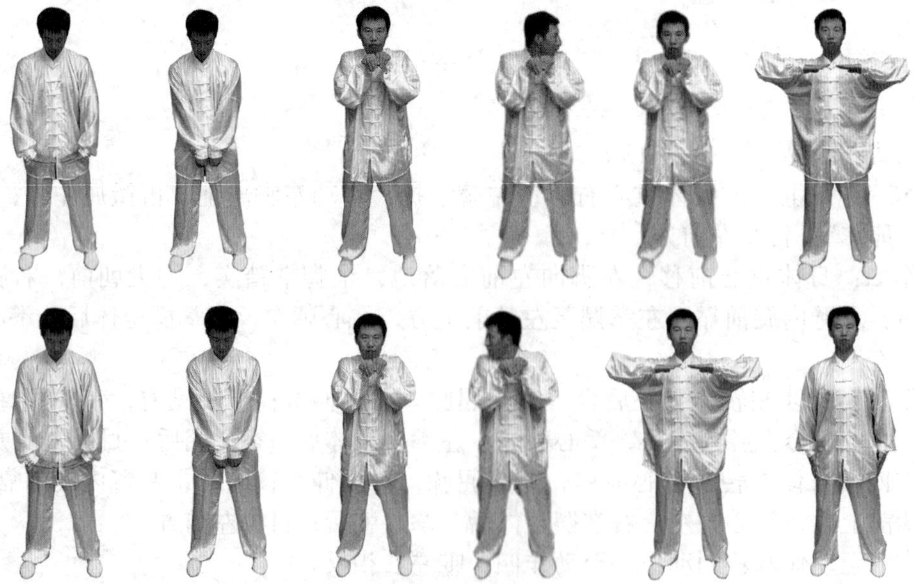

图 7-3-14 猿提

头动，视身体左侧。

动作三：头转正，两肩下沉，松腹落肛，脚跟着地。“猿勾”变掌，掌心向下；目视前方。

动作四：两掌沿体前下按落于体侧；目视前方。

动作五至动作八：同动作一至动作四，唯头向右转。

习练“猿戏”时，“猿勾”的快速变化，意在增强神经－肌肉反应的灵敏性。两掌上提下按，扩大胸腔体积，可增强呼吸，按摩心脏，改善脑部供血。

第八式：猿摘（图 7-3-15）

动作一：接上式。左脚向左后方退步，脚尖点地，右腿屈膝，重心落于右腿；同时，左臂屈肘，左掌成“猿勾”收至左腰侧；右掌向右前方自然摆起，掌心向下。

动作二：身体重心后移；左脚踏实，屈膝下蹲，右脚收至左脚内侧，脚尖点地成右丁步；同时，右掌向下经腹前向左上方划弧至头左侧，掌心对太阳穴；目先随右掌动，再转头注视右前上方。

图 7-3-15　猿摘

动作三：右掌内旋，掌心向下，沿体侧下按至左髋侧；目视右掌。右脚向右前方迈出一大步，左腿蹬伸，身体重心前移；右腿伸直，左脚尖点地；同时，右掌经体前向右上方划弧，举至右上侧变“猿勾”，稍高于肩；左掌向前、向上伸举，屈腕撮勾成采摘势；目视左掌。

动作四：身体重心后移；左掌由“猿勾”变为“握固”；右手变掌，自然回落于体前，虎口朝前。随后，左腿屈膝下蹲，右脚收至左脚内侧，脚尖点地，成右丁步；同时，左臂屈肘收至左耳旁，掌指分开，掌心向上，成托桃状；右掌经体前向左划弧至左肘下成捧托状；目视左掌。

动作五至动作八：同动作一至动作四，唯左右相反。

这套动作中，眼神的左顾右盼，有利于颈部运动，促进脑部的血液循环，同时可减轻大脑神经系统的紧张度，对神经紧张、精神忧郁等病症有防治作用。

6. 鸟戏

第九式：鸟伸（图 7–3–16）

动作一：接上式。两腿微屈下蹲，两掌在腹前相叠。

动作二：两掌向上举至头前上方，掌心向下，指尖向前；身体微前倾，提肩，缩项，挺胸，塌腰；目视前下方。

动作三：两腿微屈下蹲；同时，两掌相叠下按至腹前；目视两掌。

动作四：身体重心右移；右腿蹬直，左腿伸直向后抬起；同时，两掌左右分开，掌成“鸟翅”，向体侧后方摆起，掌心向上；抬头，伸颈，挺胸，塌腰；目视前方。

动作五至动作八：同动作一至动作四，唯左右相反。左脚下落，两脚开步站立，两

图 7–3–16 鸟伸

手自然垂于体侧；目视前方。

这套动作可加强肺的吐故纳新功能，增加肺活量。

第十式：鸟飞（图 7-3-17）

接上式。两腿微屈，两掌成“鸟翅”合于腹前，掌心相对；目视前下方。

动作一：右腿伸直独立，左腿屈膝提起，小腿自然下垂，脚尖朝下；同时，两掌成展翅状，在体侧平举向上，稍高于肩，掌心向下；目视前方。

动作二：左脚下落在右脚旁，脚尖着地，两腿微屈；同时，两掌合于腹前，掌心相对；目视前下方。

动作三：右腿伸直独立，左腿屈膝提起，小腿自然下垂，脚尖朝下；同时，两掌经体侧向上举至头顶上方，掌背相对，指尖向上；目视前方。

动作四：左脚下落在右脚旁，全脚掌着地，两腿微屈；同时，两掌合于腹前，掌心相对；目视前下方。

动作五至动作八：同动作一至动作四，唯左右相反。

两臂的上下运动可改变胸腔容积，若配合呼吸运动可起到按摩心肺的作用，增强血氧交换能力；提膝独立，可提高人体平衡能力。

图 7-3-17　鸟飞

7. 收势：引气归元（图 7-3-18）

动作一：两掌经体侧上举至头顶上方，掌心向下。

动作二：两掌指尖相对，沿体前缓慢下按至腹前；目视前方。

动作三：两手缓慢在体前划平弧，掌心相对，高与脐平；目观前方。

动作四：两手在腹前合拢，虎口交叉，叠掌；眼微闭静养，调匀呼吸，意守丹田。

动作五：左脚提起向右脚并拢，前脚掌先着地，随之全脚踏实，恢复成预备式；目视前方。

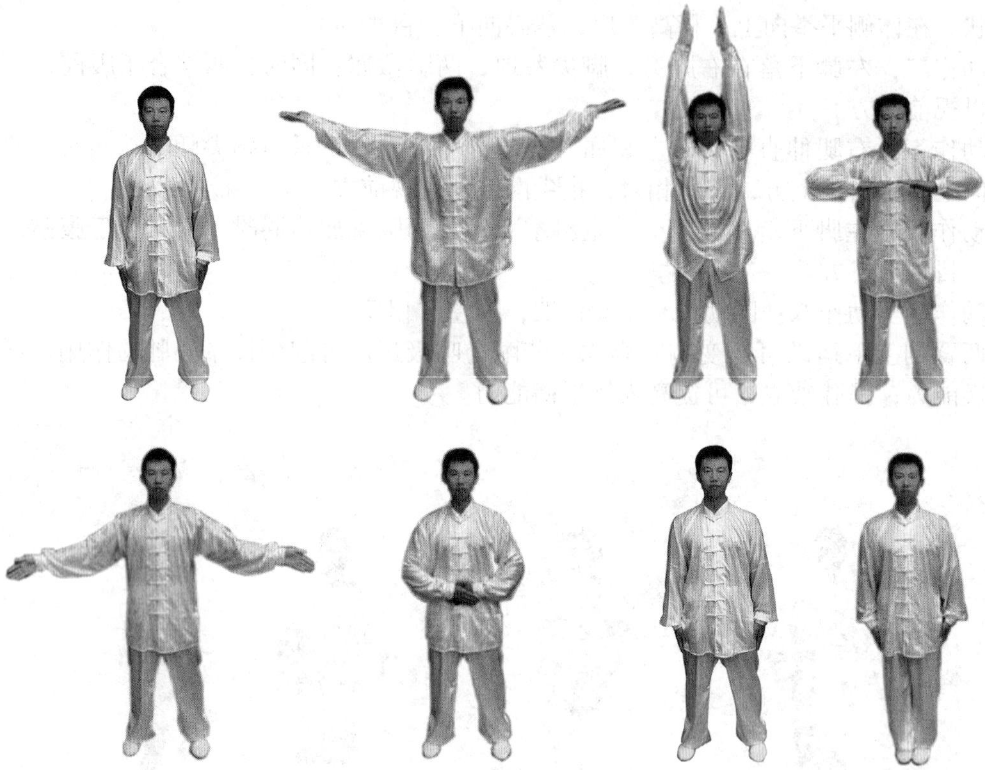

图 7-3-18 收势：引气归元

第四节 八段锦

视频：八段锦完整演练

一、八段锦功法简介

八段锦功法是一套独立而完整的健身功法，起源于北宋，至今有八百多年的历史。古人把这套动作比喻为“锦”，意为五颜六色，美而华贵。其动作舒展优美。现代的八段锦在内容与名称上均有所改变，此功法分为八段，每段一个动作，故名为“八段锦”。

二、八段锦六分钟竞赛功法

1. 预备式

开立，两膝微屈，约与肩同宽；两臂前屈，两掌捧于腹前，指尖相对，掌心向内，全身放松，目视前方（图 7-4-1）。

图 7-4-1　预备式

2. 第一式：双手托天理三焦

动作过程：接上式，两臂慢慢自左右两侧向上高举过头，十指交叉，翻掌，掌心向上。两肘用力挺直，两掌用力上托，维持这种姿势片刻。两手十指分开，两臂从左右两侧慢慢降下，还原到预备姿势（图 7-4-2）。重复三次。

动作要领：动作应与呼吸协调配合，手臂上举时深吸气，呼吸可稍停顿，两臂放下时深呼气。

图 7-4-2　双手托天理三焦

3. 第二式：左右开弓似射雕

动作过程：接上式，左脚向左踏出一步，两腿弯曲成骑马势，上身挺直，两臂于胸前十字交叉（左臂在外，右臂在内），左手拇指伸直与食指成八字撑开，左手慢慢向左推出，同时右手手指弯曲，屈臂用力向右平拉，作拉弓状，肘尖向左侧顶，两眼注视左手食指。两手五指张开，右手打开，左脚收回，两手落于腹前。右脚向右踏出一步，两腿弯曲成骑马势，上身挺直，两臂于胸前十字交叉（右臂在外，左臂在内），右手拇指伸直与食指成八字撑开，右手慢慢向右推出，同时左手手指弯曲，屈臂用力向左平拉，作拉弓状，肘尖向右侧顶，两眼注视右手食指。两手五指张开，左脚收回，两手落于腹前（图 7–4–3）。如此左右各做一次。

动作要领：肘部要抬平，展臂、拉弓时吸气，还原时呼气。

图 7–4–3 左右开弓似射雕

4. 第三式：调理脾胃须单举

动作过程：接上式，先举右手翻掌上托，而左手翻掌向下压，上托下压吸气而还原时呼气（图 7–4–4）。左右上下换做一次。

动作要领：上举、下按要同时进行，举、按时吸气，复原时呼气。

5. 第四式：五劳七伤往后瞧

动作过程：接上式，两臂充分外旋，掌心向外，头慢慢向左后转，目视左后方；两臂内旋，目视前方，复原，再做右转头（图 7–4–5）。

动作要领：转头时，身体不动，保持正直，向后看时吸气，复原时呼气。

图 7-4-4　调理脾胃须单举

图 7-4-5　五劳七伤往后瞧

6. 第五式：摇头摆尾去心火

动作过程：接上式，左脚向左开步，两掌内旋上托至头顶，微屈肘，掌心向上，指尖相对，目视前方。两腿先慢慢屈膝伸直再慢慢半蹲成马步，两掌向两侧下落，两掌扶按于膝上，拇指侧向后。上身先由右向前、向左、向后弧形摇动，目视右脚。上身右移成马步，目视前方，左右交替作摇摆（图 7-4-6）。反方向动作相同，唯方向相反。

动作要领：做摆动动作时，四肢应随摆动自然屈伸，摆动时吸气，复原时呼气。

图 7–4–6 摇头摆尾去心火

7. 第六式：两手攀足固肾腰

动作过程：接上式，两臂向前、向上举至头顶，掌心向前，目视前方，两臂外旋至掌心相对，屈肘，两掌下按于胸前，掌心向下，指尖相对，目视前方。两臂外旋，两掌顺腋下后插，掌心向内，沿后背两侧向下摩运至臀部，上身慢慢前屈弯腰，两掌随之沿腿后向下摩运，至脚面抓握片刻，抬头。目视前下方（图 7–4–7）。重复三次。

动作要领：采用自然呼吸，动作宜缓慢，身体前屈时，膝部不能弯曲。

8. 第七式：攒拳怒目增气力

动作过程：接上式，左脚向左开步，两腿缓慢屈膝下蹲成马步；两拳握固，抱于腰侧，拳心向上，目视前方。左拳向前缓慢用力击出，左臂内旋，拳眼朝上，与肩同高，瞪目怒视前方（图 7–4–8），左拳变掌，向左环绕成掌心向上后，抓握成拳，再缓慢收抱于腰侧，目视前方。左右交替做攒拳怒目。

动作要领：练习时脚掌用力抓地，出拳时要用力，拳紧握。出拳时吸气，睁眼怒目，复原时呼气，全身放松。

图 7-4-7 两手攀足固肾腰

图 7-4-8 攒拳怒目增气力

9. 第八式：背后七颠百病消

动作过程：接上式，两脚跟尽量上提，头用力上顶，然后两脚跟下落，轻震地面（图 7-4-9）。重复三次。

动作要领：足跟落地时速度要快，全身放松，使身体震动；足跟提起时吸气，落下时呼气。

10. 收势

双脚并拢，双手自身体两旁环抱叠放置于腹前，左手搭在右手上，注意不要跷起拇指，全身放松，保持均匀的呼吸（图 7-4-10）。

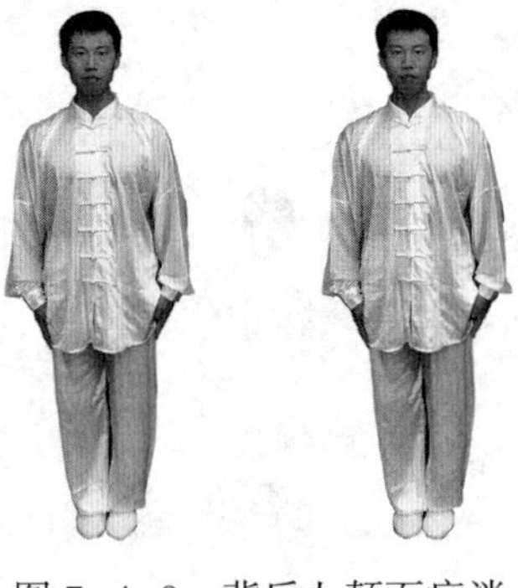

图 7-4-9 背后七颠百病消

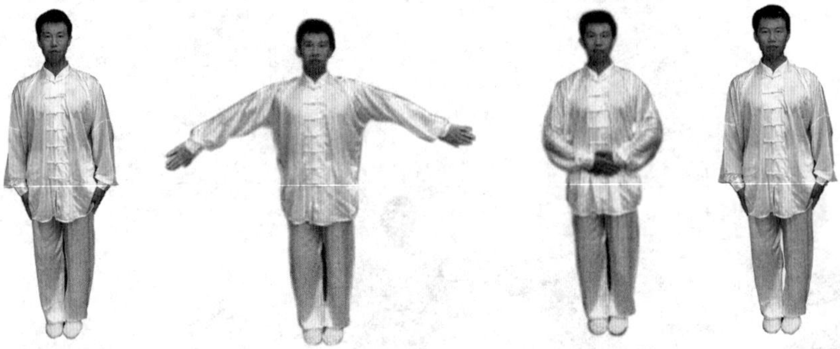

图 7-4-10 收势

第五节 柔力球

一、柔力球简介

柔力球，也叫太极柔力球，创始于 1991 年，由山西晋中卫校的体育教师白榕发明。由于白榕深受中国传统文化的熏陶，又有丰富的球类运动实践经验，发明了太极柔力球。太极柔力球秉承中国传统的太极阴阳理论，是一种太极化的球类体育项目。

二、12 式太极柔力球

视频：12 式太极柔力球完整演练

第一式：起势

1. 动作过程（图 7-5-1）

（1）两臂自然下垂，两手呈自然状态，掌心向内，轻贴大腿两侧腿中线。左手持球，右手持拍立拍向下。

（2）身体自然直立，重心微右移，左脚向左侧横移一步，两脚间距与肩同宽，脚尖向前，两脚平行，目视前方。

（3）重心仍在两脚之间，身体微微下沉，同时两臂微屈慢慢向前、向上平托，达与肩平，两臂间距与肩同宽。左手撮指扣球，手心向上，右手持球拍，拍面与地面平行。两手向内翻转 180°，掌心向下。两手随两腿慢慢屈膝半蹲，按下，球拍与腹脐同高，掌指朝前。目视前方。

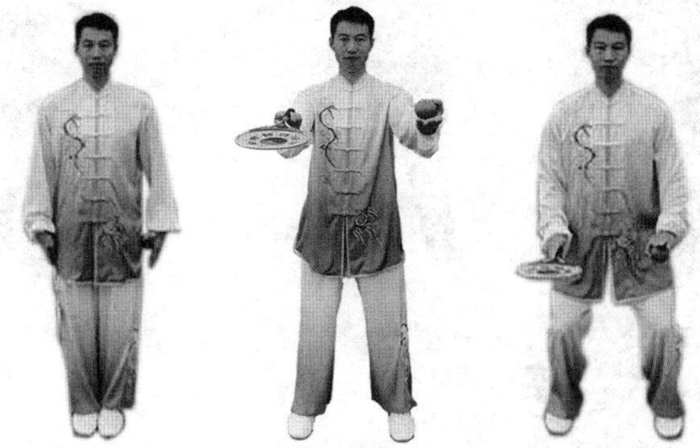

图 7–5–1　起势

2. 动作要领

（1）头顶正直，下颌微收，身体放松，收腹敛气沉丹田，两臂自然垂于体侧。

（2）两手翻腕在一个水平线上，两臂上托下按时注意配合吸气，两臂下按与身体下蹲的动作要协调一致。

3. 易犯错误

（1）重心移动生硬，虚实不分。

（2）两臂下按和身体下蹲的动作不同步。

第二式：金龙戏珠

1. 动作过程（图 7–5–2）

左手持球下落由下向上弧形抛球，同时左脚向前上步成左弓步，右手持拍纳球后随着重心前后移动做体前正绕翻（沿冠状面），左手与绕翻相反方向划弧至右臂内侧，目随拍走。

2. 动作要领

两肩下沉，两臂向相反方向交错划弧。

3. 易犯错误

右手持拍置于额头前。

第三式：左右逢源

1. 动作过程（图 7–5–3）

（1）左手持球由左经头前上方抛至右前上方，重心移至右脚，持拍臂迎球将球迎引入拍；同时，左脚向左横跨一步成马步，重心由右脚沉移至左脚成弓步，持拍臂由身体右侧位经体前向左弧形摆动至左侧位，拍尖向前，拍面约与地面垂直，约与肩同高；左手经体前向下、向左划弧，停在与肩同高处，塌腕，指尖与拍头朝向相同。

（2）重心由左脚沉移至右脚，同时，持拍臂由身体左侧位经体前向右弧形摆动至右侧位，拍尖向前，拍面约与地面垂直，稍高于肩；左手经体前向下、向右划弧，停在右手肘关节处，与肩同高，塌腕，指尖朝天。

图 7-5-2 金龙戏珠

图 7-5-3 左右逢源

2. 动作要领

（1）以腰带领持拍臂，以肩为轴带动球拍左右弧形摆动，肘关节自然伸直。

（2）左右摆动时，身体中正，重心平稳过渡，不要高低起伏。

（3）整个动作要自然放松，全神贯注地完成动作。

3. 易犯错误

（1）肘关节弯曲过多。

（2）身体重心起伏明显。

第四式：抛接自如

1. 动作过程（图 7-5-4）

（1）由右向左弧形摆动至左侧位，球拍左边框向上时，将球沿所划弧线的切线方向抛出（球抛出的高度稍高于头）。

（2）持拍臂由左侧位主动将球沿球拍左边框迎引入球拍，由左向右弧形摆动至右侧位，球拍得右边框向上时，将球沿所划弧线的切线方向抛出。

（3）持拍臂右侧位主动将球沿球拍右边框迎引入拍，由右向左弧形摆动至左侧位，球拍左边框向上时，将球沿所划弧线的切线方向抛出。

图 7-5-4 抛接自如

2. 动作要领

（1）摆动到位时将球抛出，抛球时，应沿所划弧线的切线方向抛出，球抛出的高度稍高于头。

（2）接球时持拍臂应主动将球迎引入拍，没有硬性撞击，由接球弧形摆动至抛球应完整流畅，柔和缓慢，一气呵成。

3. 易犯错误

抛球时手腕抖动或平拍出球。

第五式：手画双圆

1. 动作过程（图 7-5-5）

（1）持拍臂以肩为轴，由右向左在体前顺时针绕环一周；由右向左弧形摆动至左侧位。

（2）持拍臂以肩为轴，由右向左在体前顺时针绕环一周；同时，脚向左平移一步，并抛接球。

（3）持拍臂以肩为轴，由左向右在体前顺时针绕环一周，然后由右向左弧形摆动至右侧位。

（4）持拍臂以肩为轴，由左向右在体前顺时针绕环一周；同时，脚向右平移一步，并抛接球。

图 7-5-5 手画双圆

2. 动作要领

（1）拍子在头顶时并步；拍在向右向下时迈步。

（2）抛球高度略高于头部。

3. 易犯错误

（1）抛球时抖动手腕，接球时平拍接球。

（2）移动时，手脚配合错误。

第六式：旋转乾坤

1. 动作过程（图 7-5-6）

（1）左脚向左迈步成左弓步，左脚尖朝外，持拍手向下向左划弧，到左侧肩同高处，拍头朝前，持拍手与手臂形成 90° 夹角。

（2）右脚跟步，身体左转到后方，两脚内扣成内八字，左手在下，右手在头顶，两手成一条直线，与地面垂直，拍头朝前。

（3）左脚向左撤步成右弓步，持拍手回到起始位置，两手侧平举成一条直线，与地面平行，拍头朝前。

（4）重心向左移动，持拍手向下向左划弧成左弓步，到左侧肩同高处，拍头朝前，持拍手与手臂形成 90° 夹角，左手左侧平举，塌腕，指尖朝前。

（5）低抛球，拍子逆时针转 180°，接球。

（6）反向动作相同，路线相反。

图 7–5–6　旋转乾坤

2. 动作要领

（1）动作舒展大方，在转体过程中，两手保持一条线。

（2）衔接流畅，行云流水，没有停顿。

（3）圆形轨迹与地面垂直。

3. 易犯错误

（1）转体时两手没有形成一条线。

（2）脚步混乱，手脚配合错误。

第七式：水袖拂面

1. 动作过程（图 7–5–7）

（1）接上式，两脚开步，宽度与肩膀一致，持拍手在身体右侧髋关节旁，拍头朝右，左手塌腕，指尖与拍头朝向一致。

（2）身体向左转动 45°，以腰部带动持拍手，以肩关节为轴，两手臂同时向左上方移动至左太阳穴上方，左脚支撑，右脚以前脚掌为轴自然碾动。

（3）两手手臂继续向左后方 45° 移动，经左后移动至左髋旁边，拍头朝后。

（4）身体回正，手臂向右前方 45° 拉起，移动至右太阳穴上方，拍头朝前。

（5）身体微微右转，持拍手回到起始位置。

图 7–5–7 水袖拂面

2. 动作要领

（1）动作连贯流畅，没有停顿。

（2）太极柔力球拍子与持拍手臂形成约 90° 的夹角。

（3）以腰带手，以手领腰，即以腰带挥动手臂，以手臂引领全身，手眼身法步协调配合。

3. 易犯错误

（1）转体时两脚同时碾动。

（2）肘关节弯曲，持拍手与拍子的角度形成 180° 夹角。

第八式：奇兵出击

1. 动作过程（图 7–5–8）

（1）由右向左弧形摆动至左侧位。

（2）由左向右弧形摆动至右侧位，指尖逐渐调整向下（稍稍内扣成下抱圆），左臂自然摆至体前，左脚向前上步（脚尖内扣点地）；同时，以身体的纵轴为中心，左右两脚同时蹬转，使身体向右转约 90° 。

（3）借蹬转顺势将球沿所画圆的切线经身后抛至身体左前上方（稍高过头），持拍臂迅速回位，准备接球。

（4）持拍臂向右前上方主动迎球，将球迎引入拍，顺势下沉向左摆动至左侧位；同时，身体向左转 90°，左脚左撤成开立步。

图 7-5-8 奇兵出击

2. 动作要领

（1）抛接要以身体的纵轴为轴，下抱圆蹬转。

（2）下抱圆蹬转，拍尖向下（稍稍内扣），抛球时，应借蹬转协调用力。

（3）身后抛球应借蹬转顺势将球沿所画圆的切线抛出，不能拨挑。

3. 易犯错误

（1）抖腕抛球。

（2）平拍接球。

第九式：左右逢源

1. 动作过程（图 7-5-9）

（1）左手持球由左经头前上方抛至右前上方，重心移至右脚，持拍臂迎球将球迎引入拍；同时，左脚向左横跨一步成马步，重心由右脚沉移至左脚成弓步，持拍臂由身体右侧位经体前向左弧形摆动至左侧位，拍尖向前，拍面约与地面垂直，约与肩同高；左手经体前向下、向左划弧，停在与肩同高处，塌腕，指尖与拍头朝向相同。

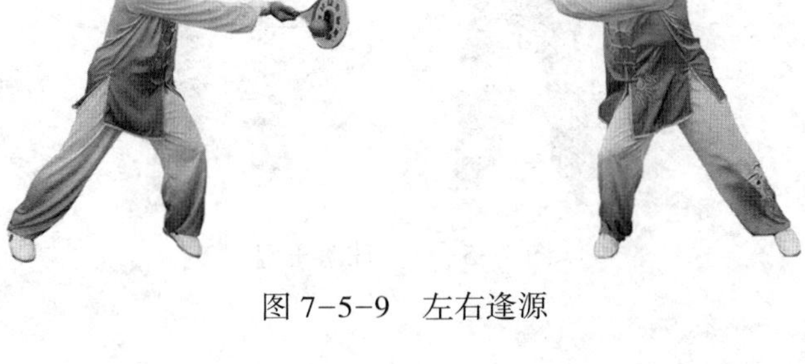

图 7-5-9 左右逢源

（2）重心由左脚沉移至右脚；同时，持拍臂由身体左侧位经体前向右弧形摆动至右侧位，拍尖向前，拍面约与地面垂直，稍高于肩；左手经体前向下、向右划弧，停在右肘关节处，与肩同高，塌腕，指尖朝天。

2. 动作要领

（1）以腰带领持拍臂，以肩为轴带动球拍左右弧形摆动，肘关节自然伸直。

（2）左右摆动时，身体中正，重心平稳过渡，不要高低起伏。

（3）整个动作要自然放松，全神贯注地完成动作。

3. 易犯错误

（1）肘关节弯曲过多。

（2）身体重心起伏明显

第十式：叶底藏花

1. 动作过程（图 7-5-10）

（1）接上式，持拍手以肩为轴，向左下方划弧，左手前平举，球经左手腋下，向上小抛球。

（2）从右至左抛球，接球后，持拍手以肩为轴，向右下方划弧到身体右侧。

2. 动作要领

（1）身体中正，重心平稳过渡，不要高低起伏。

（2）整个动作要自然放松，全神贯注地完成动作。

图 7-5-10 叶底藏花

3. 易犯错误

（1）抛球时高度太低。

（2）抛球时没有抛到左肩上方。

第十一式：珠落玉盘

1. 动作过程（图 7-5-11）

左手掌心朝上，接球。两手高度与肩平，右手立拍，拍头朝前，目随球走。

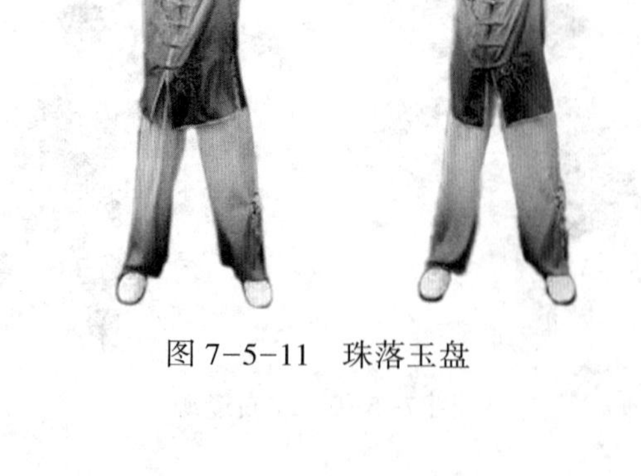

图 7-5-11 珠落玉盘

2. 动作要领
两手同时动作，右手向上、左手向下划弧。
3. 易犯错误
（1）左右手配合不好。
（2）平拍接球。
第十二式：收势
1. 动作过程（图 7–5–12）
左手接球后，向下翻腕。两手缓缓按下，同时缓缓站立。收左脚并步，目视前方。

图 7–5–12　收势

2. 动作要领
手下落，腿伸直，协调一致。
3. 易犯错误
动作僵硬，手脚不协调。

思考题

1. 简述武术是如何起源的及现代武术的价值。
2. 简述太极拳的传承具有哪些特点。
3. 简述五禽戏的主要动作内容由哪些动物名称构成。

第八章 挑战生命极限的户外运动

本章导言

本章介绍了户外运动中的常见项目：野外生存、定向越野、登山运动、攀岩。通过学习本章内容，使学生对常见的户外运动项目有基本的认知，对从事户外运动的基础装备有一定了解，并初步学会各种户外运动的技能技巧。同时，通过学习本章内容，让学生意识到运动与自然的精妙关系，体验从事户外运动所带来的挑战极限的感觉，提高个体自我生存能力，培养团队协作精神。

第一节 野外生存

一、野外生存概述

野外生存是指在远离居民点的山区、丛林、荒漠、高原和孤岛等野外环境中，在不完全依靠外部提供生存、生活的物质条件下，依靠个人或集体的努力保存生命和维护健康生活能力的训练。野外生存以其自身的挑战性、冒险性、趣味性和实用性等特点引起了人们广泛的兴趣，目前已被引入高校体育课程体系之中。

人类的发展历程就是一部野外生存发展史。人类祖先最初是生活在野外的，那时的人类没有衣服、工具和固定的食物，更没有房屋，他们生活在原始的自然环境里，茹毛饮血、营木为巢、钻木取火：食物选择野生的动植物，保暖采用草装或兽皮，宿营则是利用山洞、雪屋或草帐。事实上，人类就是在大自然的野外环境中逐渐发展起来的。

现代野外生存生活起源于第二次世界大战期间。当时，大西洋商务船队屡遭德国人袭击，许多年轻海员葬身海底。后来，人们从生还者身上发现，他们并不一定都是体能最好的人，但却都是求生意志最顽强的人。于是，针对这些情况，1941 年，德国教育家库尔特·汉恩在英国成立了第一所“阿伯德威海上学校”，并以 Outward bound 作为注册商标，其寓意为“一艘孤独的小船，离开平静的港湾，去迎接暴风雨的考验”。学校利用一些自然条件和人造设施，让海员专门做一些有关海上遇险的求生训练，以训练他们的心理素质和遇险生存技能，提高他们在身处险境时的生存能力。后来证明，经历过这种海上生存训练的海员遇险生还的概率比没经过训练的海员明显要高，这种训练也逐渐引起了军队的兴趣。此后，这种利用野外生存训练提高士兵毅力、协作能力的方法，成为培养普通人个体和团队素质的有效途径。随着经济社会的发展，也有不少人出于缓解工作或生活压力、亲近自然、爱好探验等原因，或个人、或家庭、或组队，模仿军队野外生存训练的方式，携带野外装备，到荒岛原始森林、高山、热带丛林等原始的、人迹罕至的野外环境进行野外生存生活体验。这种集旅游、休闲、运动、探险于一身的活动已成为现代人的一种时尚。

二、野外生存的锻炼价值

（一）提高野外生存技能

自然灾害考验人类的野外生存能力，火山、地震、泥石流、暴风雪、干旱、洪水等任何一种灾难都是考验人类野外生存能力的自然力量。在大自然面前，我们无法选择回避，只能学会应对。人类的潜能是可以被激发的，人类的适应能力也是巨大的。通过野外生存训练，参与者不仅可以掌握埋锅做饭、钓鱼捞虾、辨别可食用植物、搭帐篷露营、获取食物和水、辨别方向、阅读地图、使用 GPS 和指北针等基本野外生存技能，还可以学习如何应对有毒动植物、受伤、迷路等紧急情况。

（二）提高身心素质

通过参与野外生存训练，可以有效增强参与者的体质，培养冷静、果断、坚韧、勇于探索和克服困难的意志品质。

（三）增强社会适应能力

通过野外生存训练，学生可以从最初的互不了解、不和谐逐渐发展到在活动中和睦相处、相互信任、相互帮助，也会从活动之初的以自我为中心转变为为他人着想，主动帮助他人，懂得团队合作的重要性。

（四）培养审美情趣和环保意识

参与野外生存训练，可以使人远离大都市的喧嚣，洗涤和净化心灵，陶冶情操，树立“爱护环境，从我做起，携手保护人类共同家园”的环保意识。

三、野外生存装备

野外生存的装备包括背包、绳索、冲锋衣、登山鞋、手电筒及荧光棒、指北针、地图、求生哨、小型组合工具、求生刀具、手表、通信工具、帐篷、生火工具（镁条）、炊具、水壶（水袋）、望远镜、收音机、备用食品、急救包等。拥有以上装备，并不意味着就能在野外生存，还必须懂得正确使用这些装备，熟悉这些装备的性能和特点。以下将对野外生存的重要装备进行简要介绍。

（一）登山背包

登山背包由背负系统、装载系统和外挂系统三个部分组成。

1. 背负系统

背负系统的功能是保证承重及背负的舒适性，其结构包括五带功能（双肩背带、受力调整带、胸带、腰带、腰底调整带）、支撑装置、通风装置和调节装置。背负系统是背包科技含量的核心，性能良好的登山背包，其背负系统在设计上不仅考虑通风，而且便于重力传递、承重力强、舒适度高（图 8-1-1）。

2. 装载系统

装载系统的功能是装载物品，通常有主袋、顶包、侧包、附袋等构成背包主袋的形状设计通常为上大下小的锥形，这种设计的承载方式是科学的，正如南方山区用的背篓也是上大、下小、半截空形状。这正是人类背负重物的智慧结晶（图 8-1-2）。

3. 外挂系统

外挂系统的功能是增加携带物品的数量，缀挂不规则物品，具体可分为顶挂、侧挂、背挂、底挂等，通常采用点挂式或条挂式来进行固定。点挂式一般设一组或两组对应挂点，使用时采用四点捆绑固定；条挂式通常是在背包正面装两排外挂条，每条设若干个固定点，其固定物品更具有随意性，较少受形态影响。合理使用外挂系统，可使背包容量增大一倍（图 8-1-3）。

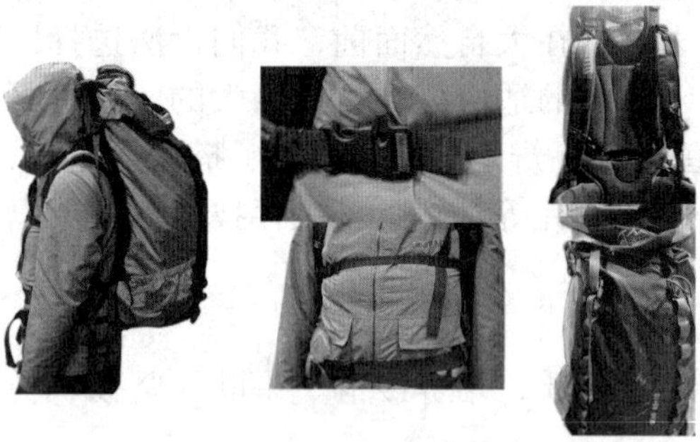

图 8-1-1 背负系统

图 8-1-2 装载系统

图 8-1-3 外挂系统

（二）绳索

绳索分为主绳与辅助绳两种，过去多用黄麻制作，现在已改用尼龙纤维作原料。主绳长 60~100 米，用于攀登陡险岩壁，一般有两种，其中一种直径约 10 毫米，每米重量要求在 0.08 千克左右，抗拉力要求不小于 1 800 千克；另一种直径为 8~9 毫米，每米重 0.06 千克，抗拉力不小于 1 600 千克。辅助绳长度根据各地区的活动要求而定，无统一规格，绳直径为 6~7 毫米，每米重量不超过 0.04 千克，抗拉力不小于 1 200 千克，原料与主绳相同，既可以用作自我保护，也可以在主绳上使用各种辅助绳结进行保护，或是搭绳桥渡河、用牵引绳桥运输物资等（图 8-1-4）。

图 8-1-4 绳索

（三）户外服装

高山的气温低于平地，每上升 1 000 米气温降低 6 ℃。需注意的是，在山上所测得的气温并不等于人体所感受到的温度（体感温度），有风时，流动的空气会不断把热量从体表移走，这种“风寒效应”会造成体感温度比实际气温低。

在进行野外生存活动时，应尽量保持衣着干燥，水的冷却能力较空气高 23 倍，若再加上风，常会造成失温而发生意外。按材质分，户外服装分为天然材质和合成材质两种。天然材质如棉、羊绒、羽绒等，合成材质如涤纶、抓绒、氨纶、锦纶 / 尼龙（牛津布）等，不同的材质有不同的作用特点，应用于不同的场景和气候条件。

野外生存采用三层式着装法，起到保暖、保护、舒适的作用。里层服装维持皮肤表层温度及舒适，须贴身才能充分发挥保暖的功用，且不会造成过度摩擦，选择时注意贴身应适切而勿过紧，可选择聚丙烯材质制品；中间层服装主要提供保暖功能，选择中间层服装时应注意调节性与方便性，可选择羊毛、羽毛类制品；外层服装具有隔绝冷、热空气及防风、防水的保护功能，应以方便活动、容易穿脱为原则。

（四）登山鞋

专业登山鞋是野外生存的必备品，具有防水、防滑、透气性等特点。专业登山鞋结构设计合理，适合山地复杂的环境（图 8-1-5）。

图 8-1-5 登山鞋

（五）急救包

野外生存过程中会遇到一些突发疾病或损伤，事先准备好急救包十分必要（图 8-1-6）。

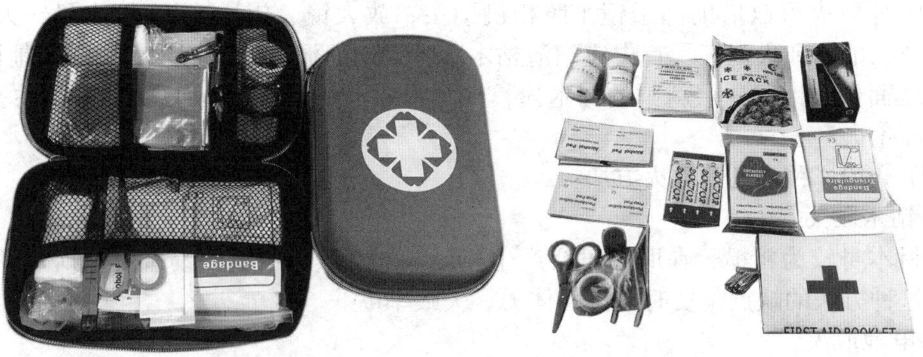

图 8-1-6 急救包

（六）登山杖

一副登山杖在步行或登山时可以提供稳定的 4 处接地点，能使全身肌肉放松，在两只脚不能平衡时可起到有效的支撑作用，可以减少关节和肌肉的痛苦，防止腰部负伤，同时可以提高步行速度，节约 22% 的腿部力量。

四、野外生存技能

在大自然面前，人类显得十分渺小，野外生存是人类挑战自然的一种尝试，在此过程中，生存技能十分必要，如定位方向、取火、取水等。以下对野外生存基本技能作简要介绍。

（一）定位方向

野外生存过程中定位方向十分重要，定位方向的方法众多，以下介绍几种常见方法。

1. 运用手表辨识法

将指针式手表的表面水平放置，采用 24 小时制，将当下所处时间的时数折半对准太阳，此时表盘上数字 12 指的是北方，一般在 9 时至 16 时可以较快辨别出方向。

2. 阳光识别法

早晨 6 时，太阳位于东方，影子指向西方；中午 12 时，太阳位于正南，影子指向北方；下午 6 时，太阳位于正西，影子指向东方。

3. 月亮辨识法

夜间可以用月亮判定方向，月亮的起落是有规律的，月亮“圆缺”的月相变化也是有规律的。在农历每月十五之前月亮由缺到圆，亮部在西边，而之后月亮由圆到缺，亮部在东边。上半个月为“上弦月”，月中称为“圆月”，下半月称为“下弦月”。每个月月亮都是按上述两个规律升落的。利用月亮辨识方向可采用口诀：上上上西西、下下下东东，即上弦月出现在农历月的上半月的上半夜，月面朝西，位于西半天空；下弦月出现在农历月的下半月的下半夜，月面朝东，位于东半天空。

利用自然界特征判定方位时，要特别注意对具体情况作具体分析，千万不要生搬硬套。在辨别方向时，务必注意多种方法综合运用，互相补充、验证。我国地域辽阔，各地区自然条件差异较大，在掌握共同规律的基础上，还要注意各地区的特殊规律，以便得出正确的判断。

（二）野外取火

在野外取火可以借助凸透镜（照相机镜头、放大镜、望远镜）、打火机、火柴、蜡烛、燃料、电池和火药等。首先应扫清枯木落叶、地面泥水或覆盖积雪，露出地面泥土，接着在地面依次铺好一层新鲜的圆木棒，在圆木棒上垫上薄泥土或干石头，打好底座后再在上面生火。

以下介绍4种常见的取火方法：

1. 钻木取火

木材本身较为粗糙，在摩擦时会产生热量，加之其本身就是易燃物，所以就会生出火来。这种方法的缺点是费时、消耗体力、失败率高。

2. 电池取火

若有电量较大的电池，可以将其正负两极接在削了木皮的铅笔芯两端，顷刻间铅笔芯就会烧得像电炉丝一样通红。有车辆的话，可取两根长导线连在电瓶正负两极接线柱上。如果没有电线，可以用两个扳手或其他金属工具代替。如导线不够长，可将电池从车中取出，将两根导线末端慢慢接触，短路时会产生火花，这时可以用一块沾了汽油的布作为火种。

3. 凸镜取火

放大镜、望远镜以及照相机里的凸镜，都可以代替凸透镜进行取火。另外，在手电筒反光罩的焦点上放火种，向着太阳也能取火。如果在有冰雪的环境下，将冰块加工成中间厚、周边薄的形状代替凸透镜也可以取火。

4. 镁棒取火

用刀削木屑做火绒，做火绒的木屑量要足够多，堆起木屑后，用刀刮擦镁棒，使镁屑洒落在木屑上。再用刀子快速刮擦镁棒产生火花引燃木屑与镁屑。镁棒取火的优点在于便于携带、点火可靠、受环境影响小。

（三）水的获取

获取水的工具有不小于2米 ×2米的塑料布（薄膜）、空饮料瓶、卫生纸、木炭、2米的细软管等。以下介绍5种常见的取水方法：

1. 蒸馏法

挖一个深1米、直径0.6米的碗状坑，坑底放置一个容器，容器内放一根吸管。用塑料薄膜覆盖住坑，再用沙石固定坑沿，在塑料薄膜中心放置石头，使薄膜呈弧形下陷至距地面40厘米。利用太阳照射使坑内潮湿土壤和空气的温度升高，蒸发产生水汽，水汽与塑料薄膜接触遇冷凝结成水珠，下滑至坑底容置内集水。

2. 过滤法

在条件允许的情况下，让水静置12小时以上等水里残留的杂质沉淀下来后，将上面干净的水倒入另一个容器里，再用手帕、衬衣或者咖啡滤纸过滤掉水中看得见的杂质，过滤并静置45分钟后饮用。

3. 冰雪化水

此方法需要热量，可以加热使冰雪化水后饮用，可以分批少量，饮前净化。

4. 寻找自然水源

通常在山谷的底部、干枯河床、岩石裂缝或有绿色植物分布的地方，会存在山泉、表层地下水等水源。

5. 寻找含水植物

自然界中有的植物含水十分丰富，如年代久远的竹子、藤本类植物、仙人掌类植物、棕榈类植物等，可利用这些植物补充水分。

五、野外常见危险及防范

（一）人为因素

在野外，脱离团队是非常危险的事情。当出现体能下降或必须离队的情况，需安排专人陪同。无论在什么情况下，必须保证两人以上同时行动，严禁单独行动。地图、指北针、水壶、粮食、灯具、救生盒等个人装备，必须是每人携带，不能出现多人共用的情况。团队成员每人必须明确知道每天的路程和到达目的地的时间，不能全部盲目地依靠别人的引导。一旦发生脱离队伍的情况，要冷静、不恐慌，尽快回到最近的团队必经路线上或继续前进，直到与队员会合。

在人迹罕至的野外，尤其是在灌木丛生的树林里、酷热难耐的沙漠里，都容易因看不清楚足迹而迷失方向。迷路时，绝对不可到处乱跑，此时应冷静下来，尽量回忆走过的路和有比较明显标志性的地形地貌，沿路返回至正确道路上来，同时沿途做好标记。在山谷中迷失方向，可以登上山脊或山顶寻找方向。在密林中迷失方向，除非熟悉地形，否则不要尝试强行穿越，可沿河流、小溪向下游，一般都能获得救助。在冰雪、沙漠地带迷失方向，可以使用“叠标线法”，即每走一段距离，在背后做一明显标记，不断回身检查标记是否在一条直线上。

如果偏离计划，在天黑前没有到达营地，应采取以下措施：

（1）在路线明显、位置明确，且距离目的地不远的情况下，可以继续前进。

（2）在黑夜中行动是危险的，应找到躲避之处。

（3）如果有帐篷，有合适的营地，就按照常规设营要求过夜。

（4）如果没有帐篷，无合适的营地，就尽量多穿衣物，注意保暖。

（二）自然因素

在山地上、下坡道，狭窄通道、密灌等地形中容易发生危险，同时野外的有毒爬行类动物、有毒昆虫、食肉动物、有毒植物、有毒菌类等也具有危险性；暴雨、洪水、雷击、山体崩塌、泥石流等自然灾害也会对野外生存产生威胁，因此在野外生存必须具备专业的避险知识。

（三）混合因素

（1）中暑。一般分为先兆、轻度、深度中暑三类。

（2）失温一般分为轻度失温、中度失温和重度失温。出现失温现象，应找干衣物御寒，饮用流质含糖食物，寻找热源放在腋窝、颈部和腹沟处。如有心跳和呼吸骤停者，应采用心肺复苏方法急救。

（3）脱水。通常会出现四肢无力、口渴、尿色变深等症状。

（4）烫伤。表现为表皮红、起水泡、剧烈疼痛。

（5）水疱。一般发生在脚部。

（6）割伤及擦伤。要及时进行止血、清洗伤口、包扎、注射破伤风。

遇到以上情况切记不能慌张，要采用专业的医疗应对知识进行处理，能够提高生存率，避免二次损伤风险。

第二节　定向运动

一、定向运动概述

定向运动是一项参赛者借助地图和指北针，在尽可能短的时间内到达若干个被分别标记在地图上和实地中检查点的运动。

按照运动模式，国际定向运动联合会将定向运动划分为徒步定向、滑雪定向、山地自行车定向和轮椅定向。其中，徒步定向也被称为定向越野。

（一）定向运动的起源

“定向”一词最早出现在1886年的瑞典，意思是在地图和指北针的帮助下，穿越未知的地带。地处北欧斯堪的纳维亚半岛的瑞典，国土崎岖不平，覆盖着一望无际的森林，散布着无数的湖泊、城镇和村庄，人们主要利用隐现在林中湖畔的小径来往于各地，所以人们必须具备精确辨别方向的能力，否则会有迷失方向的危险。这样，地图和指北针逐渐变成了人们的生活必需品，生活在半岛上的居民和军队也成为定向运动的先驱者。

最初的“定向”只是一项军事活动，军人们把在山地里辨别方向、选择道路和越野行进作为军事训练的内容。后来，在瑞典和挪威的军营中，士兵利用军用地图先后组织了最初的该类体育竞赛。

1897年10月31日，在挪威组织了第一次面向民众的定向比赛，当时参赛的人数仅有8人。其后，在挪威还举行了一些小规模的定向比赛。

定向运动从军营走向社会，始于20世纪初。瑞典的一位童子军领袖吉兰特于1918年组织了一次名为“寻宝游戏”的活动，给定向运动赋予了游戏的特性，这引起了人们的极大兴趣，从此该项活动在北欧广泛开展起来。1919年3月25日，一次影响深远的定向比赛在斯德哥尔摩南部城市纳卡（Nacka）的林中举行，参赛人数达到217人。这项比赛的组织模式与规格标志着定向运动作为一项独立的体育项目的诞生。时任瑞典斯德哥尔摩体育联合会主席的吉兰特也被人们视作“定向运动之父”。

（二）定向运动的发展

20世纪30年代，定向运动已在瑞典、挪威、芬兰和丹麦等国有了较好的发展。20世纪40年代，定向运动陆续传入了英国和美国。在随后的20年间，加拿大、澳大利亚、法国、德国、日本等国都相继开展了这项运动。从此，定向运动在西方国家得到了蓬勃的发展。

1961年5月，国际定向运动联合会（IOF）在丹麦首都哥本哈根成立。在这次成立会上，确定了定向运动正式的比赛项目，制定了一系列的比赛规则与技术规范。国际定向运动联合会的成立，标志着定向运动进入了崭新的发展时期。目前，国际定向运动联合会已拥有包括中国在内的70多个成员国和地区，是国际体育联合会总会之一，同时定向越野也是国际承认的奥林匹克体育项目。

目前，定向运动在我国也初具规模，并且呈现出强劲的发展势头。1992年7月，国际定向运动联合会批准中国以“中国定向运动委员会”的名义加入该组织，成为正式会员。1995年，“中国定向运动委员会”正式更名为“中国定向运动协会”，简称“中国定协”。此后，中国定向运动协会积极推动定向运动在我国的发展，每年在全国范围内组织“全国定向锦标赛”和“全国城市定向系列赛”。2003年，中国大学生体育协会定向运动分会的成立，对我国定向运动的发展，尤其是高校定向运动的发展起到了积极的推动作用。近年来，定向运动在高校陆续开展起来，各校纷纷建立了定向运动俱乐部并开设选项课，还举行了各种各样的定向比赛。

（三）定向运动的锻炼价值

定向运动是一项智力与体力相结合的运动。人们参加各种各样的定向运动，既可提高体适能水平，又可以增长知识和技能，改善心理素质，培养团队精神，特别是社会化水平、自立、自信和独立解决问题的能力。定向通常被看作是军人、野外勘测者、徒步旅行者、登山者、探险者所必须具备的重要生存能力。随着越来越多的人参与以回归自然为主题的户外运动，定向又成了一种必须掌握的生存技能。

二、定向运动装备

定向运动的基本装备有定向地图、指北针、点标旗和点签计时系统等（图8-2-1）。

定向地图 指北针 点标旗 点签计时系统

图8-2-1 定向运动的装备

一条完整的定向运动路线包括一个起点（用三角形表示）、一个终点（用双圆圈表示）和若干个检查点（用单圆圈表示），这些检查点用数字标明了顺序（图8-2-2）。

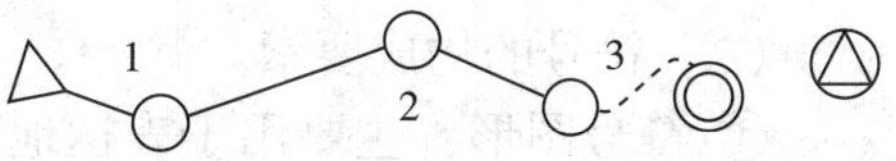

图8-2-2 定向运动路线

（一）定向地图

地图所表现的是地球上的物体和现象在平面上的缩写。定向地图是为了开展定向运动专门制作的，要把对读图和选择路线有影响的因素都表示出来，如地貌、地表状况、可奔跑性、水系、建筑群与独立房屋、道路网、其他线状地物以及对判定方向与确定点位有用的地物等。

1. 比例尺

比例尺是地图上某线段的长度与相应实地水平的距离之比。比例尺越大，图上量测的精度就越高；比例尺越小，图上量测的精度就越低。例如，比例尺为 1∶10 000 的地图是指地图上所标示的实地面积在地图上被缩小了 10 000 倍，也说明地图上 1 毫米的距离在实地的距离为 10 000 毫米（10 米）。在定向运动中，量算实地距离是比例尺的主要作用。

2. 定向地图上的地物符号

地面上的各种地物是用形状不同、大小不一、色彩有别的符号表示的。它们不仅具有确定客观事物的空间位置、分布特点以及数量、质量特征的基本功能，还具有相互联系和共同表达地理环境诸要素总体特征的特殊功能。

（1）符号的分类（按符号所代表的事物情况来分）。

① 面状符号：地面事物呈面状分布。当实际面积较大，按地图比例尺缩小后，仍能表示出其分布范围时，可用面状符号表示（图 8-2-3），如大的湖泊、大片森林、沼泽等。这种符号能表示事物的分布位置、形状和大小。一般又把这种符号称为依比例符号。

② 线状符号：地面上呈带状或线状延伸的事物，按地图比例尺缩小后，长度可依比例表示。宽度不能依比例表示时，在图上用线状符号表示（图 8-2-4），如道路、输电线、河流等。由于这种符号仅能表示事物的分布位置、长度和形状，但不能表示其宽度，所以一般又把这种符号称为半依比例符号。

③ 点状符号：客观事物在地面上所占的面积较小，在图上不能按比例尺表示其分布范围时，则用点状符号表示（图 8-2-5），如表示居民点的房屋、小塔形建筑、石块、小树等。由于它只能表示分布位置，不能表示事物的形状和大小，所以一般又称这种符号为不依比例符号。

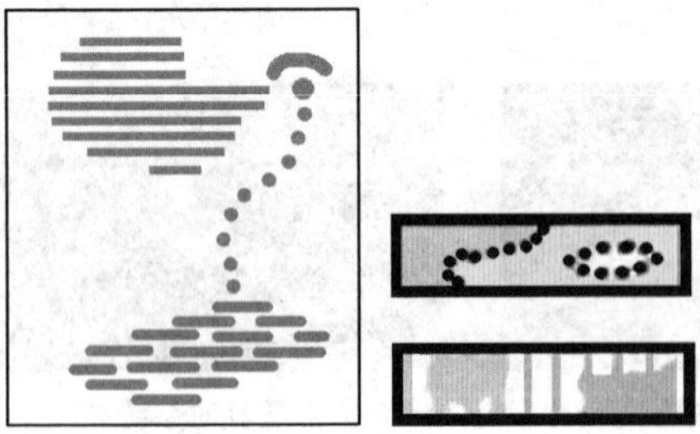
图 8-2-3　面状符号

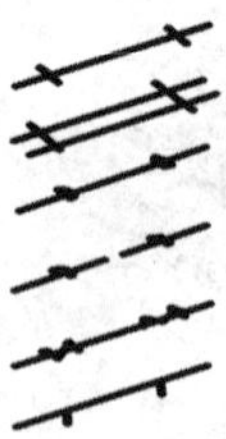
图 8-2-4　线状符号

图 8-2-5　点状符号

（2）符号的构成要素。

① 符号图形：主要用于表达地理事物性质上的差别。面状符号的图形与事物的实际形状相似；线状符号的图形为不同线形，如双线、单线、实线、虚线和点线等。个体符号的图形多为简单的几何图形或象形图形。

符号图形具有图案化和系统化的特点。所谓图案化，就是符号图形有些类似于事物本身的形状（图 8-2-6）。图案化的图形既形象又简单、规则，因而便于根据符号图形联想实际事物的形状。

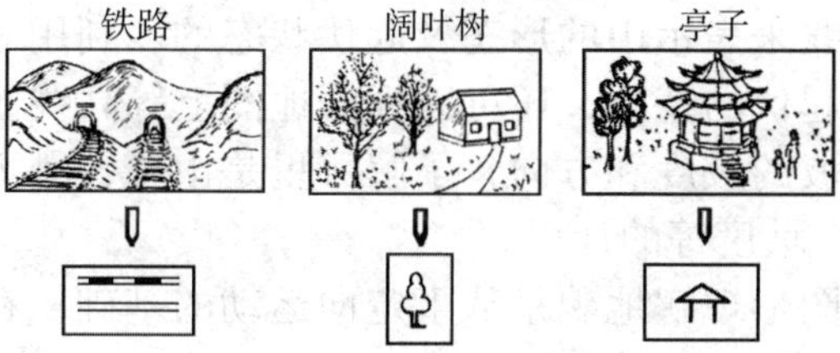

图 8-2-6　符号图形

符号图形系统化是指各种符号图形具有的内在联系，通过图形的变化，可以把事物的量和质等特征表现出来。符号图形系统化表现为同类事物符号图形相类似。例如，道路一般分为铁路、公路及其他道路，分别以黑白相间的双线、普通双线及单线、虚线、点线等表示其差异（图 8-2-7）。

系统	陆上交通线				
亚系统	铁　路		公　路		其他道路
按主次区分	常轨	双线	公路		大车路
	窄轨	单线	简易公路		乡村路
					小　路
					时令路

图 8-2-7　符号图形系统化

② 符号的大小：主要反映事物的重要程度及数量差异。一般来说，表示重要的、数量多的事物的符号大些；反之，则符号小些。

为了完整而详细地表示出地形，同时又能保证定向地图清晰易读，国际定联规定了定向图符号的最小尺寸，以及当它们相互靠近时的关系处理原则与最小间隔。符号的大小、线条的粗细、符号间最小距离的规定，都是以日光条件下的正常视力和当今的印刷技术水平为依据制定的。

③ 符号的颜色：主要表示事物的质量差异、数量差异和区分事物的重要程度。一般用不同颜色表示质量的差异，如用蓝色表示水系，用绿色表示植物；用同一（或相邻）颜色的深浅表示数量变化，如用深浅不同的绿色表示森林，颜色越深，则表示森林越密，越不易通过。

根据定向比赛的特殊需要，国际定联对定向地图上颜色的使用规定如下：

- 黑色——代表任何人造物体、小路、岩石、悬崖峭壁和大石头等。
- 棕色——表示等高线和主干道及坚硬的路面。
- 蓝色——表示任何有水的地方。
- 白色——表示容易通过的林区。
- 绿色——表示浓密、不易通过的森林，绿色越深，越难通过。

- 黄绿色——表示禁入的民宅、私家花园或草坪。
- 黄色——表示开阔地，如田野、牧场或空旷区。
- 紫色——表示比赛线路，包括起点、检查点、终点。

3. 定向地图上的地貌符号

定向地图是利用等高线来表示山的形态及起伏状态的。利用等高线，不仅可以了解地面上各处的高差、地势起伏的特征，还可以根据地图上等高线的密度和图像分析地貌特征，如山脉的走向、斜坡的坡度和方向，了解哪里是山脊，哪里是谷坑和凹地等，而且还可以进行高程、面积、坡度等的计算。

能熟练地应用等高线图形理解地貌是从事定向运动的基础。在地物稀少的地方及森林中，地貌是主要的甚至是唯一的行进参照物。

（1）等高线显示地貌的原理。

等高线是地面上高程相等的点所连成的闭合曲线。使用“平截法”，假设把一座山从底到顶，按相同的高度，用一层一层的水平面横截，则山的表面与水平面相交得到一组曲线，再将这些曲线垂直投影到地平面上，得到一圈一圈的曲线图形（图 8-2-8）。因为每条线上各点的高度恒等，所以把这些曲线叫作等高线。

（2）等高线显示地貌的特点。

① 地图上的每条等高线都是实地等高线的水平投影，它既描绘出地貌的水平轮廓，也表示出地貌的起伏。

② 等高线是闭合的曲线，同条等高线上的任何点的高度都相等。

③ 在同一地图上，等高线多，山高；等高线少，山低；等高线稀，坡缓；等高线密，坡陡。

④ 在同一地图上，等高线间隔大，坡缓；等高线间隔小，坡陡。

⑤ 地图上等高线的弯曲形状与相应的实地地貌相似。

（3）示坡线。

示坡线指顺着下坡方向绘制并与等高线垂直相交的小短线（图 8-2-9）。示坡线通常被绘在等高线特征最明显的弯曲处，如山顶、鞍部或凹地底部。示坡线可以帮助读图者了解山的起伏，即哪里是上坡，哪里是下坡。顺着示坡线的方向为下坡，逆着示坡线的方向为上坡。

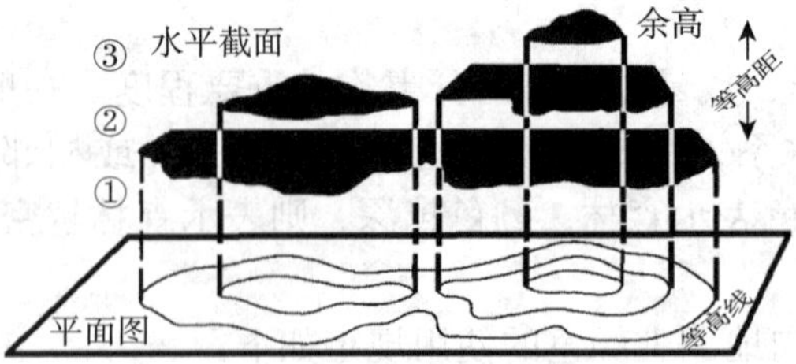

图 8-2-8 等高线显示地貌的原理

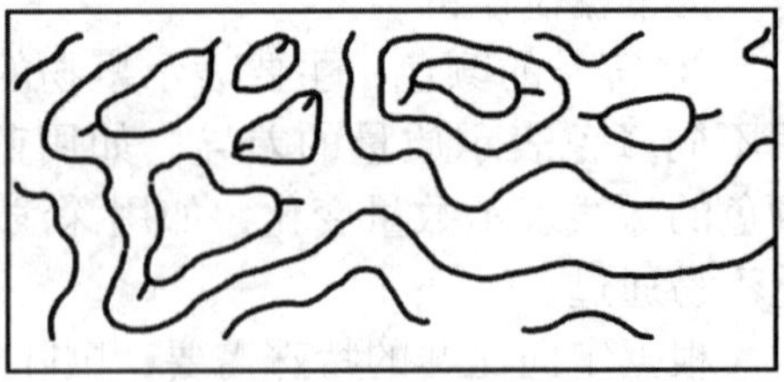
图 8-2-9 示坡线

（4）等高距。

等高距是各相邻等高线的高程差，常用“↑↓”表示，它的大小在很大程度上决定了地貌表示的详略（图 8-2-10）。同一地形，等高距越小，则等高线越密，地貌显示就越详尽；相反，等高距越大，则等高线越稀，地貌显示就越简略。国际定联规定，定向地图的标准比例尺为 1 : 15 000，等高距为 5 米。在大面积的平缓地形，其他地物不多的情况下，也可以采用 25 米的等高距。

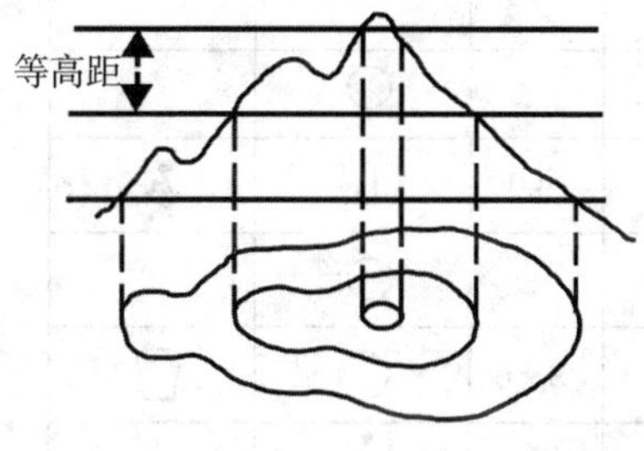

图 8-2-10　等高距

4. 定向地图的方位与磁方位角

定向地图的方位是上北下南、左西右东。图上绘有若干条相等距离的、平行的、北端带有箭头的红色线条，这就是磁北方向线（简称磁北线）。磁北线所指的方向即地图的北方。可以利用这条线确定地图的方位、标定地图、量测磁方位角、估算距离等。

磁方位角也是定向运动中的一个重要参数，这一参数对确定方位有很大的帮助。什么是磁方位角呢？在应用地图的过程中，往往需要从图上判断两点的相对位置。如果仅有两点之间的水平距离，而没有方位关系，显然无法确定两点的相对位置。而要确定两点之间的方位关系，则必须规定起始方向，然后求出两点间的连线与起始方向之间的夹角，以此确定两点的相对位置。这就需要用方位角来表示，它是指从起始方向北端算起，顺时针转至目标方向线间的水平角（图 8-2-11），角值变化范围为 0°～360°。起始方向为真子午线，其方位角称为真方位角；起始方向为磁子午线，则其方位角称为磁方位角。在定向地图中，都以磁北为起始方向，故所用的方位角均为磁方位角。

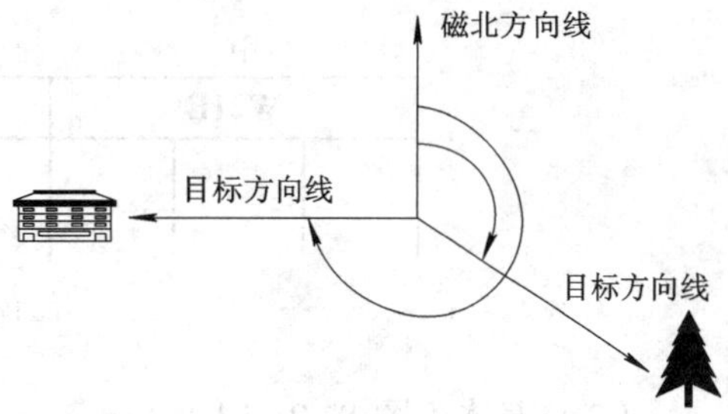

图 8-2-11　定向地图的方位与磁方位角

5. 在定向地图上的图例注记

在定向地图上的图例注记，除了上面介绍过的比例尺注记、等高距注记，还有图例说明、检查点说明以及图名和出版单位说明等。

图例说明可以帮助人们理解地图所表示的事物。它采用的是国际语言符号，所有符号在全球通用。根据国际定向联合会制定的《国际定向运动图制图规范》（ISOM 2000），定向地图上的语言符号分为地貌、岩石与石块、水系与淤泥地、植被、人工地物、技术符号、线路符号 7 个类别。

在定向地图的一侧，还可以看到一个以符号表的形式（有时也附有文字）出现的“检查点说明”（图 8-2-12）。它是根据国际定联颁发的一套“明确指示检查点特征物、检查点点标与该特征物之间的相对位置关系”的符号和文字说明系统，用以说明检查点点标在地貌、地物的具体位置。在比赛中，根据这一说明系统，结合地图，可以迅速地找到检查点。

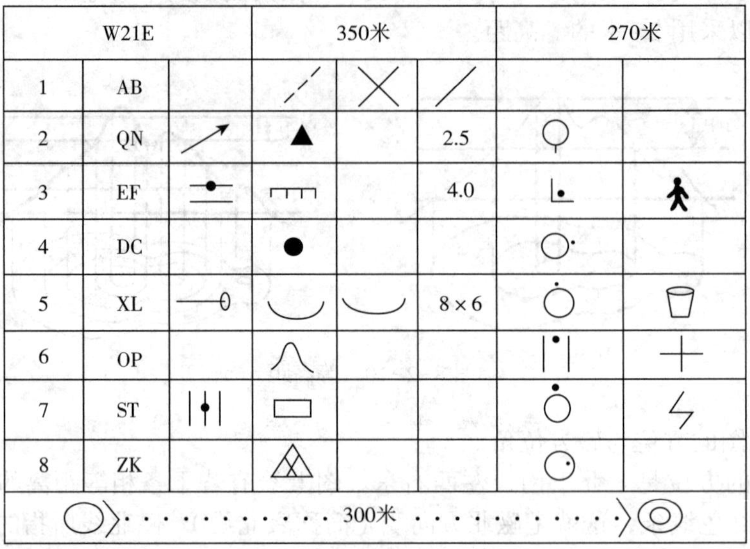

图 8-2-12 检查点说明

一条完整线路的检查点说明符号表由表头、表体和表尾三部分组成。

（1）表头（图 8-2-13）。

图中甲表示组别（分组），乙表示路线长度，丙表示总爬高量。

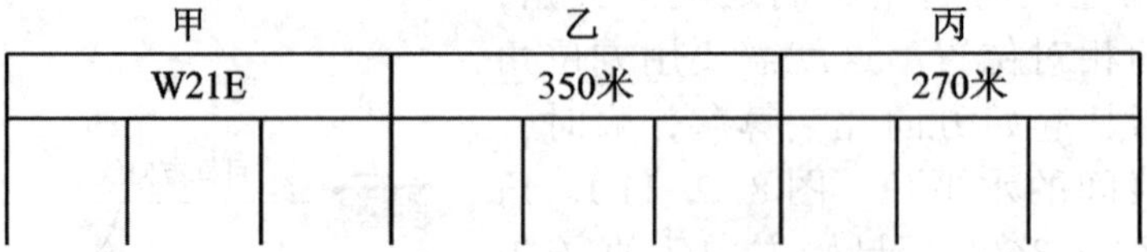

图 8-2-13 表头

（2）表体（图 8-2-14）。

A 栏：检查点序号（按比赛路线的顺序）。

B 栏：检查点点标代号。

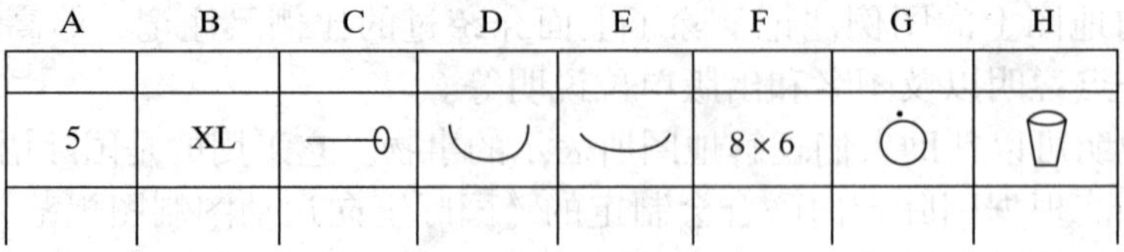

图 8-2-14 表体

C 栏：检查点所在地物（地貌）的方位（图 8-2-15）。

D 栏：检查点所在地物（地貌）的名称（图 8-2-16 至图 8-2-22）。

E 栏：检查点所在地物（地貌）的外观特征（图 8-2-23）。

F 栏：检查点所在地物（地貌）的大小（图 8-2-24）。

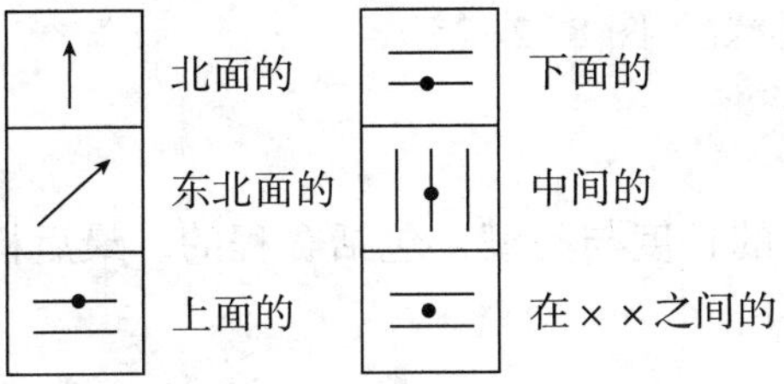

图 8-2-15　C 栏

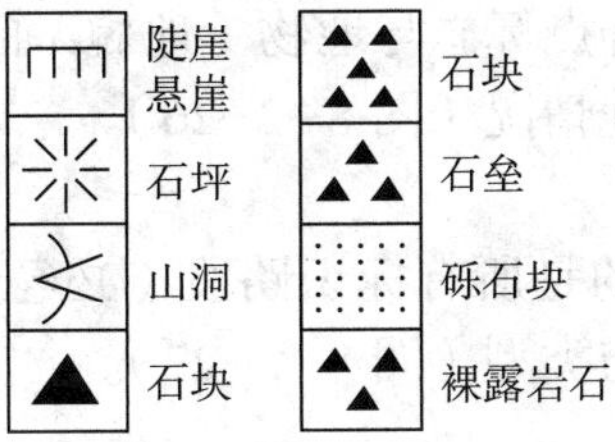

图 8-2-16　D 栏 1

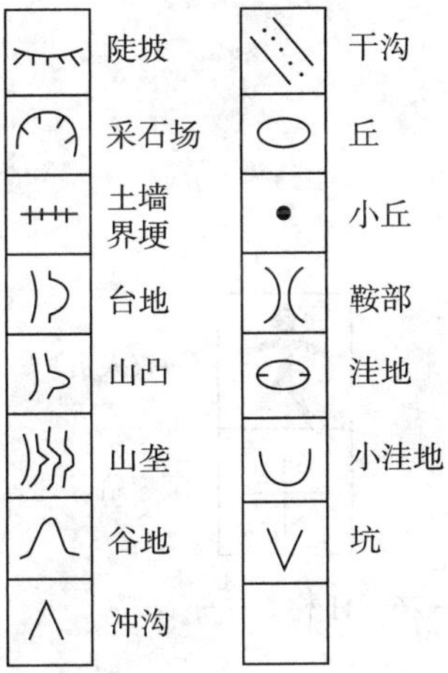

图 8-2-17　D 栏 2

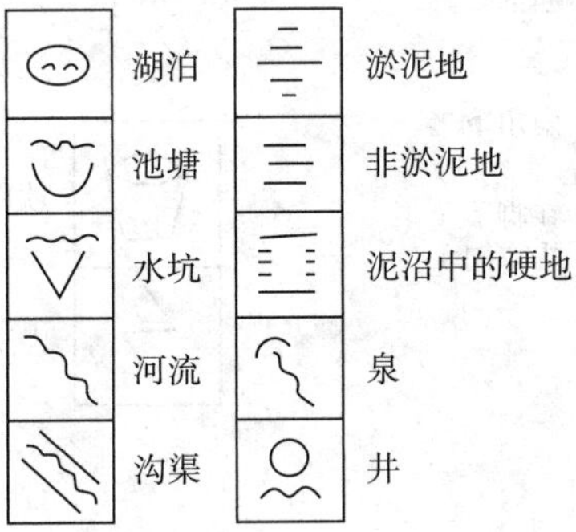

图 8-2-18　D 栏 3

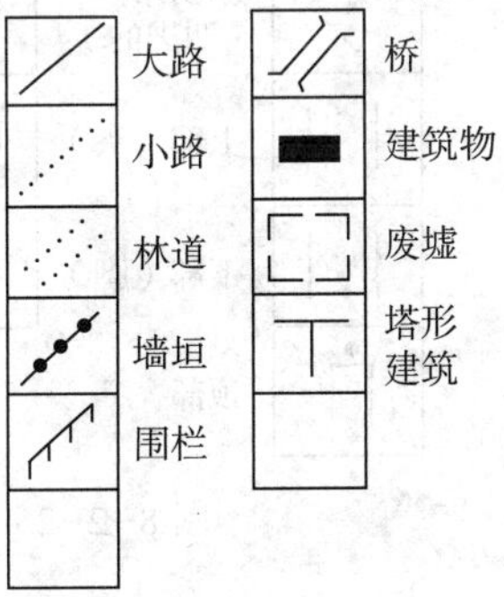

图 8-2-19　D 栏 4

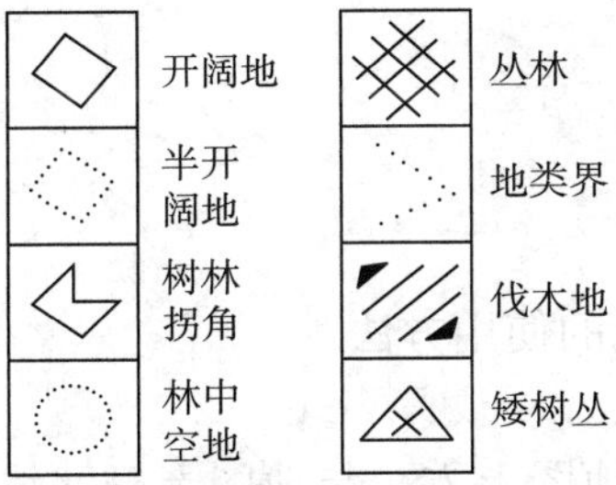

图 8-2-20　D 栏 5

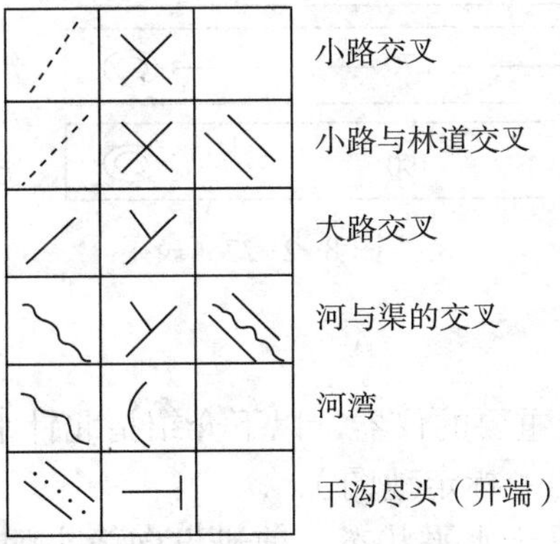

图 8-2-21　D 栏 6

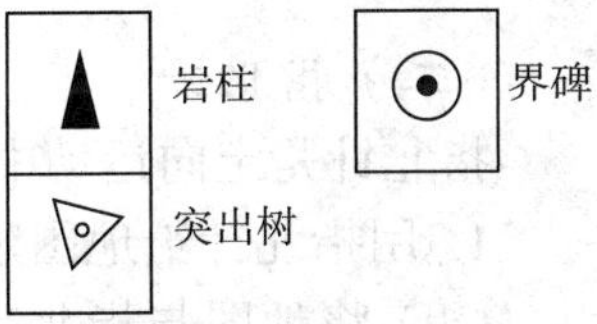

图 8-2-22　D 栏 7

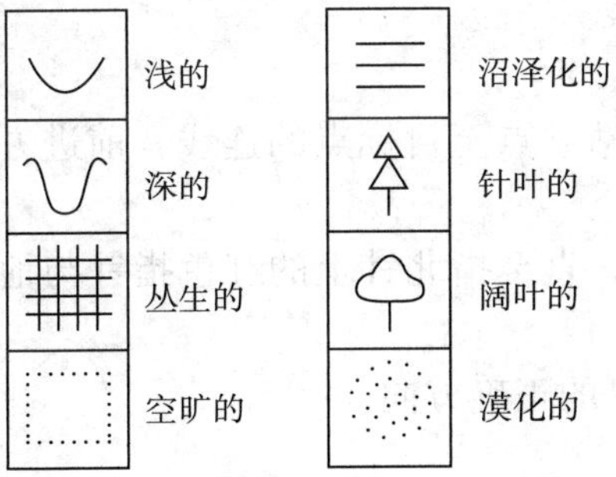

图 8-2-23　E 栏

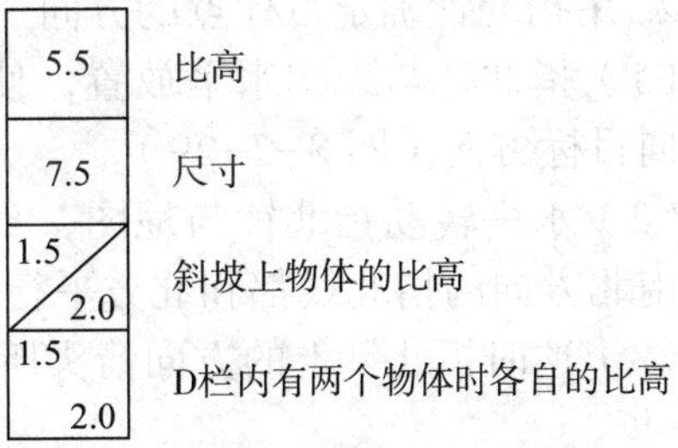

图 8-2-24　F 栏

G 栏：检查点标志与地物（地貌）的相对位置（图 8-2-25）。

H 栏：其他情况（图 8-2-26）。

（3）表尾。

表尾标出的是所有标识路段（必经路线）的长度与类型，包括赛程的、最后检查点至终点的长度与类型（图 8-2-27）。

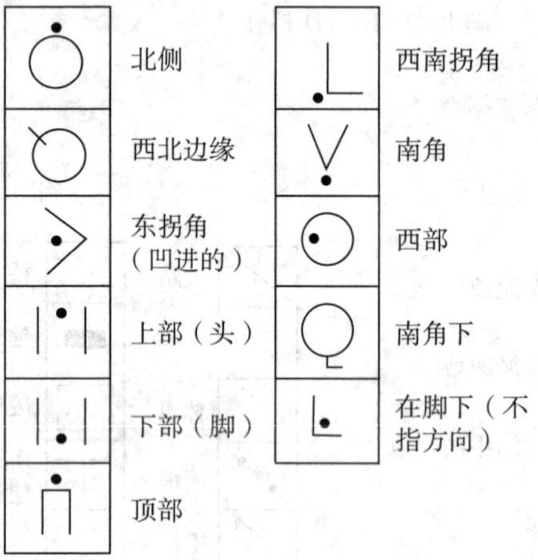

图 8-2-25 G 栏

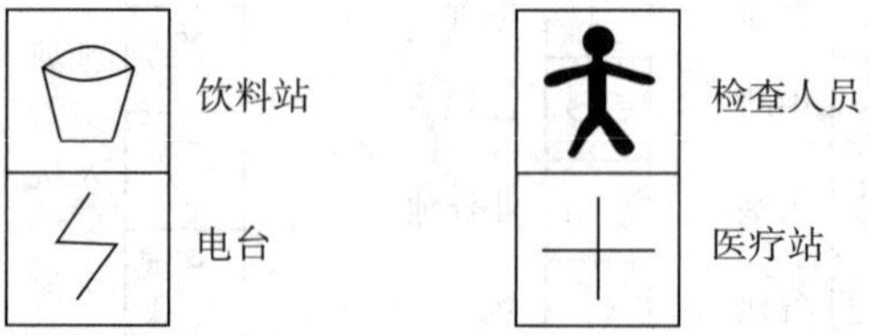

图 8-2-26 H 栏

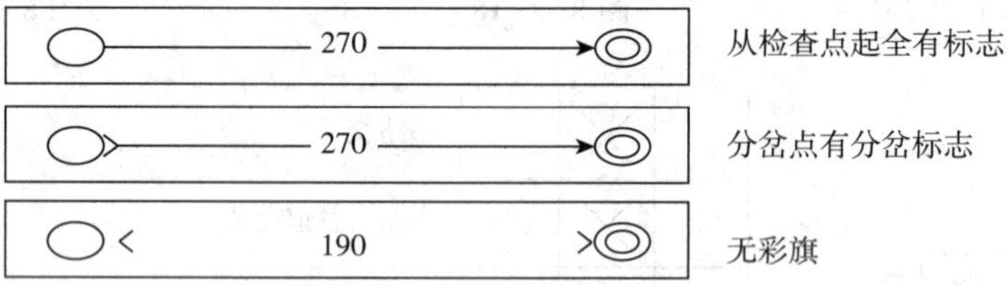

图 8-2-27 表尾

（二）指北针

指北针是定向运动中最重要的仪器，以下介绍指北针常见的使用方法。

1. 用指北针给地图定向（标定地图）

（1）将地图与指北针置于水平状态，前进方向箭头朝向地图上方，与地图上磁北线平行（图 8-2-28）。

（2）转动地图和指北针，使磁针北端对正磁北线。

2. 用指北针确定目标点的方向

（1）指北针与地图水平放置，使直尺边垂直于站立点至目标点的连线，前进方向箭头朝向目标方向（图 8-2-29）。

（2）水平转动指北针与地图，身体也随之转动，直至指北针上的红色指针与地图上表示南北方向的指北线都和北方平行。

（3）这时指北针上的方向箭头所指方向就是行进的正确方向。

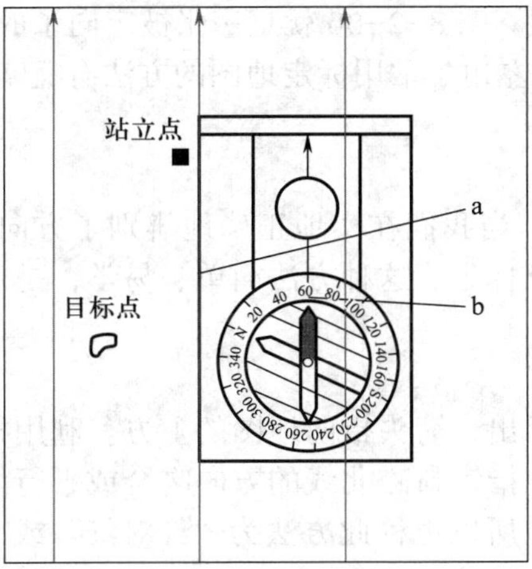

图 8-2-28　用指北针给地图定向

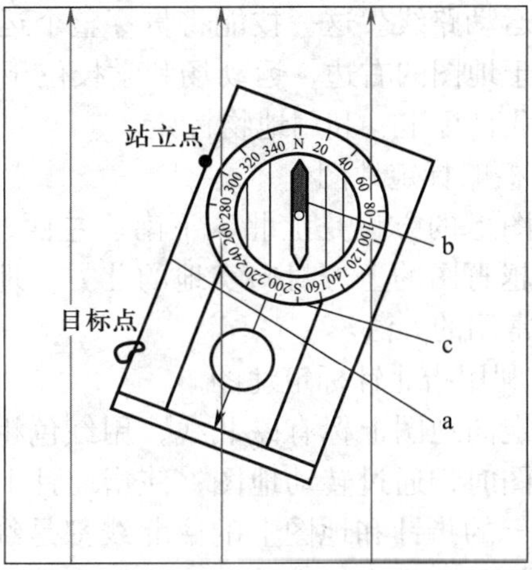

图 8-2-29　用指北针确定目标点的方向

3. 测定自己的位置

在比赛中，初学者容易忽略自己的位置。遇到这种情况时，应保持冷静，可利用地理环境及指北针找出自己在地图上的位置，再定出前往目标的路线。

三、定向运动技能

定向运动的实质就是用最短的时间到达规定的目标点。要想尽快地到达目标点，首先要学会辨明方向、判定方位，即了解自己实地所在的位置，并能够在地图上找到站立点位置，在此基础上确定目标点的方向和位置，迅速找到目标点。

（一）实地判定方位

实地判定方位是指在实地辨明方向。了解实地的方位是使用地图的前提。在野外，可帮助我们辨明方向的工具很多，白天可利用太阳和手表来辨明方向，晚上可利用星体来辨明方向，还可以利用地物特征、建筑物、风向等来判定方位。

1. 利用指北针判定方位

将指北针放平，待磁针完全静止后，磁针的红色一端（即 N 端）代表北面，蓝色一端（即 S 端）代表南面。如果测定方位的人面向北，则他的左为西、右为东、背后为南。

如果想测某一点的方位，可将罗盘上的零刻度对准目标，待罗盘水平静止后，N 端所指的刻度便是测量点至目标的方位。如磁针 N 端指向 36°，则表示目标在测量位置的北偏东 36°。

2. 利用地物判定方位

在有地物和植物生长的野外，可以根据日常生活习惯和自然客观规律判定方位。如在北半球，我们居住的房屋或用于朝拜的庙宇大门通常都朝南开设；树木一般朝南的一侧枝叶茂盛，色泽鲜艳，树皮光泽；长在石头上的青苔喜阴湿，以北面为多旺；积雪多半是朝南的一面先融化。

（二）标定地图

给地图定向就是标定地图，使地图的方位与实地的方位一致。通过标定地图，可以将地图上的地物地貌符号与实地的地物地貌一一对应，这不仅可以迅速查看地图，了解实地地物的分布和地貌的起伏以及它们之间的关系，还可以根据地图上的路线选择具体的实地运动路线。这一技能将贯穿整个运动过程。图 8-2-30 就是一张被定向了的地图，湖泊位于地图的右边，运动场和学校位于地图的左边。常用标定地图的方法有概略标定、利用指北针标定、利用地物标定。

1. 概略标定地图

地图上的方位是上北、下南、左西、右东。当我们在实地正确地辨别了方向之后，只要将越野图的上方对向实地的北方，地图即已标定。这种方法简单、易学，是定向比赛中最常用的方法。

2. 利用指北针标定地图

在定向地图上标有磁北线，用红色粗线条标出，箭头指向地图的上方。利用指北针标定地图时，通过转动地图，使指北针上的红色指针与磁北线的方向吻合或平行。由于指北针上的指针和地图上的磁北线都是红色的，所以也称此方法为“红对红”或“北对北”（图 8-2-31）。

图 8-2-30 标定地图

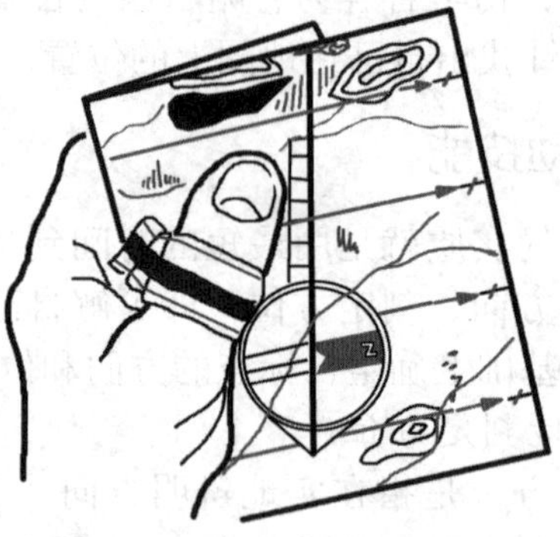

图 8-2-31 利用指北针标定地图

3. 利用地物标定地图

（1）利用直长地物标定地图。直长地物是指较长的线状地物，如铁路、公路、土垣、沟渠、高压线等。

方法：首先在图上找到这段直长地物；然后转动地图，使图上的直长地物与实地的直长地物方向一致；再对照两侧地形，使图与实地各地形点的关系位置相符。如图 8-2-32 所示，利用路边的沟渠来标定地图时，平移且转动地图，使图上的沟渠与实地的沟渠大致重合。

（2）利用明显的地形点标定地图。

方法：首先选择一个图上与实地都有的明显的地物，如小桥、亭子、独立的建筑等，然后转动地图，使图上的站立点至目标的连线与实地的站立点至目标的连线相重合（图 8-2-33）。

（三）确定站立点在地图上的位置

确定站立点在地图上的位置是从事定向运动的一项基本技能。其主要方法是：通过标定地图，将地图与实地的地物地貌逐一对照，来确定自己的方位。

图 8-2-32 利用直长地物标定地图

图 8-2-33 利用明显的地形点标定地图

1. 直接确定

当自己所处位置在明显地形点上时，只要从地图上找出该地形点，站立点即可确定。这是最常用的确定方位的方法。图 8-2-34 表示定向者可利用道路交会点来确定自己所在的位置。

2. 利用位置关系来确定

当站立点位于明显地形点附近时，可以利用相对位置关系来确定。利用位置关系法确定站立点主要依据两个要素：一是站立点至明显点的方向，二是站立点至明显点的距离。在地形起伏明显的地方，还可以结合高差情况予以判定。如图 8-2-35 所示，定向者站立于小河北岸、村舍正右方，左距北上偏定向运动公路 150 米远处。依照这样的方位关系，可在地形图上定出站立点的位置。

图 8-2-34 直接确定站立点在地图上的位置

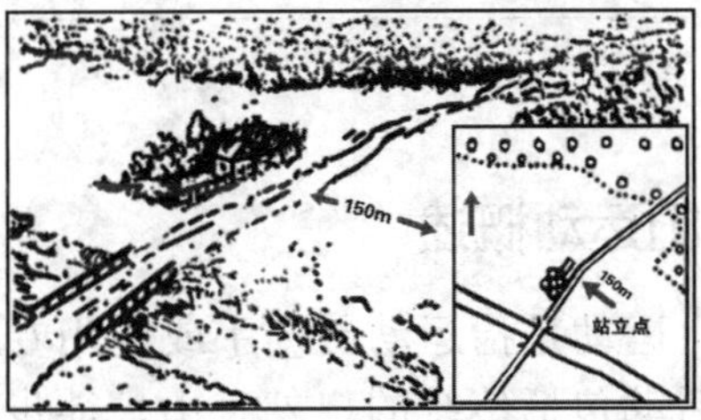

图 8-2-35 利用位置关系确定站立点在地图上的位置

3. 利用“交会法”确定

当站立点附近无明显地形点时，可以利用“交会法”确定站立点位置。按不同情况，它又可以具体分为 90° 法、连线法、后方交会法、截线法和磁方位角交会法。这些方法的优点是不需要判断或测量距离也能确定出较为准确的站立点位置。这对于初学者学习、巩固使用定向图是很有意义的。下面介绍几种常用的方法：

（1）90° 法。当待测点位于线状地形（包括道路、沟渠、山背线、谷底线、坡度变换线等）上时，如果在与运动方向相垂直的方向上能够找出一个明显地形点，那么线状地形符号与垂直方向线的交点即为站立点（图 8-2-36）。

（2）连线法。当待测点位于线状地形上，同时待测的位置恰好是在某两个明显地形点的连线上，可以利用这种方法确定站立点（图 8-2-37）。

（3）后方交会法。在待测点上无线状地物可利用，地图与实地相应地都有两个以上的明显地形点，而且地形较开阔、视线良好的情况下，可以采用这种方法确定站立点（图 8-2-38）。标定地图后，在地图上取一个山顶为标志，与实地相应山顶在地图上作一直线。地图上的树丛与实地相应的树丛在地图上作一连线。两条直线的交会点就是站立点。

图 8-2-36 90° 法

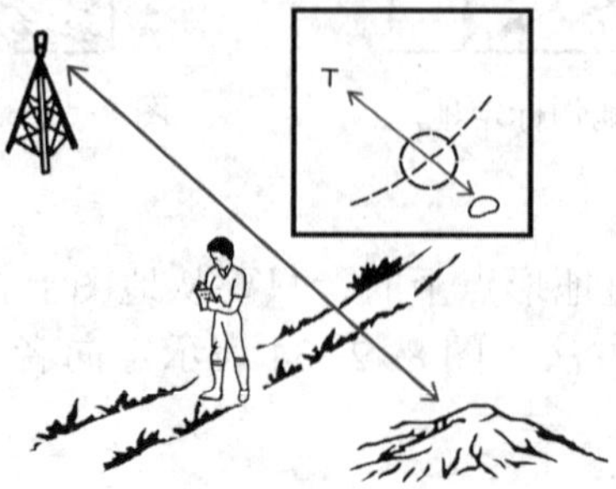

图 8-2-37 连线法

图 8-2-38 后方交会法

第三节 登山运动

一、登山运动概述

登山运动是指运动员徒手或使用专门装备攀登各种不同地形的山峰或山岭。与登山相关的活动包括传统的户外登山、徒步旅行、滑雪和穿越。室内攀岩、运动攀岩和抱石通常也被认为是登山运动，在本章的第四节将进行介绍。

真正意义上的现代登山运动是从征服勃朗峰开始的。1786 年，法国医生巴卡罗与石匠巴尔玛结伴第一次登上了阿尔卑斯山的最高峰——勃朗峰（海拔 4 807 米）。次年，青年科学家德 · 索修尔率领 19 人的登山队再度登上勃朗峰，世界登山运动从此诞生。之后，许多国家的登山爱好者向喜马拉雅高山发起了冲击，喜马拉雅高山相继被中、美、英、意、日等多个国家的登山运动员所征服。

中国登山运动始于 20 世纪 50 年代。1955 年，我国出现了第一批登山运动员，1956 年建立了第一支登山队。我国登山队于 1960 年和 1975 年先后两次成功登上珠穆朗玛峰，并于 1975 年将一个特制金属测绘觇标竖立在珠峰顶上，准确测出珠穆朗玛峰的高度为 8 848.13 米，这是国际登山史上首次确切测量出世界最高峰的高度。1964 年，中国登山队登上了当时最后一座还未被征服的 8 000 米以上的高峰——希夏邦马峰，并进行了科学考察活动。登山是一项勇敢者的探险活动，集中展现出一个民族、一个国家积极向上的精神风貌，体现出人类不畏艰险的进取精神。

二、登山运动装备

登山运动的装备包括被服装备、技术装备和露营装备。

（一）被服装备

（1）岩石衣裤。岩石衣裤是在竞技登山活动中穿着的衣裤，通常要紧身合体，袖口、裤脚采用松紧式较好，选料应用结实耐磨又富于弹性的毛制品。

（2）岩石鞋。岩石鞋是用于岩石作业的一种特用鞋，鞋帮最好用结实、透气的皮革类原料，鞋底用较硬的橡胶类原料。鞋底较厚并压有突起的齿纹，以利于行动中摩擦固定，防止滑脱。

（3）御寒服装。主要作用是保温御寒，保温层最好用优质鸭绒，面料要轻、薄、密实、防水、防风。衣面通常为深色、鲜艳一些的颜色，以利于吸热和观察识别。除衣裤外，根据需要也可准备羽绒帽、袜、手套和帐篷内用鞋。

（4）风雪衣。通常由防水的优质尼龙原料制成，上衣连帽，帽口、袖口、裤脚能调整松紧，其用途是防风、保暖和保护内层。

（5）高山靴。高山靴是攀登冰雪地形的特用鞋，用料要保暖、防水、质轻、透气，还可另配绑腿和鞋罩，进一步起到保暖防水和保护的作用。在冰坡上行动时，要在靴下绑冰爪。

（6）行囊。主要包括背包、背架和行李袋。

（7）防护眼镜。主要作用是遮挡强烈阳光和冰雪反射光，防止紫外线对眼睛造成伤害，一般是茶色镜片较好。在 7 000 米以上高山，应配备专防紫、红外线的防风雪眼镜。

（二）技术装备

（1）冰镐。冰镐是通过冰雪坡时不可缺少的用具，既可整修道路、辅助行进，又可用于保护。

（2）冰爪。冰爪是在冰雪地形，特别是在冰坡上行进时必需的装备，用轻质硬金属制成，因装于高山靴的底部，又类似猫爪而得名，主要作用在于行进中的固定和防滑。

（3）安全带。安全带由圈套、带子和卡子组成，系在胸部，构成各种保护技术中的联结装置。

（4）主绳。主绳长 35 米左右，直径 12 毫米左右，承受力在 1 500 千克以上。主绳分别配有不同颜色，以便于使用时识别，用于渡河架“桥”和结组等各种保护技术。

（5）辅助绳。辅助绳直径小于主绳，承受力约 800 千克。辅助绳与主绳配合，用于渡河架“桥”和各种保护、救护技术。

（6）雪崩飘带。雪崩飘带是遭遇雪崩时探寻被掩埋者的一种标记，通常用色彩鲜艳、比重小、易于飘动的丝绸制成。每根规格约为 5 米 ×0.01 米，在通过雪崩区之前，运动员将此物系于身上。

（7）铁锁。在技术操作中，一些装备之间需要交替不断地进行联结和解脱，为避免烦琐的结绳、解绳操作，使动作简单迅速，铁锁的辅助必不可少，有时也可用作滑轮的替代品。

（8）钢锥。钢锥一般包括岩石锥和冰雪锥两类。在克服难度较大的岩石、冰雪地形时，可以将不同长度和类型的钢锥打入岩石缝或冰层里，作为行进和保护的支点。

（9）铁锤。一般用于打入和起出钢锥。

（10）雪铲。雪铲一般用于平整营地、构筑雪洞等铲挖作业中。

在使用上述一些技术装备的基础上，可根据每次任务的具体路段情况，改进、制备一些相应的增效技术装备，如上升器、下降器、走雪橇、金属梯、软梯、小挂梯、滑车等。

（三）露营装备

（1）帐篷。帐篷是登山运动员在山上的居室，可分为低山帐篷和高山帐篷两种。低山帐篷一般用单层料即可，高山帐篷则要用双层料，使之有空气层，以增强保暖性能。一般帐篷内约4立方米空间，可居住2~4人。如队伍规模较大，可将帐篷分别制成更加实用的住宿帐篷、炊事帐篷、医务帐篷等。各种帐篷的顶部形状以弧形为佳，以增强结构力和实用性。此外，帐篷要防水、绝缘、透气、色彩鲜艳，出入口开闭方便。

（2）睡袋。睡袋的用料与羽绒服装相同，只是保温层应更厚些。为了防水防潮，要垫有毛毡（气褥或泡沫塑料垫也可）。

（3）灶具。灶具可用于烧水做饭，也可取暖。灶具一般有汽油炉和煤气炉两种，在7 000米以上空气稀薄的高山上，后者效果较好。

（4）睡垫。睡垫一般铺垫在睡袋下使用，以提供较平整舒适的睡眠条件，更重要的是可阻隔地面的潮气，保持睡袋的温度。

（5）炊具。作为户外煮食的容器，一套炊具可供2~4人使用，大小互相套合成一件便于收纳。炊具材质通常是铝合金，也有的材质是导热快且均匀的钛合金，但是价格高昂。

（6）睡袋套。作为睡袋的外套，在潮湿雨雪环境下可以确保睡袋的干燥，同时也可以增加睡袋的保暖温度。材质以戈尔特斯面料（Gore-tex）为佳，防水透气可以保持睡袋套内外干燥。

三、登山运动技能

（一）姿态

头、腰、脚要保持在同一条重力线上，并在移动时把这条线当作身体的轴心。将一只脚膝盖抬起、另一只脚着地取得平衡，此时肩膀不要用力，在步行的重心从后脚转为前脚时，要将头部与腰部重心向前移，注意前脚膝盖不要往前突出，再向前踏出后脚，完成重心的转移。头、腰、脚重心不断移动交替行走的方法就是正确的步行姿态。

（二）步伐

不管山路的上行或下行，最基本的要求是步伐要小。这样的徒步方法，除了便于保持平衡，也可减轻疲乏，可以通过摆臂来平衡身体、调整步伐、把握节奏。登山初学者常犯的错误就是拖着脚走或用逛街的步伐登山，为了避免这种错误，在登山时要抬起脚，小步伐，一步步踩稳慢慢往前走。

（三）脚法

为了避免登山过程中出现腿部抽筋的现象，应保持全脚掌触地，踏稳脚步再移动重心，尽量保持匀速，并选择有稳定踏点的地方行走。

（四）上下坡

遇到较斜的上坡道时，要采用外八字的方式行走，即脚尖向外打开行走。若直接将脚竖直踩在斜坡上，由于脚尖位置高于脚跟，所以脚踝急激弯曲而无法保持协调稳定；若采用外八字的方法上坡，脚尖与脚跟几乎成同一个高度，脚踝就会变得轻松且自然。

在山地下行时，不能将身体重心注于前脚，这样会造成前脚负担很大，也容易造成膝盖的伤害。下坡时，要将脚踝及膝盖充分弯曲，发挥膝盖的缓冲作用使脚着地，重心在后脚。

（五）高台地

徒步线路上，时而可见同膝盖高或比膝盖略高的台阶地，或是很大的高度落差坡度等，在这种落差很高的台阶地形下行时，严禁突然往下弹跳，这样不仅会滑倒、扭伤脚踝、还会有挫伤或骨折的危险。正确的下行步法是利用边上树根类的植物保持平衡，稳住身体重心再把脚向下挪动，或者坐在地上慢慢滑下去着地。

（六）行进与休息

在行进前要做预备运动，让肺部预先有效吸收氧气，增加肌肉血液循环，使心脏有一个运动的适应过程，这样可以把身体调整为适合登山徒步的运动状态，还可以预防很多突发状况及避免受伤。刚开始起步时，速度略微放慢点，让身体有一个适应过程，通常刚开始的30分钟内，都要给队伍一个休息调整时间，队员可以利用这个时间调整鞋带、背包、衣物等。

登山徒步的休息方法包括小休息与大休息，其目的都是防止疲乏，让身体获得充分休息，恢复精神更利于行走。通常登山徒步大多采用步行40~50分钟、休息10~15分钟的方式，建议初学者采用步行20~25分钟、休息3~5分钟的小休息模式，最好的休息方法是“会累之前要休息”。为了把握自己的行走节奏与休息步调，可详细记录下自己的步行时间，把握个人的行走节奏。通常登山徒步过程中的小休息，以3~5分钟为宜，站着休息调整节奏与呼吸，可以利用这个时间补充下行动粮及水分，还可以等待其他的队员。长时间的休息，可以卸下背包，站立调整呼吸恢复正常后再坐下休息。休息时要尽量放松身体，可以找一个树木残枝或岩石，以最轻松舒适的姿态坐在上面休息。

四、登山常见危险及防范

登山运动存在一定的危险，但如果在登山之前做好安全防范工作，许多危险是可以避免的。例如经验少的人可与经验丰富的人同行；登山之前要对当地的地理环境进行详细的调查；随身携带物品要充足，对可能产生的状况要有所准备等。

登山运动中常见的危险有雪崩、冰崩、滚石、暗冰裂缝、泥石流、暴风雪、雷电等。一旦发生危险，不能慌乱，要做好事后的急救工作。

第四节 攀岩

一、攀岩运动概述

攀岩运动是从登山运动中派生出来的竞技运动项目。攀岩是指人类利用原始的攀爬本能，借助各种装备作为安全保护，攀登峭壁、裂缝、海蚀岩、大圆石以及人工岩壁等。攀岩运动按照地点可分为攀登自然岩壁与人工岩壁。

攀岩技术的兴起最早可追溯到18世纪的欧洲，当时的登山者为了克服类似阿尔卑斯山等终年积雪的冰岩地形，发展出一套较为完善的攀登技术，只是当时无论在技术或者器材上都还相当简陋。直到第二次世界大战前后，由于战争的需求，攀岩运动才逐渐有了今日的雏形。此后许多国家相继开展了这项运动，攀岩比赛的组织和规程也日趋完善。1974年，攀岩被正式列为国际体育比赛项目。

攀岩运动是一项深受人们欢迎的运动项目，集健身、娱乐和竞技于一体。攀岩者要具备全面的身体素质以及勇敢顽强、坚忍不拔的精神，能够在各种不同高度及角度的岩壁上轻松舒展、准确地完成腾挪、转身、跳跃、引体等惊险动作。攀岩运动是一项极具美感和观赏性的运动，素有“岩壁上的芭蕾”之称。

二、攀岩运动装备

攀岩装备有两种用途，一是用来保证此项运动的安全，二是为了让攀登者的表现更出色。主要包括主绳、安全带、铁锁、保护器、扁带、快挂、岩石塞、岩钉、膨胀钉、挂片、冲击钻、抱石垫、头盔、攀岩鞋、镁粉袋等。下面对攀岩运动装备作简要介绍。

（一）主绳

主绳是贯穿攀登者、保护点和保护器的结合线，是攀岩保护中不可或缺的生命线。主绳内部是缠绕在一起的多股尼龙绳，外部则包有绳皮，起到固定和防磨的作用。主绳可分为动力绳和静力绳，两者弹性不同。动力绳的弹性系数为6%~8%，100米的动力绳在受力80千克时可延伸6~8米，这样攀登者在脱落时会有一个缓冲，从而减少冲力。动力绳是各种攀岩活动的主要用具。静力绳的延展性很小，弹性约为2%，一般用于下降和探洞。只有通过国际登山联合会（UIAA）或欧洲共同体（CE）检测并带有其认证标志的主绳才可使用，千万不要使用来历不明的主绳。

使用主绳时的注意事项：绝对避免在锐利的岩角上横向切割；不可踩踏或在地上拖拽，以防岩屑、细沙进入纤维造成内部磨损；避免接触油类、酒精、汽油、油漆和酸碱性化学药品；每次使用前后进行检查，定期淘汰；不用时存放于阴凉、干燥处。

（二）安全带

安全带是为保证攀登者和保护者安全、舒适的固定装备，承载攀登者和保护者因脱落或下降而产生的重量和冲力。安全带的设计通常包含腰带、腿环、保护环和装备环，其中腰带和保护环为主要承重部分，其余腿环等则是为了舒适、便利而设计的（图8-4-1）。

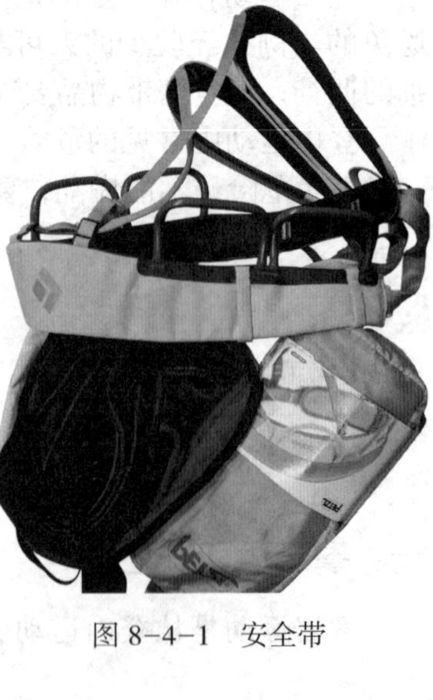

图8-4-1 安全带

穿安全带时，一定要将腰带从腰带扣反穿回去，否则受力时会有拉开的危险。反穿后的带头长度须在10厘米以上，短于10厘米则需换更大型号的安全带。攀登之前攀登者和保护者要互相检查安全带是否穿戴正确。安全带的选择除了要考虑攀登者的身材条件，还要考虑具体用途。腰带、腿环上通常带有宽厚海绵垫的安全带，舒适但笨重，适用于室内攀登、定线过程中；竞技攀登可采用轻巧型安全带；传统攀登或器械攀登要考虑装备环的数量和位置是否合适。

（三）铁锁

铁锁是可自由开合的金属环状物，主要功能是将各类保护器械、装备连接在一起（图 8-4-2）。

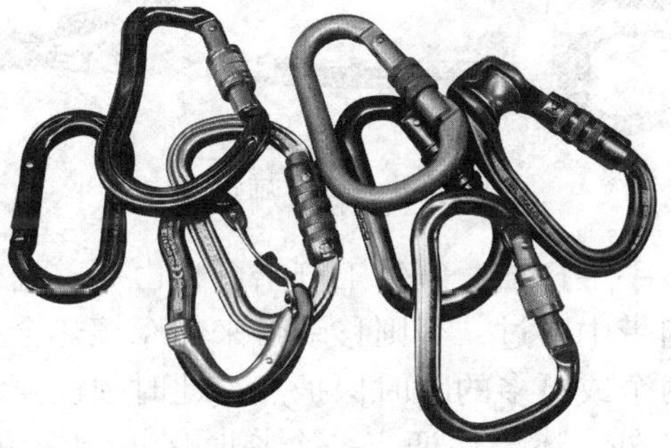

图 8-4-2　铁锁

丝扣铁锁在扣紧螺丝时能使铁锁门锁定在闭合状态，可避免不慎碰开的危险；普通铁锁不带丝扣装置，重量轻、操作便利，可用于临时保护点，若使用普通锁做固定保护，须遵循双重铁锁且对开门的原则。铁锁的纵向抗拉力大于横向抗拉力；铁锁门打开时，纵向抗拉力会降低；铁锁门是最薄弱的环节，不可直接受力。正确的使用方式是保持铁锁门闭合且纵向受力。

在使用铁锁时应避免高空跌落或硬物撞击，这样会带来内部的裂痕导致铁锁作废。在先锋攀登等可能出现冲坠的情况下，攀登者应直接将主绳和安全带连接，不能使用铁锁作为中间环节。此外，要使用有国际登山联合会（UIAA）或国际商会（ICC）认证的铁锁，铁锁来历不明不可使用。

（四）保护器

当主绳以正确方式通过保护器时，因保护器的特殊构造能增加摩擦力，使得主绳的制动端只需较小的握力即可控制受力端的较大重量。“8”字环保护器（图 8-4-3）以前最常用，但其缺点是会使主绳反复拧转缠绕，ATC 保护器则较好地解决了这一问题。

图 8-4-3　“8”字环保护器

GRIGRI、REVERSO 等保护器在一定条件下会自锁，但一定要正确使用。保证主绳以正确方式通过，分清制动端和受力端；对于不能自锁的保护器，使用时永远要握住主绳的制动端。

（五）扁带

扁带是一种软性带状物，通过机械缝合或手工打结成为长度不一的闭合圈，提供保护器械之间的软性连接（图 8-4-4）。

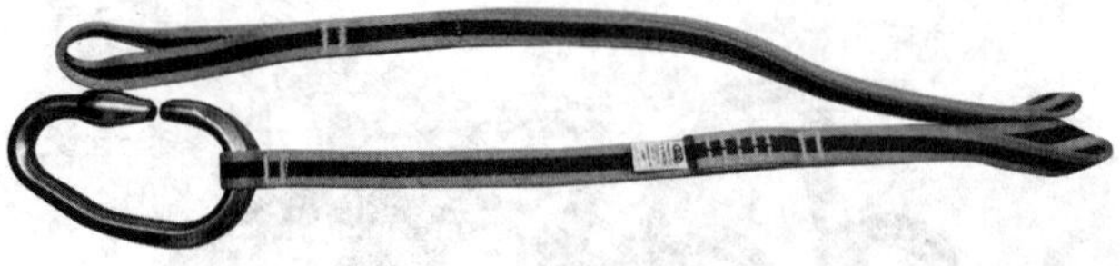

图 8-4-4 扁带

机械缝合的强度大于手工打结，但手工打结可自由调整扁带长度使其适合需要。移动中的主绳不可直接从扁带中穿过，否则移动带来的摩擦热会损毁扁带。架设固定保护点时，可能用扁带连接两个或更多的临时保护点，此时须注意扁带的连接方式以区分主受力点和备用受力点。此外，还要保证当一个临时保护点失效时，不冲击其他保护点，不影响整体保护效果。

（六）快挂

扁带的两端分别连接一个铁锁成为快挂。使用时，一端扣入保护点，另一端连接人体安全带或主绳，使操作更加便利。快挂两端的铁锁都不带丝扣，存在不慎打开或收力压开的危险，所以只有一个快挂时，不能作为固定保护点使用（图 8-4-5）。

图 8-4-5 快挂

在先锋攀登或传统攀登的路线中使用快挂作为临时保护点时，主绳的扣入方式和快挂开口方向非常重要。要求主绳从快挂与岩壁之间穿入，从外侧穿出，即攀登者这一端的绳头在外侧。若路线存在横向走向，快挂扣入端的铁锁门要朝向路线走向的反方向，例如路线是从左至右，铁锁开口须朝左。这样可防止脱落时绳子压开铁锁门。

（七）岩石塞

岩石塞是规格、形状不一的金属制品，可放入岩缝、石洞、石桥等地形中并固定住，成为保护点（图 8-4-6）。

放置岩石塞作为保护点需要丰富的器械经验，操作者必须非常谨慎，确保岩石塞在可能出现的受力方向上不会移动或脱出。不带机械部件的岩石塞主要利用自身的不对称性和岩缝内部的形状变化，固定在岩缝狭窄处。机械塞的形状大小可以调控，以收缩状态进入岩缝，弹开后即可卡住，操作便利，适用范围广，是攀登传统路线的上好选择。熟悉各类岩石塞的直径和适用范围可以大大提高操作速度，必要时可在岩石塞杆上作标记。

（八）岩钉

利用岩钉是另一种建立保护点的方式。岩钉一头是楔形，通过敲击楔进岩缝提供保护力，另一头是环状，可连接铁锁或扁带（图 8-4-7）。值得注意的是，敲入同一条岩缝的两个岩钉存在撬开岩石的可能。

（九）膨胀钉

利用冲击钻和锤子，膨胀钉可打入整块岩石中，加上挂片就成为非常稳固的保护点（图 8-4-8）。

（十）挂片

挂片的一侧通过膨胀钉或螺丝钉固定在岩壁上，另一侧则可扣入铁锁或快挂，或接上扁带，是保护点的重要组成部分（图 8-4-9）。

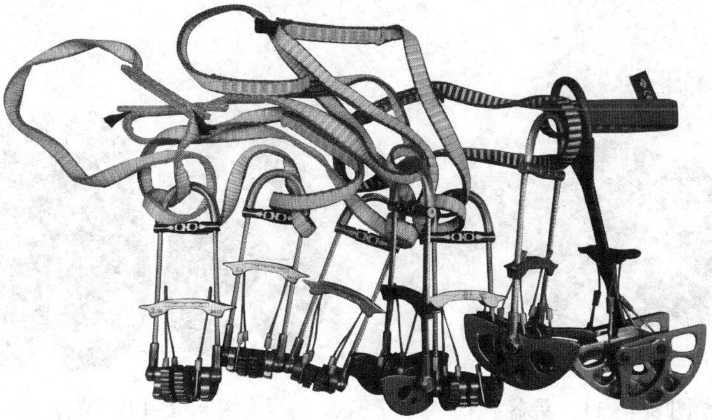

图 8-4-6　岩石塞

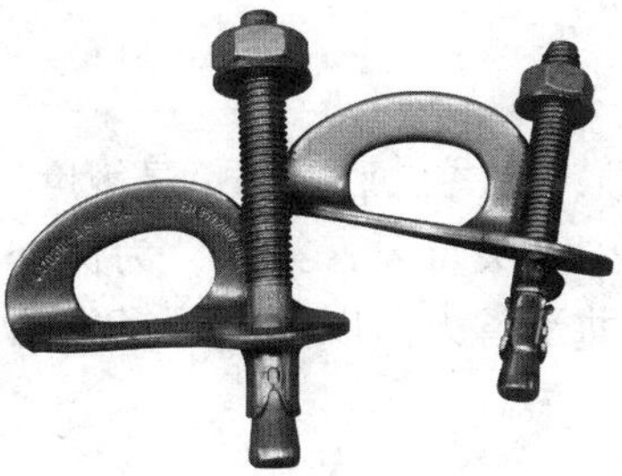

图 8-4-7　岩钉

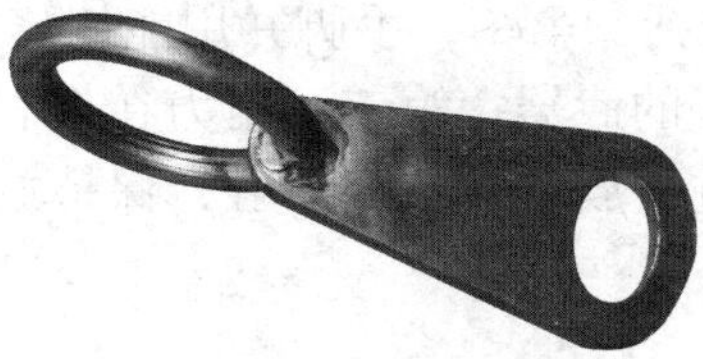

图 8-4-8　膨胀钉

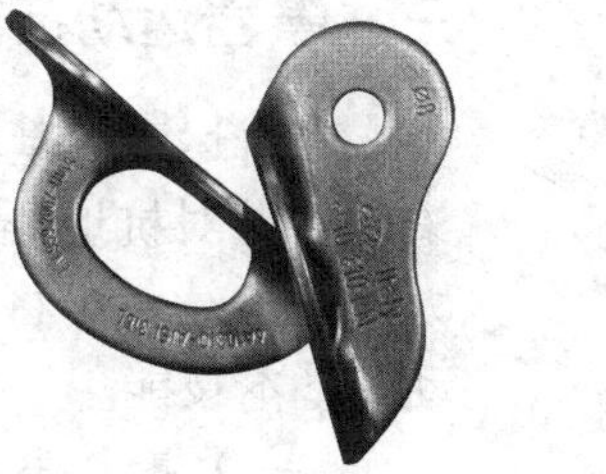

图 8-4-9　挂片

（十一）镁粉袋

镁粉作为辅助装备，可吸收手上的汗液和岩壁表面的水分，增大摩擦力（图 8-4-10）。

（十二）抱石垫

抱石垫作为抱石运动中的保护手段，可起到缓冲和减震的作用。抱石垫内部是两层或更多不同质地的海绵，最上面是硬体封闭式海绵，最下面是较厚的软体开放式海绵。软体海绵使脱落者下陷而不是分散压力，易挫伤手腕脚踝，所以使用抱石垫时要硬体海绵层向上放置。可能脱落的地方都需要使用抱石垫，若数量不够，保护者可随着攀登者的动作拖动垫子。

图 8-4-10　镁粉袋

（十三）头盔

头盔可以有效防止落石以及非正常脱落姿态带来的头部伤害（图 8-4-11）。头盔要端正佩戴才能护住前额、后脑及侧面。出现落石时千万不要仰头观望或以手抱头，无处可躲时头盔可以有效地保护头部。

（十四）攀岩鞋

攀岩鞋的鞋底由特殊的橡胶制成，可使摩擦力大大增加（图 8-4-12）。选择攀岩鞋时应选择号码偏小的，穿进去将脚裹得很紧，这样能使脚成为一个整体，有利于增强脚感，便于精确踩点和发力。攀岩鞋种类繁多，适应于不同的石质、岩壁角度以及不同的攀登方式。

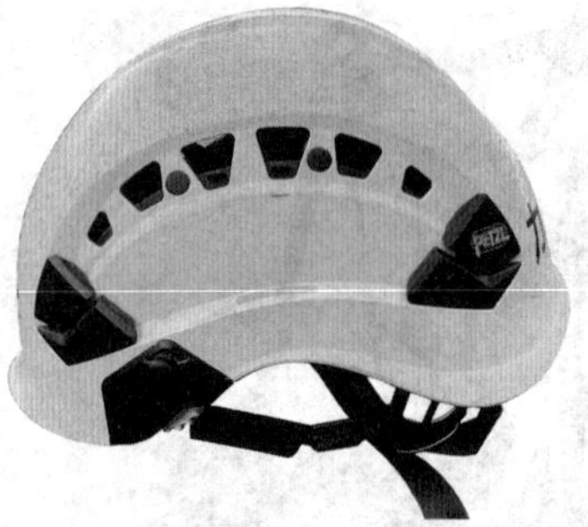

图 8-4-11 头盔

图 8-4-12 攀岩鞋

三、攀岩运动技能

攀岩运动的基本原则包括：第一，手脚并用能使移动平顺；第二，平衡感、灵敏度、柔软度是对抗地心引力较好的武器；第三，耐力在攀岩运动中至关重要；第四，为保证力量的持续，要将身体的重量放在脚上；第五，保持放松有助于省力。以下介绍攀岩运动的基本技能。

（一）基本手法

岩壁上的支点形状很多，常见的支点形状有几十种，攀登者要熟悉不同支点的形状，知道对不同支点手应抓握何处及如何发力。根据支点上突出、凹陷的位置和方向，可采取以下几种攀爬手法：

1. 紧握

当手指抓住支点某一凸凹边缘时，一般会紧抓不放，很多时候可以用手掌握住，而不需要仅仅依靠手指的力量，整个手掌的抓握还可以增加稳定性。

2. 开握

如果支点的边缘或某些点的小洞可以支撑住手指的第二关节，手可以平坦地靠在岩面上，此时可将手张开，手指并拢，让手指与支点充分接触，整个手掌不用紧握支点。在这个动作中，大拇指的作用较小，但是如果支点是倾斜的，此时，大拇指可以与其他手指捏住该点。一般情况下，如果支点是圆的，开握方法是最佳的选择。

3. 抠握

当手遇到相对较小的支点，手的四指并拢后能套住该支点时，可用大拇指压住食指套住支点做抠握动作。在做抠握动作时，要避免手指承受没有必要的压力和拉力，以免手指受伤。当手掌朝上，向上抓点时，需要用反抠的动作，此时的抓点动作是用来维持平衡的，通过手与手或手与脚之间的反作用力来实现。

4. 曲握

曲握就是把手掌弯曲，四指并拢，大拇指压在食指下，用手掌的外边缘抠握支点，由于大拇指力量很强，可以很好地控制手形，所以这种握法不仅有力，还可以放松其余手指。在攀岩过程中，可以通过弯曲手腕、曲握支点而使前臂得到放松，这个动作一般常用于小球状的突出支点和圆点上。

5. 捏握

如果在攀岩过程中遇到没有可以握住边的支点，就只能依靠手指的力量，利用手指间的摩擦力，用大拇指和其他四根手指捏住支点。做捏握动作需要很强的手指力量，但是遇到没有形状的支点，只能利用这个动作来完成攀爬。

6. 侧拉

侧拉的基本技术要点是使身体侧向岩壁，以身体对侧手脚接触岩壁，另一只腿伸直用来调节身体平衡，靠单腿力量把身体顶起，抓握上方一支点。该动作主要在过仰角地段及支点排列接近于直线时被使用。

7. 洞点法

在自然岩壁上，时常可以发现有许多小洞，现代攀岩比赛时也会常出现很多洞点，这些“洞点”有的只是一条窄缝，有的可以伸进一到两个手指，有的是整个手都可以伸进去的大洞点。当手去抓这些洞点时，应先感觉一下洞里的情况，找到最深的部位抓握。在所有洞点中指点是最难的，一不小心就有可能拉伤手指的肌腱，如果单指点是垂拉方向的，可用中指靠住食指，增加抓点的稳定性。

支点的形状和大小都是不同的，同一支点可能有多种抓握方法，但要迅速选择一种最佳手法，还需要通过大量的练习体会才能熟练掌握并灵活运用。在攀登手法的运用当中，手指的力量十分重要，平时可用指卧撑、引体向上、挂指引体、提捏重物等方法来练习。

（二）实用技巧

（1）系完保险扣要请教练检查，最好请教练系“双八结”或“水手结”，这样会较安全。

（2）攀爬时，身体应尽量贴近岩壁，以节省力气。脚要横蹲岩点上的小窝，可有效防止滑脱。

（3）手指并拢，才能牢牢抓住岩点。

（4）手脚轮流用力可节省体力。

（5）下降时面向岩壁，四肢伸开。

（6）攀岩时宜穿小半号的薄底鞋。

（7）攀岩前观察岩点、选好路线，可提高攀岩速度。

（三）用力特点

（1）抓。用手抓住岩石凸起部分。

（2）抠。用手抠住岩面上的棱角、台阶和裂缝。

（3）拉。在抓住前上方牢固支点的前提下，小臂贴于岩面，用力下拉使身体上攀。

（4）撑。利用台阶裂缝或其他地形，以手掌和臂的力量使身体向上或左右移动。

（5）推。利用侧面、下面的岩体或物体，以手臂的力量使身体向上或左右移动。

（6）蹬。用脚掌内侧或脚趾的蹬踏力把身体支撑起来，减轻上肢的负荷。

（7）跨。利用自身的柔韧性，避开难点，以寻求有利于攀登的支点。

（8）挂。用脚尖或脚跟挂住岩面凸起或下凹处维持身体平衡或使身体移动。

（9）踏。利用脚前部踏较大的支点，使身体移动，以减轻上肢的负荷。

（10）摩擦。利用岩石鞋与岩壁形成的合理角度可以产生短暂稳定，使身体向上或左右移动。

四、攀岩常见危险与防范

（一）攀岩的常见危险因素

1. 徒手攀岩

攀岩最大的危险来自徒手攀岩。徒手攀岩全程仅使用双手进行攀登，不借助任何辅助工具，因而具有极大的危险性。这项运动对攀岩者的攀岩技巧要求极高，对攀登者的心理也是极大的考验，任何细微的错误，都会导致严重的后果。大学生从事攀岩活动，一定要做好严格的保护措施，避免徒手攀岩。

2. 不熟悉情况

不熟悉攀岩场地，特别是自然攀岩场地的有关情况，也是攀岩中出现危险的重要原因。在自然攀岩场地进行攀岩活动前，要充分了解场地的地质结构、历史自然灾害等，做好充分的准备。

3. 保护措施不充分

保护措施准备得不充分、不齐全，也是攀岩过程中发生危险的重要原因。此外，攀岩保护工具的质量问题，也是攀岩过程中出现危险的重要因素。

4. 天气原因

天气也是攀岩过程中出现危险的重要因素。应避免在恶劣的天气情况下进行攀岩活动。

（二）攀岩的注意事项

1. 选择合适的衣服和鞋子

攀岩前，应选择合适的衣物，千万不要穿短裤和紧身裤，应选择穿宽松的长衣裤。穿短裤在攀爬时容易蹭破皮肤，紧身裤则会妨碍腿的抬升及灵活性。鞋子应选择专业的攀岩鞋，如穿平时的鞋子，在攀爬过程中，脚底会很难受，也比较容易受伤。

2. 计划好攀岩路线

由于不同高度、不同角度的岩道，不同位置、不同大小的岩眼，其难易程度都会不同。因此，攀岩前要选择好适合自己的路线。

3. 穿戴安全护具

攀岩时要系上安全带和保护绳，配备绳索等以免发生危险。穿安全护具时，既不能绑得太紧，也不能太松，太紧会影响攀爬的姿势，太松护具则容易脱落。护具与腿间的宽度最好保持一个食指的距离。护膝、护肩、护肘和头盔也是必不可少的，特别是在野外攀岩时。

4. 不要佩戴饰物

攀岩前，应把指甲剪短，长发者须将头发扎起。攀岩时不得佩戴手链、手表、戒指等饰物。

5. 做好热身活动

攀岩过程中有大幅度的跨越动作，如果热身运动做得不充分，会很容易受伤。攀岩前，最好先慢跑 10~15 分钟，让身体微微热起来。然后再做伸展运动，让全身的肌肉、关节、韧带缓慢伸展开来，使体内的血液循环渐渐加快。热身运动能帮助攀登者以较好的状态投入攀岩活动中，避免运动损伤。

6. 保持冷静和耐心

攀岩中，可能会出现突然找不到支点或出现其他困难的情况，此时要保持冷静，依靠冷静的判断力、坚强的意志来判断怎么解决问题。

7. 注意攀岩的姿势

攀岩过程中，通过四肢的协调，始终保持有三点贴稳岩壁，保持身体的重心落在前脚掌，减轻手指和臂腕的负担。

8. 多与搭档交流

攀岩前，应与搭档商量好攀岩的细节。攀岩中，也可以与搭档进行交流。为了避免在攀岩中说话或者喊叫搭档听不见的情况，可以在攀岩前商量好交流的方式，如通过拉动绳子来传递信息。

9. 多做几重保护

在攀岩过程中，要为你的保护系统多加几重保护，绝不能将性命交付给单独的保护点。这样，万一某个保护点出了问题，也可以依靠其他的保护点。例如，顶绳保护系统不能只使用一个保护点，要将两个保护点连接起来共同受力。

10. 下岩前注意检查保护系统

下岩时也要格外留心，应检查一下保护点和保护系统，确保无误之后再下。下岩时要面朝岩壁、身体微向后倾斜，也可以用脚蹬岩壁的方式掌握下降的方向和速度。

思考题

1. 简述在野外运动中如何定位方向。

2. 简述在野外运动中，人为因素产生的安全隐患有哪些，应该采取哪些对应措施。

3. 简述如何安排登山过程中的行进与休息。

4. 简述攀岩运动前需采取哪些措施减少风险和意外的发生。

第九章
日常走跑跳投趣味锻炼

本章导言

近年来，随着全民健身的理念深入人心，越来越多的大学生意识到日常体育锻炼的重要性。本章以日常生活中的走跑跳投趣味练习为主要内容，摒弃传统枯燥的锻炼方式，可以增加锻炼的乐趣，提升锻炼积极性，方便学生随时随地通过无器械、自体重的方式发展速度、力量、耐力、灵敏、柔韧、协调等基本身体素质，养成科学锻炼习惯。

走、跑、跳、投是人类最基本的身体活动，是人类日常生活的组织部分。日常健身锻炼中的走、跑、跳、投可以全面发展学生的速度、力量、耐力、灵敏、柔韧、协调等基本身体素质。在练习过程中，与同伴一起适当加入游戏或比赛，可使锻炼更为有趣，进而增强学生锻炼的积极性、针对性。

第一节　健身走

一、概述

健身走是一项以促进身心健康为目的，讲究姿势、速度以及时间的运动，行走的速度介于散步和竞走之间。健身走对于人体有非常大的好处。一是能提高心肺功能和耐力，可以降低心血管疾病发生率；二是可以改变血液的质量，增加红细胞的携氧能力，防止动脉发生病变，预防脑血栓、心肌梗死等疾病；三是可以增加毛细血管数量、改善末梢循环、降低动脉粥样硬化的危险因素；四是能够减肥，促进骨关节健康，增强人体的免疫力，改善心理状态以及睡眠质量等。

二、健身走的种类及练习方法

健身走的练习方法很多，不同的练习方法对人体有不同的好处。在健身走锻炼中，我们可以改变锻炼方法，经常转换走的方式，对人体的锻炼作用更全面，如大踏步直行向前走、倒走、站立足尖走、正向弓步走、抬腿绕圈走、双手举高走等。

（一）大步向前走

练习目的：全面发展腿部肌肉力量和腰腹核心力量，促进新陈代谢，增强体质。

技术要领：抬头挺胸，目视前方，两脚平行，脚尖向前，双臂贴近体侧，自然前后摆动，双臂与双腿的蹬摆动作协调配合。向前迈步时，膝关节与脚尖正对前进方向。步行时，后腿用力蹬，前腿往前抬，脚跟先着地并过渡到全脚掌。

（二）倒走

练习目的：发展大腿后侧肌群、股四头肌、胫前肌、腰腹肌力量，增强髋关节、踝关节的灵活性和柔韧性。

技术要领：抬头、挺胸、立腰，两脚平行，脚尖向前，双臂靠近体侧，自然前后摆动，髋关节打开，腿放松，膝关节积极弯曲，抬腿，前脚掌先着地，并过渡到全脚掌。

（三）站立足尖走

练习目的：增强腓肠肌、腹肌力量，改善全身姿态、预防痔疮、减肥等。

技术要领：抬头挺胸，目视前方，两脚平行，脚尖向前，双臂靠近体侧，自然前后摆动，膝关节与脚尖正对前进方向，提踵立膝，保持前脚掌着地行走。

（四）正向弓步走

练习目的：发展股四头肌、股二头肌、臀大肌、髂腰肌、腰腹肌肉力量，增强髋、膝、踝的柔韧性及协调性。

技术要领：抬头挺胸，目视前方，两脚平行，脚尖向前，双手叉腰自然站立，膝关节与脚尖方向保持一致。上体直立，抬腿向前方跨出一大步呈弓箭步，保持身体重心平稳，双脚交替向前行走。

（五）抬腿绕圈走

练习目的：锻炼大腿和臀部关节的柔韧性。

技术要领：手扶肋木，两脚自然开立。抬右腿，大小腿自然伸直并与地面平行，髋关节发力带动大腿分别由内向外侧摆动，身体其他部位保持不动。然后放腿还原成起始姿势。换左腿重复进行。

（六）双手举高走

练习目的：加强肩、颈、背部肌肉的力量，预防和缓解颈椎病。

技术要领：沉肩抬头，身体保持正直，双臂抬起与肩齐高，掌心向下，收腹、提臀、立腰、顶肩，手指尽量向远处伸展，以自然步态直立提踵行走。

第二节　阳光跑

一、概述

阳光跑是一种简便易行的体育锻炼方式。阳光跑跑步技术简单，场地、服装或器械无特殊要求。进行长跑锻炼时，应保持匀速，时间持续20分钟以上，心率保持在120~150次/分。通过练习，可以有效改善心肺功能，提高机体的耐力，还可以消耗体内多余脂肪。长期坚持跑步，能培养学生坚韧的毅力和良好的意志品质。

二、跑的技术特点及练习方法

跑的完整技术为：起跑、加速跑、途中跑和终点冲刺跑。各技术阶段的要求：起跑的任务是使身体迅速摆脱静止状态；加速跑的任务是在最短的时间内，尽快发挥到较高的跑速，迅速过渡到途中跑；短距离项目途中跑的任务是继续提高速度和保持高速度跑，中长距离跑则是应用战术合理分配体力，最大限度地减少耗时；终点冲刺跑的任务是尽量保持途中跑的速度并进行冲刺，尽快以躯干接触终点线垂直面，以取得最佳成绩和名次。

（一）中长跑

练习目的：发展心肺功能，增强有氧代谢能力。发展腿部、腰腹与上肢肌肉力量。

技术要领：躯干正直或稍前倾、挺胸、收腹、拔腰，头部正直，颈部放松。两手指自然伸直或半握拳，双臂以肩为轴轻快有力地贴身前后摆动。前摆时，手的高度略超过下颌；后摆时，摆至上臂约与肩同高。下肢以髋为轴进行高速摆动，其动作结构包括腾空、着地缓冲、后蹬、前摆 4 个阶段。

（二）快速跑

练习目的：发展腿部、腰腹与上肢肌肉，增强心肺功能，加强无氧代谢能力，提高速度水平。

技术要领：注意正确技术要领，在进行快速跑时可进行 30 米、50 米和 100 米的全速跑，也可进行不同距离的变速跑。

（三）变速跑

练习目的：发展腿部、腰腹与上肢肌肉力量，加强心肺功能，提高有氧代谢能力和无氧代谢能力。

技术要求：变速跑时应采用口鼻呼吸方式，注意呼吸的转换，即有节奏有深度，快速跑后尽可能地加强深呼吸力度，要用走的方式进行休息而非直接坐下。

（四）折返跑

练习目的：发展腿部、腰腹与上肢肌肉，增强制动、加速能力。

技术要领：折返时应注意提前减速，制动及时，加速阶段积极摆臂抬腿，身体重心灵活移动。

练习形式：可进行 3 米左右的变向跑和 10 米来回的折返跑练习。

（五）交叉步跑

练习目的：增强髋关节灵活性，发展大腿内收肌、骨外侧肌、髂腰肌、腓肠肌、胫前肌、腰腹肌，增强身体协调性和灵活性。

技术要领：上体正直，头颈自然放松，目视前方，侧对前进方向站立，双腿前后交替向一侧跑动，膝关节放松，并向前进方向摆髋提膝，前脚掌着地。练习时注意摆动腿和支撑腿及全身的协调配合，动作频率由慢到快。

（六）高抬腿跑

练习目的：发展股四头肌、髂腰肌、腰腹肌与上肢肌肉，增强身体的灵活性和协调性。

技术要领：目视前方，上体保持正直略向前倾，双手半握拳，双臂弯曲近体侧，以肩为轴前后大幅度摆动，膝关节与脚尖正对前方，髋关节放松并积极发力，大腿抬平，膝、踝关节放松，前脚掌着地。可进行原地高抬腿跑、行进间高抬腿跑和高抬腿跑接加速跑等不同的练习形式。

（七）后踢腿跑

练习目的：发展大腿后群肌和腰腹肌，增强膝关节柔韧性，加强大小腿的积极折叠，增强身体协调性。

技术要领：上体保持正直略向前倾，头颈自然放松，目视前方，双手半握拳，双臂弯曲近体侧，以肩为轴前后自然快速摆动，膝关节与脚尖正对前方，腿部放松，小腿积极快速折叠后踢，脚跟踢到臀部，踝关节放松，全脚掌着地。

三、注意事项

跑步看似简单，但也要根据自身身体素质合理安排。相对于脚踝，膝关节在身体跑动起来时承受的压力更大，更易受伤。如果体重过大，身体质量指数（BMI）大于30，最好用快走代替跑步或采用步幅小于40厘米的慢跑，将运动对膝关节的损伤降到最低。哪怕是正常速度的散步，只要持续45分钟以上，也能起到锻炼身体、消耗脂肪的功用。

跑前和跑后的整理、放松运动同样重要。跑步前，做一些深蹲和伸展动作，放松紧张的肌肉和骨骼。跑步过程中，要把握呼吸的节奏，保持均匀舒畅的呼吸，能有效减轻心肺的疲劳，保持充沛的体力。跑完步后不要立刻停下，最好能慢走一段时间，调整心率和呼吸。

第三节 欢乐跳

一、概述

跳跃是人体运用自身的能力或借助一定的器材，通过一定的运动形式，使人体腾越尽可能的高度或是远度的运动。

二、发展跳跃能力的练习方法

根据不同的需要，可进行大肌肉群、小肌肉群、深层肌肉和表层肌肉群的练习。通过发展跳跃能力可提高力量、协调和灵敏等不同的身体素质，提高人们的运动能力。主要练习方法有纵跳、蛙跳、深蹲跳、半蹲跳、跨步跳、收腹举腿跳等。

（一）纵跳

练习目的：主要是发展脚踝力量，练习时注意脚掌的积极蹬地。

技术要领：双腿伸直自然站立，两脚开立与肩同宽，收腹、紧腰、锁紧膝盖并提臀，膝盖伸直尽量不弯曲，脚踝积极蹬地向上跳起。跳跃过程中身体保持直立，跳跃方向为与地面垂直方向，着地时前脚掌落地并进行快速衔接。

（二）蛙跳

练习目的：主要发展绝对力量和爆发力。

技术要领：预摆时两脚左右开立与肩同宽，两臂前后摆动。前摆时，两腿伸直，后摆时，屈膝降低重心，上体稍前倾，手尽量往后摆。起跳时两脚快速用力蹬地，同时两臂稍曲由后往前上方摆动，向前上方跳起腾空，并充分展体。落地缓冲时收腹举腿，小腿往前伸，同时双臂用力后摆，屈膝落地缓冲。

（三）深蹲跳

练习目的：主要发展绝对力量和爆发力。

技术要领：双腿自然开立，双臂自然下垂与体侧；下蹲时目视前方，上体正直，大腿地面平行，起跳时沿地面垂直方向向上，起跳高度要适宜，落地时需要完全下蹲、收腹、紧腰、夹腿，脚着地时前脚掌过渡到全脚掌缓冲落地。

（四）半蹲跳

练习目的：主要发展快速力量和爆发力。

技术要领：双腿自然开立与肩同宽，下蹲时目视前方，上体正直，半蹲至 1/4 的位置，双手自然下垂，向上跳离地面最少 20~25 厘米。着地时前脚掌过渡到全脚掌落地，着地和起跳衔接尽量快，且在与地面垂直方向向上跳。

（五）跨步跳

练习目的：主要发展伸髋的力量，全身的协调能力。

技术要领：原地站立姿势开始，以肩带臂向前上方摆臂（与肩同高），同时蹬地腿向前蹬地，摆动腿向前上方摆出，空中单腿成跨步，摆动腿积极下压、扒地后蹬，蹬地腿前摆，成空中弓步，两手配合向前摆动，依次交替。

（六）收腹举腿跳

练习目的：主要发展腿部、腹肌的力量及全身协调能力。

技术要领：两脚打开与肩同宽，原地起跳跳起后在上半身向前的同时收腹，身体成蜷曲型，双膝尽量向下巴靠拢，然后身体打开落地。

第四节 快乐投

一、概述

投掷是人体利用自身的能力，通过一定的运动形式，将手持的器械进行抛射，并尽可能获得远度的项目。

二、发展投掷能力的练习方法

发展投掷能力对肌肉的力量和控制力、身体的协调性和柔韧性的要求很高。其练习方法包括单手肩上投掷、双手肩上投掷、不同方向的抛掷、跪投及抛接练习等不同的方法。

（一）双手前抛实心球

练习目的：掌握蹬地展体、协调用力挥抛的方法。

技术要领：两脚左右开立，两腿弯曲，上体稍前倾，两臂伸直，两手持球，然后两腿用力蹬伸，上体抬起，两臂用力由下向前上用力抛出。注意下蹲时弯腿臀部往后坐而不是撅屁股。

（二）双手后抛实心球

练习目的：掌握蹬地展体、协调用力挥抛的方法。

技术要领：两脚前后开立，前后脚距离约一脚掌，左右脚间距约半脚掌，后脚脚跟稍微离地，两手持球，身体肌肉自然放松，重心落在两脚之间，眼睛看前下方。投掷时，蹬腿、送髋、腰腹收紧，两臂用力前摆并向前拨指和腕，球依次从前下方经过胸前至头后上方，此时上体后仰，身体形成反弓形，同时吸气。

（三）持轻物投准

练习目的：提高动作的协调性和判断力。

技术要领：

（1）正面投准。面对投掷方向，两脚前后开立，左（右）脚在前，右（左）手持轻物屈肘于肩上，肘关节向前，眼看前面投掷标志，然后将轻物向远处目标投出。

（2）侧向投准。侧对投掷方向，两脚左右开立。右手持轻物向侧后方引伸，右腿微屈，然后右腿蹬地向左转体，右臂经肩上、头侧自然挥动，将轻物向远处目标投出。掌握合适的蹬地和出手角度。

（四）持重物投远

练习目的：强调肩上投掷的正确挥臂方法，以发展掷远的能力。强化向后引伸和向前快速挥臂的动作意识，并注意全身动作的协调性。

技术要领：

（1）正面掷远法。正对投掷方向站立，目视前方，右手握持重物，向右后转体引肩，双脚稳固支撑，投掷时积极蹬地，送髋、转体向前上挥臂，将重物掷出。

（2）侧向掷远法。侧对投掷方向，两脚左右开立，左（右）脚在前，身体左（右）侧对准投掷方向。右（左）手握重物向侧后方引伸。右（左）腿微屈，然后右（左）腿蹬地、送髋、转体、挥臂，将重物经肩上向前上方处掷出。

完整动作要一气呵成，注意投掷节奏。掷远时，注意状态反射对技术动作的作用。

思考题

1. 在日常锻炼过程中，如何科学运用走跑跳投等训练手段提高自身的身体素质？

2. 在班级趣味活动中，如何通过走跑跳投等赛事活动提高班级凝聚力？

第十章 综合素质拓展

本章导言

拓展训练有时也称为户外拓展训练、野外拓展训练、拓展训练营、外展训练、户外体验培训等，现已成为提高沟通技巧、凝聚力、领导力、决策力、竞争力和个人心理素质的一种训练方式。它所采用的方法就是将一群平时在一起工作或学习的人集合起来，并将他们带入一个户外的环境或设施中进行体验式、参与式训练。

拓展训练对大学生来说是十分有帮助的。大学生素质拓展训练既吸取了拓展训练的精髓，又结合了大学生的身心发展特点，改变了传统的灌输式教学方式，以体验学习为主，强调学员高度参与，使学习寓教于乐，让学员从做中学。素质拓展训练为大学生提供了一个了解自我、了解生活、体验人生的机会，强调高度参与，强调学生与指导者的良好互动。其训练模式是通过一系列充满趣味与挑战而又不乏人生智慧的活动，使学生从中体验、反思、领悟，并激发、调整、提升人的潜能，使学生的人格素质得到提升。

针对大学生中存在的以自我为中心、过于自傲或自卑、娇生惯养、意志力弱、心理素质和挫折承受力差、与人合作和沟通意识不足等问题，本章针对性地选择了职业素质拓展、敬业素质拓展、诚信素质拓展、励志素质拓展、合作素质拓展、明理素质拓展6个主题的拓展训练。

第一节 职业素质拓展

现代社会对大学生综合素质的要求越来越高。党的二十大报告中指出“发展素质教育”，大学阶段尤其应着重培养人的综合素质和能力，包括思想道德素质、科学文化素质、身体心理素质、艺术审美素质和劳动技能素质。这些素质全面协调发展，可以为人生奠定良好的基础。

职业素质是个人综合素质中最核心的部分，职业素质的高低关系到个人一生的成就。职业素质是立足职场的根本，是事业成功的基石。个人面对工作的态度以及在工作中体现的素养、智慧、能力，是取得成就的关键因素。现实生活中我们可以看到，最终在竞争中立于不败之地的是那些职业素质较高的人，他们在竞争中通常会表现出团队精神、责任感、吃苦耐劳精神、诚实正直的态度、不断进取的敬业精神、沟通能力、解决问题能力、组织协调能力、创新能力、学习能力等。虽然不同岗位会有不同的强调重点，但都凸显了职业素质在人才参与社会竞争中的重要作用。

一、职业素质概述

职业素质是指职业内在的规范和要求，是在职业过程中表现出来的综合品质，包含职业意识、职业理想、职业道德、职业能力、职业心理、职业交往、职业礼仪、创新素质和创业能力等方面。

（一）职业意识

职业意识是职业活动的基础和前提，对个人职业的发展起着调节作用，直接决定了个人发展的潜力和成功的可能性。有研究认为，职业化人才的成功与否主要取决于其职业意识水平的高低。职业意识是职业素质之源。树立良好的职业意识十分重要，它不仅会决定个人的职业甚至职业生涯成功与否，而且与每个人未来的前途和命运息息相关。

（二）职业理想

列夫·托尔斯泰说过："理想是指路灯塔，没有理想就没有坚定的方向，没有方向就没有生活。"面对缤纷多彩的世界，只有树立了正确的职业理想，才能根据社会的发展和个人的特点进行职业生涯设计，促使自己奋发向上、勇于开拓，在未来的工作中从容面对，取得应有的成就。科学的职业理想是一个人成就事业，为社会作出贡献的内在精神力量。

（三）职业态度

职业态度是指个人对所从事职业的看法及在行为举止方面反应的倾向。职业态度是构成职业行为倾向的稳定的心理因素，易受心境、健康状况等主观方面因素以及工作条件、人际关系、管理措施等客观环境因素的直接影响而发生变化。肯定的、积极的职业态度，会促进人们去钻研技术，掌握技能，提高职业活动的忍耐力和工作效率。职业态度的形成与发展是人们对有关职业知识的吸收、职业需要的满足、所属群体对他的期待以及职业实践获得的体验等因素综合的结果。培养学生正确的、积极的职业态度，是教育的一项任务。

（四）职业心理

这个时代不仅对大学生的智能素质、思想素质和身体素质提出了要求，也对大学生的心理素质提出了要求。职场竞争也越来越显示出心理素质的重要性。心理素质低下不仅影响大学生的学业生涯，也不利于其职业生涯，还可能对其职业生涯带来隐患。

（五）沟通能力

一个人成功的因素 75% 靠人际关系，25% 靠天才和能力，而且职位越高，对沟通能力的要求越高。因此，提升职场竞争力，获得成功，就必须不断地运用有效的沟通方式和技巧，随时随地与"人"接触沟通。良好的人际关系已成为事业成功的第一要素。

（六）创新能力

创新是现代社会发展的生命力所在，也是大学生形成自身竞争力的重要支撑。面对日趋激烈的市场竞争，只有具备创新素质，才能在竞争中永远立于不败之地。创新素质是所有创新行为的原动力，是职业发展的催化剂。

二、非智力因素与拓展训练

一项用人单位对毕业生的调研结果显示：多数大学生除专业知识与技能需进一步加强外，主要集中在工作积极（主动）性低下、人际沟通技巧缺乏、团队意识欠缺、爱岗敬业不足、意志品质薄弱、工作倦怠频繁等“非智力因素”方面。这些影响用人单位对毕业生评价的因素，并不属于“认知”领域，而是属于“情感、意志”范畴，从分类角度而言，属于“非智力因素”。这些“非智力因素”的培养通过传统的班级授课制教学模式和说教式教学方法效果常常不太理想，而拓展训练是一种积极有效的培养途径。

（一）非智力因素的概念

非智力因素的概念最早是由美国心理学家亚历山大（W.P.Alexander）于1935年提出的。从广义来看，非智力因素是指智力因素以外的一切心理因素，从狭义来看，主要是指需要、动机、兴趣、情感、意志、性格、气质、抱负水平、价值观、自我意识等方面。

根据对心理活动的调节范围以及对学习活动直接作用的程度，可将非智力因素划分三个不同层次。

第一层次，指学生的理想、信念、世界观。它们属于高层次水平，对学习具有广泛的制约作用，对学习活动具有持久的影响。

第二层次，主要是指个性心理品质，如需要、兴趣、动机、意志、情绪情感、性格与气质等，这些属于中间层次，对学习活动起着直接的作用。

第三层次，指学生的自制力、顽强性、荣誉感、学习热情、求知欲望和成就动机等，它们是与学习活动有直接联系的非智力因素，对学习产生具体的影响。这些因素充满活力，对学习的作用十分明显。

（二）非智力因素的素质拓展训练

非智力因素的拓展训练主要借助心理拓展训练手段。拓展训练的核心在于体验回顾，强调“做中学”，即在实践和亲身经历中学习；我们平生“阅读的资讯，能学习到10%；听到的资讯，能学到15%；但所经历过的事，我们却能学习到80%”。素质拓展项目课程按项目类型可分为室内项目、场地项目、水上项目和野外项目；按参与人数可分为个人项目和集体项目。

心理拓展训练崇尚“在体验中学习，在学习中改变”的教育理念，作为一种现代型学习方式和训练方式，它以激发、调整、升华、强化个人和组织的合作意识和进取精神为根本宗旨，通过精心创设的特殊情境活动，使受教育者在解决问题和应对挑战的活动过程中，达到“磨炼意志、陶冶情操、完善自我、融炼团队”的学习目标。

（三）拓展训练的基本内容、过程与方法

心理拓展训练经过50多年的发展，已经形成了一整套教学内容、基本的教学过程和系列方法。

1. 基本内容

心理拓展训练主要包括个人项目和双人项目、沟通项目、破冰项目、团队协作项目。通过心理拓展训练，团队成员相互沟通、共同面对问题、寻找解决问题的方法，体验成功的喜悦，认同团队精神的重要性，并能够联系生活中遇到的问题，从而产生迁移，达到提升心理健康水平、适应社会生活的能力。

2. 基本过程

拓展训练的基本过程一般包括信赖关系的确立、目标设定、挑战压力、高峰体验、幽默与愉快、解决问题6个步骤。

3. 基本方法

拓展训练的基本方法是从活动中进行体验和感悟，即让参与者在各种活动中，在面对困难和问题时，体验和感悟自己的心理状态，学会解决问题的方法，增强克服困难的信心和勇气。

（四）非智力因素拓展训练的项目分类

1. 按项目所需场地、器材分类

不需要任何器材的项目：面对面的介绍、坐地起身、连环手、人椅、代号接龙、大树与松鼠、大胆叫出来、好邻居、猜变化、交换名字、数字传递、雨、千斤顶、风中劲草、信息传递、强调积极、生日线、不用手游戏、默契报数。

需要简单器材的项目：快速传球、众志成城、盲人走路、猜猜我是谁、盲人闯雷阵、撕纸、十一个球、解方程式、翻叶子、木人梯、Circle the Circle、巧解绳结、平结绳圈、齐眉棍（圈）、橡皮筋、谁是胜利者、我是记者、信任百步行、盲人看世界、呼啦圈游戏、盲人摸号。

需要较复杂器材的项目：求生墙、盲人方阵、卧式传递、雷阵、电网、有轨电车、信任背摔、求生、孤岛求生、袋鼠跳、罐头鞋、全体离地、修复计算器、人浪。

训练基地的高空项目：空中单杠、空中断桥、天梯、缅甸桥、下降、攀岩。

2. 按项目培训目标分类

培养团队协作精神的项目：众志成城、翻叶子、木人梯、齐眉棍（圈）、呼啦圈游戏、连环手、人椅、千斤顶、默契报数、泰坦尼克号、雷阵、有轨电车、求生、孤岛求渡、袋鼠跳、罐头鞋、全体离地、电网、人浪、坐地起身、好邻居、猜变化、交换名字、数字传递、雨、巧解绳结、快速传球、盲人闯雷阵、撕纸、十一个球、解方程式、Circle the Circle、平结绳圈、橡皮筋、谁是胜利者。

挑战自身极限、挖掘潜能的项目：空中单杠、空中断桥、天梯、缅甸桥、下降、攀岩。

培养沟通及社交能力的项目：面对面的介绍、代号接龙、大树与松鼠、盲人方阵、风中劲草、信息传递、强调积极、生日线、不用手游戏、修复计算器、盲人走路、猜猜我是谁、我是记者。

培养信任感及责任心的项目：信任背摔、盲人看世界、盲人摸号、信任百步行、穿越电网。

第二节 敬业素质拓展

工作能否取得成功最重要的不是能力大小，而在于个人的道德品质。无论从事什么工作，只要勤勤恳恳、兢兢业业、忠于职守、尽职尽责，再平凡的岗位都可以做出不平凡的贡献。正确的人生观可以为工作提供持续的原动力。

一、敬业素质警示语

警示语一：敬业就是用一种严肃的态度对待自己的工作，是勤勤恳恳、兢兢业业、忠于职守、尽职尽责的工作作风。

警示语二：热爱自己的岗位，我们要以平平常常的心态、高高兴兴的心情，用认认真真的态度，去干实实在在的事情。

警示语三：或许你不能使自己所经历的事件都成功，甚至可能在许多事情上总是失败，但是只要你不断进取、从不放弃，总有一天你会踏上成功的巅峰。

警示语四：从事自己的事业，永远都需要有一种博大的胸襟、饱满的热情，永远都需要有一种把自己的知识、才华、青春和生命奉献给这一事业的信念和决心。

警示语五：集体利益的实现，离不开每一位成员的积极付出。任何一个人的疏忽和失误都会影响整体目标的实现。

警示语六：热情和执着不仅能帮助你摆脱困境，同样也能影响你周围的人，他们会因为你的热情和执着而不自觉地助你成功。

二、敬业素质拓展案例介绍——求生墙

（一）案例导入

我们住的地方着火了，火势很大，再过 40 分钟大火就要烧到住的地方。现在只有一个逃生的出口，需要越过一个 4 米高的高墙到平台上，我们才能逃生，那该如何在规定的时间内不落下任何一名队员，顺利脱险？

（二）项目布置

召集学员至场地，介绍项目名称和项目要求。在项目进行过程中要求学员不能脱下衣服，不能使用腰带，不能将海绵垫立起或叠起，已上墙的人不能再到下面帮忙。

（三）安全要求

（1）基座人员的身体要和逃生墙保持约 33 厘米距离，头部贴紧墙面，未攀爬的队员应在外围作保护，防止攀爬者向后方倾倒造成伤害。

（2）所有人员都要摘除可能造成伤害的非必需物品。

（3）注意安排学员保护，拉人时不可拉衣服，拉手时要手腕相扣，不要将学员的胳膊搭在墙沿上，只能垂直向上提，当肩部以上高过墙沿时可以靠在墙沿上，从侧面将腿上提。

（4）在整个项目进行中只可借助队员的身体，其他的任何物品都不得使用，包括衣服、裤子、腰带、领带、鞋带等。

（5）告知学员在攀爬过程中只有两个部位是最安全的借助点，即大腿跟腱部与脖颈根部（肩窝），严禁蹬踏膝关节和肩关节以及背部，严禁在蹬踏时向上跳跃。

（6）有高血压、心脏病、骨质疏松以及脚伤、腿伤、手伤、臂伤等病症者不参与到项目中，可作为观察员观察整个项目操作过程。

（7）拓展指导教师只负责指导和安全保护。

（四）反思感悟

（1）提高危急时刻的生存技能，提高安全意识和保护意识。

（2）培训团队内部及团队之间的凝聚力。

（3）民主、有效讨论，合理、快速决策，科学评估创新方案，勇于实践，不断尝试。

（4）认同差异，合理分工，学习如何做到资源最优配置。

（5）更深地感受信任和帮助的重要性，尝试完成不易完成的任务。做好项目分享总结。

第三节 诚信素质拓展

诚信是大学生树立理想信念的基础，更是大学生全面发展的前提，只有努力培养诚实守信的优良品质，奠定立足现代社会的道德基石，才能成为高素质人才。

一、诚信素质警示语

警示语一：为人处事，以诚相待，才能获得别人的尊重。

警示语二：在生活中，诚实正直是一笔巨大的财富，拥有它，你就有机会拥有更大的财富。

警示语三：诚信是人一生都值得珍惜的财富，诚信是做人的根本，更是做事的前提。只有诚信才能换来别人的尊敬。

警示语四：信用会为你积蓄看不见的财富，时间越久，这笔财富就越加珍贵，而欺骗只会恶意透支你的财富。

警示语五：诚信是道路，随着开拓者的脚步延伸；诚信是智慧，随着博学者的求索积累；诚信是成功，随着奋进者的拼搏临近；诚信是财富的种子，只要你诚心种下，就能找到打开金库的钥匙。

二、诚信素质拓展案例介绍

（一）信任背摔

1. 案例导入

某建筑工地一员工在造房子时，不慎脚下打滑，背朝地面摔了下来，正在一楼施工的队长当机立断，火速召集底下数名工人用手臂搭起了一张结实的“安全网”，平稳救起了这名工人。

2. 项目布置

（1）集合学员并介绍活动要求。这是一个广为人知的经典拓展项目，每个队员都要笔直地从 1.6 米的平台上向后倒下，而其他队员则伸出双手保护他。每个人都希望得到他人的信任，否则就会缺乏安全感。要获得他人的信任，首先就要做个值得他人信任的人。对别人猜疑的人，是难以获得别人的信任的。这个游戏能让队员在活动中建立和加强对伙伴的信任感及责任感。

（2）必要的安全准备。要求每位学员必须将身上携带的所有硬物摘下，放到指定的安全区域。

（3）挑选 10~12 名下方保护人员。保护队员一对一面对面排列，两腿成弓步且相互抵紧，双臂向前平举，掌心向上，双手搭于对方肩上，上体和头部尽量后仰。重点：学员倒下去时注意手臂用力，抬头看着倒下的队员，将倒下学员接住后，用“放腿抬肩法”将学员平稳放下。开始之前，教师应先用身体下压学员手臂，让学员感受到重量并表现出足够的托力。

（4）说明上下口令呼应。

台上学员大声问台下学员："准备好了没有？"

台下学员齐声回答："准备好了！"

台上学员听到回应后大声喊："一，二，三！"

台上学员直挺身体向后倒下。

（5）活动中教师的职责。

教师站在台上，用束手绳将学员的手捆住后，用手抓住束手绳，在学员喊口号前，教师用手握住束手绳，以防学员突然倒下。教师站在学员身侧，提醒下面学员注意后，可以开始让所有学员顺序完成该项目。

3. 安全要求

（1）在项目开始前检查操作台的安全性。

（2）要求全体学员拿掉可能造成伤害的物品。

（3）确定第一位体重较轻的学员进行第一次背摔，体重较重的学员应放在中间，并可适当增加保护人数，提醒保护的学员一定要集中注意力，不要有害怕的心理。

（4）有心脏病、高血压、脑血管疾病及严重腰伤者不能参加。

（5）教师要注意自身安全，一定要使用束手绳。

（6）操作前一定要提醒学员按照操作口令进行操作，未经上下口令呼应，不得操作。

（7）下方保护学员接到上方学员后不得将其抛起。

（8）禁止将接住的学员顺势平放在地上。

4. 反思感悟

（1）谈谈突破心理障碍瞬间的感受和挑战自我的意义。

（2）对比看和做的心理差别，体会换位思考和相互理解的重要性。

（3）体会相互信任的重要意义。

（4）按要求进行挑战是最安全的。

（5）有些事情未能做或未能做好，并不是能力不行而是心理不行，而心理素质是可以通过锻炼加强的。

（6）不断突破心理保护层是成功的关键。

（二）穿越生死网

1. 案例导入

在一片犬牙交错的电网前，我们需要突破封锁线，但是有重伤的队员不能自行通过，需要其他队员在不能触碰电网的前提下将伤员安全护送出去。此时此景，需要队员们相互协作、众志成城，用双手将受伤队员一个一个托起传递转移出去。

2. 项目布置

集合队员，介绍项目名称和活动要求。在两棵树之间有一张用绳子织起的网，网上有大小形状都不规则的十几个洞口，将其假想为有高压的网，要求在规定的时间内，队员互相配合，在不碰触到网的情况下全部穿过去，并且穿过的洞口不能再过人，而碰到"高压网"就表示任务失败，需要重新再来。在接到任务后，队长和队员充分发挥大家的智慧，集思广益，制定穿越计划，协商合作，把每个人或抬着或扛着安全送过网洞。

3. 安全要求

（1）要求队员发力协同一致，不能突然松手。

（2）摘除可能造成伤害的物品。

（3）被传递的队员身体绷直，始端与末端需有人保护和接应。

4. 反思感悟

（1）通过大家的合作完成一件令人高兴的事情，体会成功的兴奋心情。

（2）通过身体的接触与同伴进行感情上的沟通。

（3）让学员认识到自己在帮助别人的时候有可能也正需要别人的帮助。

（4）合作意味着相互之间的奉献。

（5）非常状态下的沟通、组织纪律、创新力（合理利用工具）、合作力和决策领导力都是成功的关键。

第四节　励志素质拓展

人的一生难免会遭受挫折与苦难，正是这些苦难才能磨炼我们的灵魂，提升我们的人格。只有把苦难看作考验、看作机会，勇敢走出困境，成为更加自信和强大的自己，才能在有限的人生中让自己的生命绽放光彩。

一、励志素质警示语

警示语一：人最可贵的就是拥有自信。

警示语二：敢想才会做，想赢就得拼，敢拼才会赢。

警示语三：人生路上，我们会遇到许多挫折和坎坷，但是，只要我们相信自己，在困境中不放弃，积极面对，我们就永远不会丧失自己的价值。

警示语四：面对困难我们应该竭尽所能地去克服，而不是逃避或放弃。在困难面前，你选择了怎样的态度，将来就会有怎样的收获。

警示语五：山再高，也高不过人的头，只要我们敢攀登，山就会在我们的脚下；路再远，也远不过人的足迹，只要我们坚持不懈，永不放弃，终将会迈向成功。

警示语六：困难，是动摇者和懦夫掉队回头的便桥，但也是勇敢者前进的脚踏石。

二、励志素质拓展案例——空中单杠

（一）案例导入

下面是“万丈深渊”，前方是“一线生机”，在有退路的情况下，你会选择安全还是冒险？是纵身一跃抓住它，闯过这一关，还是原路退回，无功而返？

（二）项目布置

（1）集合学员，介绍项目名称和活动要求，要求所有学员无特殊情况都必须参加。

（2）本项目为个人高空挑战项目，每队共两套安全装备，队员应互相帮助穿戴安全装备。

（3）队长应提前安排好挑战队员的顺序，在上一名队员挑战结束回到地面时，下一名队员应在穿戴好安全装备的情况下在指定位置等待挑战。

（4）在挑战队员穿戴好安全装备后，本队所有队员将右手放于即将挑战队员的肩上为队友加油。全体队员问挑战队友："你叫什么名字？"挑战队友答："我叫 ×××，我即将挑战空中单杠！"全体队员回应："加油！加油！加油！"（如团队多或时间紧迫，可省略此环节）

（5）本项目挑战时间为每人 2~3 分钟（视现场而定），计时标准为挑战者从地面开始攀爬时开始计时，至队员纵身跃起时计时结束。

（6）如队员超过 2~3 分钟仍未跃出，则学员只可选择向前跳或向后坐的方式落地，不可再沿铁柱返回。

（7）向参与保护的学员讲解安全要求及规范的动作，要求学员与保护者之间用口令呼应。

（三）安全要求

（1）学员如有严重的外伤病史，或有严重的心脑血管疾病、慢性病及并发症或医生建议不适合做此类挑战活动者，可以不做此类挑战项目。

（2）挑战前，所有学员须摘除戴、装的所有硬物，学习安全护具穿戴方法和保护方法。

（3）挑战前，检查保护绳及上保护点绳套是否完好无损，检查安全带、安全帽有无损坏。

（4）每根主绳的保护者应为 3 人。训练开始后，学员不得在训练架下场地停留或走动；上下未经口令呼应时不得操作。

（5）教练应时刻注意学员的不规范举动，注意检查安全带的种类及使用方法是否正确，并在学员做完动作之后匀速将其放下，以免由于剧烈摆动误撞训练架，同时防止学员在没有安全保护的情况下攀上训练架。

（四）反思感悟

（1）直面挑战。当困难或挑战来临的时候，我们是勇于面对还是刻意逃避？

（2）自我突破。回顾从攀爬至挑战结束的整个过程，我们是如何克服和突破每一个我们内心认为的"不可能"和"太难了"的？

（3）关于成功。并不是一定要抓住单杠才视为这个项目的成功，只要克服了内心的障碍，迈出了勇敢的一步，并在人生的道路上不断超越曾经的自己就是成功。

第五节 合作能力拓展

如果在一个组织涣散、人心浮动、人人自行其是，甚至搞"斗争"的企业里，是没有生机与活力可言的，又何谈干事创业？在一个缺乏凝聚力的环境里，个人再有雄心壮志，再有聪明才智，也不可能得到充分发挥。只有懂得团结协作的人，才能明白团结协作对自己、对别人、对整个企业的意义，才会把团结协作当成自己的一份责任。

一、合作精神警示语

警示语一：独特的共同经历，可以营造团队氛围，激发团队精神，熔炼团队文化，塑造出默契的团队。

警示语二：人类文明程度越高就越需要合作。团队合作中最重要的是专注、合作、协调、核心。一个领导者必须具备能使团队精诚合作的能力。

警示语三：将宝贵的经验与更多的伙伴们分享，我们才有可能更好地走出困境。团队的力量就是如此强大。

警示语四：合作是一种人们赖以生存的方式，无论是在人类社会，还是在自然界，这都是不可推翻的公理。

警示语五：合作是一种自我价值实现的途径，我们每个人的能力是有限的，离开了与他人的合作，就不可能取得大的成就。

警示语六：交换一个苹果，各得一个苹果；交换一个思想，各得两个思想。团队中的成员在实践中往往会得出各种经验，及时地与团队成员沟通交流，避免其他成员因犯同样的错误而浪费时间。

二、拓展案例介绍

（一）心有千千结

1. 案例导入

所有的队员手牵手结成了一张网。队员们这时是亲密无间牢牢相连的，但却限制了大家的行动。我们这时需要的是一个圆，一个联系着大家，能让大家朝着一个同一方向转动前进的圆。在不松开手的情况下，如何让网成为一个圆？

2. 项目布置

（1）集合学员，介绍项目名称和活动要求。

（2）每个学员都要从培训者手中领到一根带有绳结的绳子。

（3）每一个组员将自己手中的绳子与另一位组员手中的绳子交叉。

（4）每位组员都要将两端的绳套套在自己的双手手腕上。

（5）两个人合作在不解开绳结，不使手脱离绳套的情况下，将交叉的绳子解开。注意每个学员手上的绳套都不能脱离手腕，不能将自己两只手上的绳套互换。

（6）公布参考答案：将一方的绳子从中间对折，将对折后的绳头从对方手中的绳套由里向外穿出（注意对折和穿出绳子时都不要让对折的绳子交叉）；分开对折的绳头，让这段绳套中的手从中间穿过；双方拉直绳子即可。

3. 安全要求

绳套只能在手腕上，不能移到别的地方。

4. 反思感悟

（1）当你拿到这个问题的第一反应是什么？你是否认为绳子是可以解开的？

（2）你是否会进行尝试？尝试一段时间以后你有什么感觉？你现在是否认为绳子是可以解开的？

（3）总结你解决问题的方法和步骤，你认为这对于你思维的训练有什么好处？

（4）在解开绳子的过程中需要两个人的密切合作，共同想出解开绳子的办法。正像在一个团队中解决某些问题一样，如果有的人使劲，有的人泄劲，有的人干活，有的人说风凉话，大家不沟通合作，那么这个团队就是一个失败的团队，也是无法做成任何事情的。

（二）无敌风火轮

1. 案例导入

每个队利用报纸，在规定时间内做成一个超级风火轮（坦克履带），且要能够带动所有队员一起滚动前进。由于道具有限，风火轮要容下所有队员，队员们必须互相依靠与拥抱。在风火轮前行过程中，需要大家强大的配合才能迅速滚动。

2. 项目布置

（1）集合学员，介绍项目名称和活动要求。

（2）每组人数13~15人，用于做风火轮的报纸、胶带若干。

（3）在指导教师下达任务（向前30米）的命令后，学员开始酝酿并行动，有序地完成使“风火轮向前滚动”30米的工作任务。

（4）行进途中，风火轮必须垂直于地面，不能将所提供的报纸剪裁、折叠，报纸必须紧密相连。

（5）所有组员必须在圈内，身体的任何部分不得直接接触地面。

（6）行进过程中若风火轮断裂必须在原地修复，在教师许可后才可以继续行进。此时队员可以接触地面但不能阻挡他组行进的路线，否则将被取消资格。

（7）出发前，所有风火轮不得超出起点线，以风火轮全部通过终点线为项目截止时间。

3. 安全要求

（1）项目要在平整且没有碎石的地面上进行。

（2）要求学员把身上带的所有硬质物品取下并放在安全的地方。

4. 反思感悟

培养学员团结一致、密切合作、克服困难的团队精神，培养学员计划、组织、协调能力，培养学员服从指挥、一丝不苟的工作态度，增强队员间的相互信任和理解，这些品质在今后的工作中都是必不可少的。

第六节 明理素质拓展

明理是读书人达到的一种通达慧明、明晓事理的境界。明理对于个人成长和事业成功至关重要。

一、明理素质警示语

警示语一：“不经一番彻骨寒，哪得梅花扑鼻香。”适之爱之反而害之。要想让自己成为一个有作为的人，我们就要有吃苦的准备。

警示语二：其实，有时成功离我们只有一步之遥，关键时刻，也正是再添一把柴的时刻。再添一把柴，99 摄氏度的水就能达到沸点！

警示语三：在困难时刻，一个人最需要精神的鼓励，哪怕一句话或者一个暗示，远远胜于千金万银。

警示语四：生命的整体是相互依存的，世界上每一样东西都依赖其他东西。不忘感恩，生命会时时刻刻得到滋润。

警示语五：人的一生，只有在经历苦难后才能激发光彩，就像一朵花儿在风雨的洗礼之后，才会绽放得最美！

警示语六：风风雨雨是生活的必然，坠落低谷总是难免，就像深邃天空中尽管时有流星滑逝，星星却依旧闪现。只要我们循着这希望，就能找到走出困境的勇气。

二、拓展案例介绍——孤岛求生

（一）案例导入

在一个孤岛上原本驻扎着一个研究团队，突然有一天激流把整个岛冲成了三个大小不一的小岛，研究团队的领导者被冲到其中的“健康岛”上，中层干部被冲到“哑巴岛”上（注：吃了“哑巴岛”上的少量食物就不能再说话，岛上的人已经变成了“哑巴”，如果继续食用就会有生命危险），其他员工都被冲到“盲人岛”上（注：吃了“盲人岛”上的少量食物就会失明，岛上的人已经变成了“盲人”，如果继续食用就会中毒死亡）。在有限的时间内，大家要团结协作，通过“健康岛”上领导者的指挥，“哑巴岛”上的中层干部利用两块可以搭在两岛之间的木板，把所有的“盲人”和“哑巴”都救到“健康岛”上去。

（二）项目布置

（1）集合学员并介绍项目要求。

此项目强调主动沟通、信息共享的重要性，尤其是说明了主管者运用资源和决策的重要性。将每队学员分成三组，分别安置在“盲人岛”（代表基层员工）、“哑巴岛”（代表中层管理者）、“健康岛”（代表高层决策者）。要求在规定时间内完成各自的任务并集合在一处安全的地方。

全体成员由于遇到风浪，战舰沉没，人员被分成三组，分别在三个孤岛中。第一个孤岛的成员由于误食了一些有毒的水果，导致全体失明；第二个孤岛的成员由于误食有毒动物的肉，导致全体人员变哑；第三个孤岛物产丰富，所有的成员都是健康的，目标是将所有的成员集中到第三个岛屿。

三个岛一字排开，“哑巴岛”在中间，“哑巴岛”与“盲人岛”之间有一个搭木板的支点；“哑巴岛”和“盲人岛”面积一样大，“健康岛”面积最大。

游戏开始时，各岛上的人员只能看到自己的任务书而并不知道别的岛的任务及道具。当然，“盲人岛”上的人无法用眼睛看到任务书，但可以说话，“哑巴岛”上的人是不能说话的。

项目开始，各组分别接到任务卡片及道具。

（2）进入情境，分发相关物品；发放任务单，进入项目实施直至各团队最终完成任务或失败。

（3）项目实施过程中，教练不能做任何指示，只随时记录现场情况；项目结束后，教练对各团队项目完成情况进行评价，引导学生回顾思考，提出相关的问题。

（4）学员人数不得少于8人，其中“哑巴岛”不少于3人。如果团队中有学员做过该项目，安排其到“盲人岛”并告知又聋又哑，不能过多参与或者安排作为记分员或观察员。

（5）可以先分组，比如将学员的岛上角色与职业角色互换，以达到换位思考的目的，采取随机分组也尽量如此。男女合理搭配，哑巴岛尽量安排力气大的男学员。

（6）严格要求学员，如果违规应迅速制止并告知其将受到处罚。密切监视“哑巴”在“盲人”未投进球前不得挪动木板，告知他们违规的处罚。

（7）时间过去大半还无人下岛，告诉学员反复、认真、仔细看任务书。针对无意落水建议不要太严格。时间过半，可以利用学员偶然落水的机会将其带到“盲人岛”。

（8）除“盲人”外，其他人均不得触球。“盲人”长时间无法扔进桶可以适当将桶靠近。健全人、“盲人”不得帮助搭放木板，“哑巴”特别努力但木板的一端轻微着地时可以不将木板拖到“盲人岛”。

（9）如果发现学员有隔岛传递或者两岛学员传看任务书的情况要制止。项目结束后，所有器械立即复位，回顾总结后回收任务书。

（三）安全要求

（1）重点注意监控“盲人岛”上的学员，在等待救援时，及时提醒他们注意自己在岛上的位置，不要掉下去。

（2）在木板搭好后“盲人”向其他岛移动的过程中，严密监控“盲人”，以防其掉下木板，拓展教师应跟随其一起移动，张开手臂做出保护的姿势，但与学员身体保持适当的距离。

（3）一个岛上集中人数较多时，尽量将“盲人”安置在岛的中间部分。

（4）提醒“盲人”在摘眼罩时要先闭眼再摘眼罩，捂住眼睛再慢慢睁开眼。

（5）“哑巴”运用杠杆原理搭板时，提醒不要压伤手指，同时注意监控不要压伤学员的脚。木板搭好后，要防止呈跷跷板状态。

（6）大多数人集中至一个岛上时，提醒他们相互保护。

（四）反思感悟

想想项目实施过程中，为什么“盲人”主动放弃他们的说话权，不表明他们的处境？为什么“健康岛”上的人只顾忙自己的事情而忽视了迫切需要帮助的“哑巴”与“盲人”？它形象地昭示了当前我们在管理工作中普遍存在的因沟通缺乏而出现的两个管理误区：其一，高层领导只顾忙自己的事，不屑于与员工沟通；中层管理者也许知道该怎么做，但不敢去做，如果做了很有可能要接受相应的惩罚；底层执行者双眼摸黑，不知道该怎样去做，也懒得去问，最终的结果是高层领导忙得不可开交，而中层与底层怨气十足，工作没有任何进展。其二，每个部门都在忙着各自的工作，认为不需要沟通交流，只是围绕自己的目标前进，没能取得总体方向上的一致，结果造成各个部门的工作成绩在封闭的环境中相互抵消，与整个团队的总体目标相去甚远。沟通交流不仅表现在工作中，更与我们每一个人的生活息息相关，沟通与交流是展示自我、让别人了解自己、让自己了解别人的过程。通过沟通，可以增加力量、信心与勇气。

思考题

1. 如何利用在校内的有限时间使自己具备良好的职业综合素质？
2. 非智力因素拓展训练对职业素质培养有何作用？
3. 敬业素质对解决工作中遇到的困难有哪些积极影响？
4. “求生墙”拓展训练对敬业素质培养有何作用？
5. 诚信素质对工作中建立合作关系、与同伴沟通有什么积极影响？
6. “信任背摔”“穿越生死网”拓展训练对诚信素质培养有何作用？
7. 励志素质对工作中突破自我、直面困难有哪些积极影响？
8. “空中单杠”拓展训练对励志素质培养有何作用？
9. 合作能力的提高对完成工作任务有哪些方面的促进作用？
10. “心有千千结”“无敌风火轮”拓展训练对合作能力素质培养有何作用？
11. 明理素质对任务过程中如何分工及解决问题有什么积极影响？
12. “孤岛求生”拓展训练对明理素质培养有何作用？

参考文献

[1] 方慧. 强健体魄 享受快乐——大学体育与健康教程 [M]. 上海：上海交通大学出版社，2020.

[2] 吴咏梅，徐素华，王涛. 新编大学体育与健康教程 [M]. 天津：南开大学出版社，2018.

[3] 毛振明. 大学生体育文化与实技教程 [M]. 沈阳：东北大学出版社，2013.

[4] 任晋军. 当代大学体育教程 [M]. 北京：北京体育大学出版社，2006.

[5] 吴廉卿. 现代健美运动 [M]. 武汉：武汉大学出版社，2020.

[6] 卢晓文，陈伟，李宏. 高职高专体育与健康实用教程 [M]. 北京：北京体育大学出版社，2011.

[7] 陈建强. 网球学与练 [M]. 上海：复旦大学出版社，2010.

[8] 田刚，闫俊峰，符谦. 生命在于运动——体育与健康教程 [M]. 上海：上海交通大学出版社，2020.

[9] 王家宏. 球类运动——篮球 [M]. 北京：高等教育出版社，2015.

[10] 陶宇平. 户外运动与拓展训练教程 [M]. 成都：电子科技大学出版社，2006.

[11] 杨汉. 山地户外运动 [M]. 武汉：中国地质大学出版社，2006.

[12] 卢晓文，程路明. 健美 [M]. 北京：高等教育出版社，2004.

[13] 陈彦龙. 自行车运动 [M]. 太原：山西人民出版社，1984.

[14] 沈克尼，陶京天. 野外生存知识 [M]. 北京：解放军出版社，1986.

[15] 宋元平，马建桥. 排球运动技能学习分析 [M]，北京：北京体育大学出版社，2011.

[16] 相建华. 私人健身教练 [M]. 北京：高等教育出版社，2012.

[17] 戴俊，王士赵，张纪春. 大学体育与健康教程 [M]. 西安：西安交通大学出版社，2017.